最先端の研究者に聞く
日本一わかりやすい
2050の未来技術
MOON SHOT

中村尚樹
NAKAMURA Hisaki

プレジデント社

はじめに

「ムーンショット」という言葉をご存じだろうか。最先端のビジネスや科学技術の世界ではすでに、流行語となっている。

もともとアメリカで「『真上の月に向かって鉄砲を撃つ事は、無駄でもあるし、危険でもある。』そこから『馬鹿なこと、無駄なことをする。』[*1]」という意味だった。

別の説もある。アメリカのプロ野球メジャーリーグで、一九五〇年代にドジャースが移転先の本拠地とした野球場は、楕円形のフットボールスタジアムを転用したもので、レフト方向が極端に狭く、その代わりにきわめて高いフェンスが設置された。ドジャースの外野手ウォーリー・ムーンはこれをものともせず、レフト方向に高いフライを次々と打ち上げて長打とし、それをメディアが「ムーンショット」と呼んだという。確かに今でも、高く舞い上がったホームランを「ムーンショット」と表現した記事を読むことがある。

しかし現代社会でムーンショットといえば、当初の意味を離れている。

それはアメリカ第三五代大統領、ジョン・F・ケネディが一九六一年五月二五日に行った上下両院合同の特別議会演説で、アポロ計画の実現に向けて次のように宣言したことに由来する。

「わが国は今後一〇年以内に人間を月に着陸させ、安全に地球に帰還させるという目標に取り組むべきだと信じています[*2]」

その頃冷戦状態にあったアメリカとソビエト連邦（現・ロシアほか　以下、ソ連）は、宇宙開発でも激しく先陣争いを繰り広げていた。アメリカは自動車や家庭電化製品が普及して大量消費時代が始まり、工業化や社会基盤の整備ではソ連のはるか先を行っていた。これに対してソ連は、軍事や宇宙の分野に人材と予算を集中させ、一九五七年一〇月、人工衛星の打ち上げに世界で初めて成功した。使用したロケットの元となったのは世界初の大陸間弾道ミサイルで、アメリカ国民が受けた衝撃は、人工衛星の名前にちなんで「スプートニクショック」と呼ばれた。アメリカが人工衛星の打ち上げに成功したのはその約四カ月後、一九五八年一月のことだった。その後もソ連は宇宙開発で常にアメリカの一歩先を行く。一九五九年には無人の月探査機ルナ二号が月面到達に世界で初めて成功した。一九六一年四月一二日にはボストーク一号に乗ったガガーリンが地球軌道を周回し、人類初の宇宙飛行士となった。アメリカはその一カ月後、五月五日に初の宇宙飛行士を誕生させたが、ロケットが宇宙空間に短時間到達したという弾道飛行で、ソ連のように衛星軌道に乗せて地球を周回することはできなかった。

こうしたなかで行われたケネディ演説は、ソ連に後れをとっていることに対するアメリカ国民のいらだちや不安を取り除くためのものでもあった。

翌年の一九六二年九月一二日、ケネディはテキサス州ヒューストンにあるライス大学で、のちに「ムーンスピーチ」と呼ばれる有名な演説をした。

「一部の人たちは言います。なぜ月なのか、と。なぜ月を目的地に選ぶ必要があるのでしょうか。彼らはあるいは、同じようにこう尋ねるかもしれません。なぜもっとも高い山に登る必要があるのか。35年前、なぜ大西洋を飛行機で横断する必要があったのか。なぜライス大学はテキサス大学で試合をする必要があるのか。われわれは月へ行くことを選びます。この10年のうちに月へ行くことを選び、そのほかの目標を成し遂げることを選びます。われわれがそれを選ぶのは、たやすいからではなく、困難だからです。この目標が、われわれの能力と技術のもっとも優れた部分を集め、その真価を測るに足りる目標だからです」[*3]

そうはいっても、地球から三八万キロも離れた月に人間を送り、無事に帰還させる有人の月面着陸計画は、高度数百キロの人工衛星や、無人機による月探査計画とは違って、実現不可能な夢物語のように思われた。それだけでなく「現に窮乏しているアメリカ人民の犠牲の上において支払われている「浪費にすぎない」[*4]と非難したり、糾弾したりする声も少なくなかった。

ところがケネディの特別議会演説から八年後の一九六九年七月二〇日、アポロ一一号に乗ったアームストロング船長が人類として初めて、月面にその第一歩を記したのである。「人間の小さな一歩だが……人類にとっては大いなる飛躍だ」という、あまりに有名なメッセージを伝えた月面からの生中継は世界中の人びとを熱狂させ、アメリカの威信を一挙に高めることとなった。

ちなみに日本の家電業界は「月面着陸をカラーで観よう！」というキャッチコピーで、まだあまり普及していなかったカラーテレビを宣伝し、アポロ計画はカラーテレビの売り上げ急増におおいに貢献した。残念ながら、中継機材の重量制限で、肝心の月面着陸はモノクロ映像だったのだが。

現代におけるムーンショットとは、このエピソードにちなんだものだ。一見すると実現不可能なように思えるが、しかしきわめて独創的な計画で、専門家の英知を結集すれば成功する可能性があり、しかも実現すれば社会に与えるインパクトがきわめて大きなプロジェクトを、ムーンショットと呼ぶようになったのである。

プロジェクトを実現するための手法も斬新だ。現在から未来に向けて、できることからコツコツと積み上げていく従来型の「連続的な発展メカニズム」では、ムーンショット目標に到達することはできない。仮にそれで達成できるのなら、そもそもムーンショットではないということになる。ではどうするかというと、従来の発想では到達できない最終目標とその時期をまず明確にする。次に最終目標を達成するために実現していかなければならない道筋を、ゴールから現在に向かって時間をさかのぼる方向に、何段階かの中間目標（マイルストーン）として設定する。最終目標が実現困難なら中間目標も同様のはずであり、そこでは新たな挑戦として「不連続な発展メカニズム」が求められることになる。これが「バックキャスティング」と呼ばれるムーンショットの手法である。

ムーンショットのイノベーション（革新的な手法による新たな価値の創造）に与える効果は絶大で、最近では世界最先端の研究やビジネスで、ムーンショットの手法がよく用いられるようになっている。

例えばアメリカ政府は、オバマ大統領時代に立ち上げ、バイデン政権も力を入れているガン撲滅プロジェクトを「ガンムーンショット」と名づけている。

アメリカの巨大ＩＴ企業アルファベット傘下のＸ（旧グーグルＸ）は「ムーンショットファクトリー」を標榜し、その責任者は「キャプテンオブムーンショット」の肩書を持つ。

そこで日本も負けじと、二〇一八年に政府の打ち出した科学技術政策が「ムーンショット型研究開発制度」だ。研究機関を対象とした公募型で、九つの目標を掲げ、全体で一九五〇億円（令和三年度補正予算までの合計）の基金を造成して事業の推進を図ることにしている。現状は、目標の達成に向けた具体的なプロジェクトがほぼ出揃い、研究開発がスタートしたところだ。

そこで取り上げられている目標を見てみると、超高齢社会や地球の温暖化などにより、どのような社会問題が起きると予想されるかが示されている。こうした課題に対して研究者がどのような科学技術を開発し、何をつくろうとしているのか、どこを目指しているのかがわかり、なかなか興味深い。

ただしそのテーマは多岐にわたり、関係する研究者も多数に上る。そこで本書では、一般読者にとって面白そうな、そして知っていて損はないと思われるプロジェクトを選んで、紹介することにした。具体的には健康長寿やロボット、アバターの進化、気候制御や未来型食品、それに精神的豊かさの実現など、いずれも社会的に特に注目されている分野である。

ただし本書ではひとつだけ、政府の事業とはまったく関係のないプロジェクトも取り上げている。それは内容がきわめてムーンショット的で読者の興味を惹くであろうと思われ、ほかのプロジェクトとのつながりもよいからだ。

なお、文中で紹介する肩書はすべて、取材時のものである。敬称は略させていただいた。

＊1　奥山清行『ムーンショット　デザイン幸福論』（二〇一〇年、武田ランダムハウスジャパン）
＊2　ウェブサイト『JOHN F.KENNEDY PRESIDENTIAL LIBRARY AND MUSEUM』より。日本語訳は著者。
＊3　同サイトより。日本語訳も同サイトによる。
＊4　スレイトンほか『ムーン・ショット』（一九九四年、集英社）

目次

第2章 病気にかかる前に「予防」する

イントロダクション／これからの「健康」が意味すること

第3章 人が身体、脳、空間、時間の制約から解放される

第5章　気候制御と地球資源・環境の維持

第7章 精神的豊かさ・躍動的社会を実現

第1章

起死回生の策
ムーンショット

イントロダクション　科学第一主義

小説に歴史改変SFというジャンルがある。過去の出来事について「もし○○だったら」と想像力を働かせた作品だ。そのなかでも名作として知られる『高い城の男』がアマゾンによってテレビドラマ化され、同社のビデオサービスで観ることができる。原作はアメリカの人気SF作家フィリップ・K・ディックのヒューゴー賞受賞作で、『ブレードランナー』のリドリー・スコットが製作総指揮に加わった映像は重厚だ。ドラマの設定は、第二次世界大戦でドイツがワシントンに原子爆弾を投下して連合国が敗れ、アメリカの東海岸を含む大部分が世界的な大ナチス帝国の一部、西海岸は日本の傀儡国家となっている。やがて日本も原爆の製造に成功する。

それにしてもアメリカが核戦争で敗れた世界を、アメリカを代表する企業が映像化したのには驚いた。その背後に軍事力強化の隠された意図があるとは思わないが、核兵器が拡散したらどうなるかという思考実験にはなるかもしれない。そして敗戦後の日本でも、同じようなことを考えていた人たちがいたのである。

ノーベル賞作家の大江健三郎は少年時代の一九四五年の暮れに教師から「日本は戦争になぜ負けたのか？」と問われ、「黙っている私を殴っては『科学的でなかったからだ』と教えてくださった」と自らの体験談を紹介したうえで、「われわれの戦後は一貫して科学第一主義的であった」[*1]と述べている。

戦後の自由党の国会議員で、吉田茂の側近として知られた前田正男は一九五二年、「科学技術行政機構の確立」と題した論文[*2]を発表した。このなかで前田は、次のように書いている。

「敗戦直後鈴木総理大臣は『今次戦争は科学によって敗れた。今度こそ科学を振興して日本の再建を図らねばならぬ』と力説せられたことを記憶している。その後七年も経過したが、国民はこの科学振興に如何程の努力を拂《はら》い、その結果科学の振興が、如何程実行されたか、深く反省する必要がある」

日本の独立回復を目前に控えた一九五二年四月二〇日付け「読売新聞」は一面トップで、スクープ記事を報じた。

「吉田首相は日本科学技術の早急な向上をはかるため、総理府内に科学技術庁の新設を決意し、このほど野田行管長官に対して今国会への提出を期して至急具体案を作成するよう指令した」

記事はさらに「首相のこの決意は内外の情勢から結局日本の再軍備は不可避とみて兵器を含む軍需品の国内生産の必要性を痛感したことによるものとみる向きが多い」とコメントしている。

つまり鈴木や吉田、前田の言う科学や科学技術とは、核兵器を頂点とした近代的な兵器を開発し製造する能力のことなのだ。

これに対して学界から反論が出た。日本学術会議はこれに先立つ一九五〇年に「戦争を目的とする科学研究には絶対従わない決意の表明」を出している。同会議初代会長の亀山直人は「先頃の大戦で、わが国は科学技術の不足で敗れたとしばしばいわれる。けれども、私はそうは思わない。多くの科学者もそうは思わなかったであろう。不足だったのは科学技術だけではない。もっと徹底的によくなかったのである。(中略)科学技術庁の案は結構であるが、科学者の創意を阻み研究統制にならぬよう運営に留意することが最も肝要と思う」[*3]と注文をつけている。

戦後の日本は戦争を放棄した平和憲法のもと、当初は軽武装路線で他国と比べて軍事費を抑えることに成功した。それでも大江は「科学の威力の裏側にあるもの、すなわち人間的悲惨を引き起こしかねぬ力についての反省は行われることがすくないままに、われわれは戦後の経済的発展期を過ごしてきました」という。それが東京電力福島第一原子力発電所の事故にもつながったのだ。

本章では戦後日本の科学技術について足早に振り返ったうえで、起死回生の策として打ち出されたムーンショット型研究開発事業の全体像を概観しよう。

---

*1　大江健三郎『大江健三郎同時代論集　9』「力としての想像力」(一九八一年、岩波書店)
*2　『日本産業協議会月報』(一九五二年五月号)
*3　読売新聞(一九五二年五月二五日付け)

1-1 日本の科学技術転落の歴史

日本と米・中の研究開発費の大きな差

焦土と化した戦後の窮状から急速に復興し、高度経済成長を成しとげた日本は、一九七九年にアメリカの社会学者エズラ・ヴォーゲルが著したベストセラー『ジャパンアズナンバーワン』*1の題名そのままに、この世の春を謳歌した時期もあった。しかしその後、株価と地価が異常に高騰したバブル経済とその崩壊を経て、長い不況期に入った。これに対してアメリカ経済はＩＴ産業を中心に劇的に復活し、中国はあれよあれよという間に日本を追い抜いて世界第二の経済大国に躍り出た。今や日本の産業は、自動車やゲームなど一部を除き、アメリカや中国のはるか後塵を拝している。

かつて「モノづくり大国」を自負していた日本の力の源泉は、優れた科学技術がそのひとつであったことは間違いない。しかし日本はモノづくり、つまりハードウェアにこだわりすぎたがゆえに、ソフト面の開発でアメリカに後れをとったという面はある。

それはさておき、ここで日本の科学技術に関する現状を知るため、主要国の「研究開発費」をみてみよう。ちなみにここでいう研究開発費とは、大学や公的機関、それに企業やＮＰＯなどが研究開発業務を行うために使用した、研究者の人件費を含む経費全体のことであり、研究開発活動を分析する際のデータとして広く用いられている。なお本書で紹介する研究開発費に関するデータは、文部科学省科学技術・学術政策研究所の『科学技術指標２０２２』によるものである。

それによれば二〇二〇年の研究開発費は、アメリカが七一・七兆円で第一位だ。中国の研究開発費は二〇〇九年に日本を上回り、二〇二〇年は五九・〇兆円で第二位となっている。アメリカが第一位となっている理由は、巨大ＩＴ企業が巨額の研究開発費を拠出しているからである。

参考までに政府の科学技術予算だけで見てみると、中国は二〇一〇年にアメリカを追い越し、その差は開きつつある。中国で科学技術は、農業や工業、国防を支える重要な手段として特に手厚く支援されている。公的機関の研究開発費でも、中国は一九九〇年代中ごろから急速に増え始め、二〇一三年にアメリカを抜いている。

日本はといえば順位こそ三位だが、金額は一七・六兆円で、アメリカと中国に大きく差を開けられている。

ほかの主要国ではドイツが一四・五兆円、韓国が一一・四兆円、フランスが七・五兆円などとなっている。ヨーロッパ諸国は国ごとに見れば日本より少ないが、ＥＵ（欧州連合）として大規模な研究開発支援に取り組んでいる。

前の年と比較した研究開発費の伸び率を見てみると、中国は二一世紀に入った頃からきわめて高い伸び率が続いており、二〇二〇年は七・五％増で主要国中、断トツとなっている。アメリカは三・〇％の増加。日本は二〇〇八年まで増加傾向にあった。しかしその後、増減を繰り返し、二〇二〇年は一・九％のマイナスだ。

科学技術大国と呼ばれた日本の低迷

次に、以前は科学技術庁、今は文部科学省が毎年発行している『科学技術白書』[*2]で、日本の科学技術に関する政府の認識を見てみよう。

二〇〇二年の『科学技術白書』は、科学技術の国際競争が激しさを増し、「日本は生き残れなくなっている」と、初めて危機感をあらわにした。

二〇一一年に東京電力福島第一原子力発電所の事故が起きたのを踏まえ、二〇一二年の『科学技術白書』は「多くの国民は、未曾有の災害を前に、特に原子力発電所事故への対応について、我が国の科学技術が現実の課題に対応できたとは思っておらず、その意味では国民の科学技術への期待に十分に応えられなかった」[*3]「今回の地震・津波や原子力発電所事故により、科学者や技術者に対する国民の信頼感は低下したと言わざるを得ない」[*3]と述べている。『科学技術白書』は閣議決定が必要な法定白書であり、政府としての反省の弁と受け止めることができる。そのうえで「科学技術の発展に伴う国民の不安感が高まっている」[*3]と分析し、「今後は、科学技術の持つリスクや不確実性への対応が求められるような場合には、国民との間で真摯な対話を行い、相互理解の基に科学技術政策を形成していくことが必要である。あわせて、国民が科学技術政策形成プロセスへ一定の関与をしていけるような仕組みを構築することが求められている」[*3]と述べ、これから研究開発が進むであろう高度な科学技術について、国民の理解を得るための新たな仕組みづくりが必要だという認識を示している。

それにもかかわらず、二〇一五年の『科学技術白書』では、ＳＴＡＰ細胞や高血圧治療薬の臨床研究などで相次いだ研究不正問題を特集で取り上げざるを得ない事態となり、「科学や社会の発展を妨げ冒涜するもの」と糾弾した。裏返していえば、悪いのは個々の科学者だと弁解せざるを得ないほど、科学に対する国民の不信感が増大したといえるだろう。

二〇一七年の『科学技術白書』は、科学技術やイノベーションの「基盤力」に多くの課題を指摘し、「わが国の国際的な地位のすう勢は低下していると言わざるを得ない」と分析した。注目度の高い研究分野への参画度合いでは、アメリカ九一％、イギリス六三％、ドイツ五五％に対し、日本は三二％と大きく引き離されている。日本の研究者は総じて、新たな分野に挑戦しようという気概に乏しいのだ。

このように二〇〇〇年代の『科学技術白書』をひもとくと、かつては科学技術大国と呼ばれた国の面影はどこに行ったのかと、目をおおいたくなるような惨状だ。

ＩＭＤ（国際経営開発研究所）が毎年発表している「世界競争力年鑑」によれば、対象の六四カ国中、日本は公表開始の一九八九年から一九九二年まで一位だった。それが約三〇年後の二〇二〇年には過去最低の三四位、二〇二一年はやや持ち直して三一位という低迷状態が続いている。これもむべなるかなと言わざるを得ないのが残念だ。

日本における「イノベーション」の解釈

ここで前項に出てきた「イノベーション」という言葉に注目してみたい。厳密な意味は知らなくても、「技術革新」ということかなと思っている方も多いのではないだろうか。

その解釈が日本で定着したきっかけのひとつは、「もはや戦後ではない」と記述したことで知られる一九五六年の『経済白書』にある。そのなかに次のような記載が出てくる。

「投資活動の原動力となる技術の進歩とは原子力の平和的利用とオートメイションによって代表される技術革新（イノベーション）である」

イノベーションとは、もともとはオーストリア出身の経済学者、シュンペーターが一九一二年に著した著書のなかで提唱した概念である。彼の意図したイノベーションとは、商品の開発や生産方法、市場の開拓や組織の改革などで飛躍的な発展を遂げるため、新たな仕組みや手法を生み出すことを指している。

つまりかつての『経済白書』はイノベーションについて、本来の意味ではなく、技術面を重視した改革だと意図的に解釈していたのである。

一九七〇年の『科学技術白書』は、「わが国の技術革新の特徴と進展要因」と題した章で、以下を指摘している。

（1）外国に先んじて開発研究に着手したものは二〇％弱しかなく、今後創造的な技術開発を行っていくためには、外国技術の模倣から脱して、基礎研究から掘り起こしていくことが重要

（2）国際的に見て中核技術と思われる分野の技術が少ない。原子力、プラスチック、半導体、工作機械、電子計算機などについての技術のように、他技術分野への波及効果の大きい技術が少ない。国際的にみて魅力のある技術を積極的に開発していくことが重要

（3）産官学の連携によって開発された技術が少ない。連携体制を強め、技術開発の効率化を図っていくことが重要

確かに、敗戦で国土が焦土と化した日本で「創造的な開発」は難しかったと思う。日本はアジア太平洋戦争で連合国に敗れ、植民地をすべて失った。それは囲い込み経済の放棄につながり、アメリカをはじめとする外国から、最も優れた技術や安価な物資を購入し、作った製品は世界を市場として売り込むことができるようになった。

一九七六年の『科学技術白書』では、

「戦後の技術革新は、テレビジョン、トランジスタ、コンピュータ、電子複写機、抗生物質、農薬、合成ゴム、合成繊維、ジェット機、原子力などに代表されるように、新しい原理・原則に基づく革新型の技術進歩によって特徴づけられる。しかし、近年は、新しい原理・原則の発見の停滞によって、この種の技術進歩が減少し、個別技術の改良、組合せによって技術進歩が図られる傾向が強くなっている」

と指摘する。

そのうえで、

「新しい型の技術の出現なしにはいずれは技術進歩が壁にぶつかり、経済の安定的成長、国民福祉の向上にとって重大な支障となるおそれがあることを暗示している。したがって、今から次の技術革新の芽となる原理・原則の発見に積極的に取り組むことが極めて重要である」

と総括した。これは「すでに戦後ではない」という時代にあって、まったくその通りだ。そして今の日本でも、それが依然として有効であることが残念だ。

ちなみに二〇二一年四月に施行された日本の科学技術・イノベーション基本法では「イノベーションの創出」の定義規定が新設された。それによると「発見または発明、（中略）その他の創造的活動を通じて新たな価値を生み出し、（中略）経済社会の大きな変化を創出すること」としている。イノベーションを科学技術面に限らず、人文科学分野も含めて幅広く捉えるようになっている。新しいビジネスモデルの開拓などがイノベーションとして注目される時代になって、ようやく政府のイノベーション理解も時代に追いついてきたということだろうか。

日本が誇る技術革新の歴史

それでは狭義のイノベーション、日本が誇る技術革新について見てみたい。

一九六〇年の岸内閣総辞職を受けて発足した池田内閣は「国民所得倍増計画」を掲げて経済成長路線を打ち出した。そのための政策として一九六二年に「全国総合開発計画（一全総）」を閣議決定し、拠点開発方式を採用して地域の特性に応じた産業基盤の整備を進めた。

国民の所得向上に伴い、テレビや電気洗濯機などの家庭電化製品が一般家庭に普及するようになった。一九六四年には先進国クラブと呼ばれたＯＥＣＤ（経済協力開発機構）への日本加盟が実現した。乗用車の普及も進んでモータリゼーションが進行し、スーパーマーケットなどによる流通革命も進んだ。こうして経済成長率が年平均で一〇％を超えるという世界的にもあまり例をみない高度経済成長た。一九七三年に石油危機が起きるまで続いた。こうした社会の変革を下支えしたのが技術革新だった。

先述した一九七六年の『科学技術白書』から再び引くと、技術革新が達成される条件として「技術的に可能であること」「需要があること」「技術革新の担い手が存在すること」、加えて「政策や市場環境」などをあげている。それを踏まえた技術革新による具体的な事例として（1）技術先導型の例としてトランジスタ・ラジオ（2）需要先導型の例として新幹線、マイクロ波通信、PNC法によるナイロンの製造、発酵法によるグルタミン酸の製造（3）需要の形成に政策的に関与し、技術革新に成功した例として電子顕微鏡、低公害自動車をあげている。

天然資源の乏しい日本は、そのマイナスを逆手にとって省エネの技術開発を促進させ、二度にわたる石油危機を乗り切ることに成功した。こうしてプラザ合意まで、日本経済はこの世の春を謳歌したのである。

プラザ合意とは一九八五年の先進五カ国蔵相・中央銀行総裁会議で発表された、為替レートに関する合意のことだ。日本の対米貿易黒字が問題とされ、円安だった為替レートを円高へ方向転換する決定を日本が受け入れた。これを契機に日本は輸出が激減し、円高不況に見舞われることになった。

景気対策としての極端な低金利政策に加え、円高メリットで輸入原材料が大幅に値下がりしたことなどから企業や個人に余剰資金が発生した。それが為替リスクのない国内市場に大量に投資されて株価や地価が急激に上昇する、いわゆるバブル景気に突入する。しかし一九八九年から公定歩合が段階的に引き上げられ、さらに銀行の不動産投資を実質的に制限する総量規制が実施された結果、バブル経済は崩壊した。その後「失われた二〇年」と呼ばれる、かつてないほど長期の不況が続いたのである。

これに対してアメリカは、一九八〇年代後半まで低迷期が続いたが、パソコンとインターネットをキーワードに付加価値の大きな情報関連産業が振興していく。さらに一九八九年の米ソ冷戦終結は衛星など軍事技術の民生利用にもつながっただけでなく、アメリカ一強の経済的優位性を背景に、経済のグローバル化を進めた。

一九九三年にはイリノイ大学でグラフィック表示を可能とした世界初の閲覧用ソフト「モザイク」が開発され、一九九五年にマイクロソフトの「ウィンドウズ95」が発売されると、パソコンとインターネットの利用者は急速に増えていった。一九九六年にクリントン政権で成立した電気通信法は、放送と通信の垣根を越えた大幅な規制緩和で情報化社会を促進し、自国IT技術の世界標準化も推し進めた。その結果、グーグル、アップル、フェイスブック（現・メタ）、アマゾン、それにマイクロソフトの頭文字をとったGAFAM《ガーファム》に象徴されるIT関連企業の巨大化が進んでいる。五社を合わせた時価総額は、二〇二〇年四月に東証一部上場企業の合計時価総額を上回り、その差は開きつつある。

移動体通信の光と影

日本の科学技術について、栄光と挫折を象徴する分野が移動体通信だ。一九九九年にNTTドコモが世界初の携帯電話端末によるインターネット接続サービスとしてiモードを開始し、モバイルシーンに革命的変革をもたらした。二〇〇一年にはやはりNTTドコモが移動体通信規格で世界初の3Gサービスを始めた。日本の家電メーカーがおサイフケータイにワンセグなど様々な機能を詰め込んだ

「ガラパゴス携帯」を次々と発売したのもこの頃だ。

しかし二〇〇七年にアップルのｉＰｈｏｎｅが、翌二〇〇八年にグーグルの開発したアンドロイド搭載型スマートフォンが発売され、通信規格がより高速な４Ｇの時代になると、状況は一変する。動画共有サイトやＳＮＳ、それにネットショッピングを手軽に楽しめるスマートフォン全盛時代となり、日本メーカーによる携帯電話は一掃された。

それを裏付けるように、アメリカの研究開発費を企業部門の業種別で見てみると、二〇〇八年では「コンピュータ、電子・光学製品製造業」が最も多かった。これに対して「情報通信業」が猛追し、二〇一四年以降は最も研究開発費の多い産業となっている。

最新の移動体通信規格である５Ｇ関係の開発でもアメリカや中国が先行し、日本勢は後れをとっている。

主要国で唯一、学術論文が減少

二〇一八年の『科学技術白書』は、学術論文の減少に危機感をあらわにした。日本の研究者による論文は二〇〇四年の六万八〇〇〇本をピークに減少し、二〇一五年は六万二〇〇〇本となった。これに対して同期間で中国は約五倍の二四万七〇〇〇本に、アメリカは二三％増えて二七万二〇〇〇本となった。主要国で減少したのは日本だけである。さらに研究の影響力を示す引用回数では、日本はピーク時に世界四位だったのが、九位に下がっている。

その背景として、大学部門の研究開発費を見てみよう。二〇二〇年のトップはやはりアメリカの八・

二兆円。中国は二〇一二年に日本を抜き、二〇二〇年では四・六兆円だ。これに対して日本は二・一兆円で、二〇一四年以降、減少傾向にある。なお総務省の発表する大学部門のデータには研究者以外の人件費も含まれており、比較するOECD諸国のデータと整合性を図るため、この場合の日本の金額は研究専従換算係数をかけたOECD推計の数字となっている。

別の指標として、二〇〇〇年を一としたときの大学部門の研究開発費に関する二〇二〇年の指数を名目額で見てみると、アメリカが二・七、イギリス二・五、ドイツ二・三、フランス一・九でいずれもプラス、韓国は五・三という順調な伸びを見せ、中国にいたっては二四・五という驚異的な増加となっている。これに対して日本は〇・九で、一を下回り、主要国のなかで唯一減少している。

＊1　日本語版も同年、広中和歌子・木本彰子訳でTBSブリタニカから出版。
＊2　二〇二二年からは『科学技術・イノベーション白書』
＊3　『平成24年版 科学技術白書』第1章・第2節1科学技術に対する意識の変化

1-2 ハイリスク・ハイインパクトな挑戦的研究開発へ

日本政府の「選択」と「集中」

こうした状況に対し、政府のとった手法が「選択と集中」だ。二一世紀に入ってから大型の研究開発事業を次々と実施している。

最初は、二〇〇九年度から二〇一三年度にかけて実施された「最先端研究開発支援プログラム（FIRST）」（以下、ファースト）だ。単年度での予算執行を求められたそれまでの制度と違って、多年度で使えるなど、研究者最優先で自由度の高い運営を売り物とした。世界のトップを目指す三〇人の研究者を選定し、一人平均九〇億円、計二七〇〇億円の基金を予算として計上した自民党政権の大型事業だった。しかし二〇〇九年八月の政権交代で誕生した民主党政権は予算を一五〇〇億円に削減し、そのうち一〇〇〇億円がすでに決定していた三〇人に配分された。大幅に削減されたとはいえ、配分額は一人平均三〇億円で、個人が対象とされた研究資金としては過去最高額だった。

具体的な研究プロジェクトのテーマとしては「iPS細胞樹立技術の国際標準化」「医療用サイボーグ型ロボット」「超小型衛星による宇宙開発」など三〇課題だ。プロジェクト終了後の内閣府による報告書を見ると、二三課題が「成果が普及した」と回答した。残る七課題は「実用段階に達していない」「技術に対する需要がなくなった」などの回答だった。

ボトムアップ型公募とトップダウン型公募

ファーストの後継プログラムとして二〇一四年度から二〇一八年度にかけて実施されたのが「革新的研究開発推進プログラム（ＩｍＰＡＣＴ）」（以下、インパクト）だ。政権に復帰した自民党が「成長戦略」の一環として重点プログラムに位置づけた事業である。内閣府によれば「実現すれば産業や社会のあり方に大きな変革をもたらす革新的な科学技術イノベーションの創出」を目指している。ファーストとの違いとして「ハイリスク・ハイインパクトな挑戦的研究開発」を前面に打ち出した。

制度の違いとしては、ファーストがテーマ自体を研究者から公募するボトムアップ型だったのに対し、インパクトはテーマを内閣府が設定して募集するというトップダウン型としたことだ。

具体的には「総合科学技術・イノベーション会議」が設定した「新世紀日本型価値創造」「地球との共生」「スマートコミュニティ」など五つのテーマで公募した。これに対して一次募集、二次募集合わせて二五六件の応募があり、有識者会議で検討した結果、一六件の課題を選定した。一件あたりの配分額は一六億円から四九億円で、総額は五五〇億円だった。

内閣府の説明資料によれば、プログラムの特徴は以下の三点だ。

（1）ハイリスク研究による非連続イノベーションの創出において成功を収めた米国ＤＡＲＰＡ（国防高等研究計画局）の仕組みを参考

（2）研究者に対してではなく、プロデューサーとして研究開発の企画・遂行・管理等の役割を担うプログラム・マネージャー（ＰＭ）に予算と権限を与える、我が国ではかつてな

い方式を導入

（3）PMが目利き力を発揮し、トップレベルの研究機関を結集して革新的な研究開発を強力に推進

二点目と三点目は、一点目にあげられたDARPA（以下、ダーパ）の手法を模倣したものだ。そこでお手本とされたダーパについて述べておこう。

ダーパは、アメリカ国防総省の研究開発機関のひとつである。といっても自分で直接開発するのではなく、大学や企業の研究開発を支援し、監督する。一九五七年のソ連による人工衛星打ち上げにショックを受けた大統領アイゼンハワーの指示で、一九五八年に発足したアメリカ初の宇宙機関「アーパ（高等研究計画局）」が前身だ。のちに宇宙関係の大半はNASA（アメリカ航空宇宙局）に移管される。一九七二年に国防（Defense）の頭文字であるDを冠して、軍事目的の研究開発に主眼を置いた現在の組織となった。ダーパの成果が民生向けに転用されたものを見てみると、軍の指揮統制システムのアーパネットがインターネットへ、人工衛星の発するビーコン追跡システムがGPS（全地球測位システム）へ、核実験探知プログラムが国際的地震観測ネットワークへ、クラスター爆弾の不発弾処理ロボットがロボット掃除機ルンバへと、私たちがふだんから使っているものも多い。多額の優勝賞金をかけたダーパの公開ロボットカーレースが、自動運転車の開発を促進させたのも有名だ。災害対応ロボットのコンテスト開催も大きなニュースとなった。

その成功の秘訣として、経済産業省は「ダーパモデル」を次のように分析している。

（1）極めてハイリスクであるがインパクトの大きい研究開発に資金支援
（2）ハイリスクであると割り切り、明らかに成功する研究は採択せず
（3）優秀なプログラムマネージャー（PM）を産官学から招聘し、プログラム実施期間（概ね三〜五年）は基本的に同一のプログラムマネージャーに責任と権限を付与

ダーパは組織の階層が少ないのも特徴で、PMの上には数人の部門長、その上が副長官、そして長官となる。このため従来の組織に比べて大幅に速い決定を可能とした。成功の定義も単純で、軍事・防衛に限らず「誰かが成果を使うこと」、そして「これまでになかった領域に係る新しい知見やデータの取得」である。

ダーパの場合、PMはダーパの職員である。採用するテーマはPMが大学などの研究機関を回ってヒアリングし、公募は行わない。

話をインパクトに戻すと、日本ではダーパに相当する組織が存在しないため、PMを含めての公募となった。加えてインパクトの特徴としては「研究開発現場や政府の制度をよりチャレンジ精神に満ちたものに転換する」として「失敗をすること自体は各プログラムにおいて許容」することも明記した。

五年を経てインパクトが終了した。

評価報告書を見ると「成果」についての「所見」としては「多くの民間企業が商品化に向けて開発投資を決定。一部で商品化も始まった」などと評価した。

その一方で、事業の制度設計については多くの注文が出された。例えば「研究開発から事業化・社

会実装、そして産業や社会のあり方変革という段階のどこまでを求めていたのかは不明瞭」「アウトカムとしてどこまでが求められていたのかも不明瞭」と、マイルストーンや最終目標の設定が明確でなかったという反省が出された。「チャレンジ精神に満ちたシステムに転換」を「実現するための仕掛け」も、あるいは「知財の戦略的なマネジメントや標準化の支援、事業化の支援についての仕掛け」も明確ではないとされた。

それを踏まえた「所見」として「『何故、他の国家プロジェクトや民間主導の研究開発投資では到達できない目標なのか』、に関する説明は大いに不足していたように思われる」と問題点を指摘した。さらに「『グローバルな視点から見れば必ずしもパラダイム転換をもたらすハイインパクトな目標設定にはなっていない』という指摘があった。（中略）失敗を恐れずに挑戦を行ったものの所期の成果を得られなかった場合に、国費の無駄遣いに終わらせないためにマイルストーンの変更を重ねた故のギャップである」という、言い訳じみた所見もあった。

プログラムに加わった研究者のコメントとして「失敗を恐れず、常識を覆すような研究を期待しているといいながら、どんな成果が出たのか、実用化できそうなものはないか、毎年聞かれた」[*1]という声も出ている。

これについて内閣府科学技術・イノベーション推進事務局参事官補佐の宮澤武志は「確かにマイクロマネジメントと言われたこともありました。研究者はのびのびとやらせてほしいのに、事務局が細かく関与しすぎるという意見もありました」と、研究者から不満の声があったことを認めた。

成果を出すのを急いだためか、「科学的データが不十分なまま『カカオ成分の多いチョコレートを食べると脳が若返る可能性がある』と発表したことについて、内閣府の有識者会議は8日、『実験の条件設定が十分でないものを発表するのは適切でなかった』とする報告書をまとめた」[*2]という勇み足もあった。

「世界最大規模の量子コンピュータ」として公表したシステムに、根幹となる技術で「量子コンピューターとは言えない」という研究者からの疑問の声が相次ぎ、これも大きなニュースとなった。それなのになぜ公表したのか。「ある研究者は『メディアに取り上げられ、予算がつきやすい背景もある』と指摘する」[*3]という見方もあった。

＊1　日経新聞（二〇一九年一〇月二五日付け）
＊2　朝日新聞（二〇一八年三月九日付け）
＊3　毎日新聞（二〇一七年一二月一〇日付け）

1-3 ムーンショット

ムーンショット型研究開発事業とは

いよいよ、「ムーンショット型研究開発事業」（以下、ムーンショット）だ。内閣府の説明資料などによれば、その特徴は以下の通りである。

（1）困難だが実現すれば大きなインパクトが期待される社会課題等を対象とした野心的な目標及び構想を国が策定。
（2）複数のプロジェクトを統括するＰＤの下に、国内外のトップ研究者をＰＭとして公募。
（3）研究全体を俯瞰したポートフォリオを構築。「失敗を許容」しながら挑戦的な研究開発を推進。
（4）ステージゲートを設けてポートフォリオを柔軟に見直し、スピンアウトを奨励。データ基盤を用いた最先端の研究支援システムを構築。

予算として二〇一八年度の補正予算で一〇〇〇億円、二〇一九年度の補正予算で一五〇〇億円が計上された。さらに二〇二一年に誕生した岸田政権が科学技術立国を掲げていることもあって、同年度の補正予算で量子コンピューターの実現に向けた研究開発費三六〇億円を含む八〇〇億円が補正予算で計上された。この結果、一九五〇億円がムーンショットの基金として造成された。単年度の予算とせずに基金としたのは、研究の進捗状況によって予算配分を複数年度にわたり柔軟に行えるようにするためだ。

これをインパクトの特徴と比べていただきたい。予算は三・五倍の規模となっている。しかしそれ以外は、インパクトとほぼ同じだ。インパクトの教訓はどうなったのだろうか。

「これまでの政策の失敗を総括しないまま、新しい計画に飛びつくのは早計に過ぎないか。戦略を決めて巨額投資を行う枠組み自体は従来と変わらず、民間企業との役割分担も不透明なままだ。『夢物語に一〇〇〇億円もの税金をばらまいている』との批判を受けかねない」[*1]という指摘も出されている。

これについて前出の内閣府参事官補佐の宮澤は「成果に関する我々の広報が足りていないのはご指摘の通りだと思います。インパクトの研究はチャレンジングなものが多く、その場合はすぐに成果が出ないのでアピールが難しい面もあります。そこで社会実装の状況などを今後も追跡調査して、研究成果をPRしていきたいと思っています」と答えた。

九つのムーンショット目標

テーマ決定の流れを紹介しておこう。事業を主管する内閣府では、学識経験者や企業経営者、それにSF作家やアーティストなど多彩なメンバーによる有識者会議（ビジョナリー会議）を立ち上げ、ムーンショットの目標となる事業のアイデアを聴取した。これを踏まえて内閣府は二〇二〇年一月、内閣総理大臣を議長とする「総合科学技術・イノベーション会議」を開催し、「ムーンショット目標」を公表した。当初は目標6まで設定されたが、最終的に目標9にまで拡大された。

それぞれの目標について代表者がPD（プログラムディレクター）として指名されている。公募に応じた研究グループのなかから、各目標についてそれぞれ複数のプロジェクトが選ばれ、すでに二〇二〇年度から順次、研究が始まっている。実際に研究を担当する各プロジェクトの代表者はPM（プロジェクトマネージャー）と呼ばれる。

各目標の概要は以下の通りである。タイトルを見ると、見なれない漢字やカタカナの並んだものが多く、一般の読者にはチンプンカンプンということになりそうなので、列挙はやめる。関心を持たれた方は、オフィシャルサイトで確認していただきたい。その代わりに内閣府が「ターゲット」や「目指す社会」として示した、比較的わかりやすい目標の内容を要約して示しておこう。

目標1

二〇五〇年までに、人が身体、脳、空間、時間の制約から解放された社会を実現（PD　萩田紀博　大阪芸術大学学科長・教授）

ターゲット：複数の人が遠隔操作する多数のアバターとロボットを組み合わせることによって、大規模で複雑なタスクを実行するための技術を開発し、その運用等に必要な基盤を構築する。サイバネティック・アバター生活：望む人は誰でも身体的能力、認知能力及び知覚能力をトップレベルまで拡張できる技術を開発し、社会通念を踏まえた新しい生活様式を普及させる。

目標2

二〇五〇年までに超早期に疾患の予測・予防をすることができる社会を実現（ＰＤ　祖父江元　愛知医科大学理事長・学長）

目指す社会：従来のアプローチで治療方法が見いだせていない疾患に対し、新しい発想の予測・予防方法を創出し、慢性疾患等を予防できる社会を実現する。

目標3

二〇五〇年までに、ＡＩとロボットの共進化により、自ら学習・行動し人と共生するロボットを実現（ＰＤ　福田敏男　名古屋大学未来社会創造機構客員教授）

ターゲット：人が違和感を持たない、人と同等以上な身体能力をもち、人生に寄り添って一緒に成長するＡＩロボットを開発する。

目標4

二〇五〇年までに、地球環境再生に向けた持続可能な資源循環を実現（ＰＤ　山地憲治　地球環境産業技術研究機構理事長）

ターゲット：地球環境再生のために、持続可能な資源循環の実現による、地球温暖化問題の解決（Cool Earth）と環境汚染問題の解決（Clean Earth）を目指す。

目標5

二〇五〇年までに、未利用の生物機能等のフル活用により、地球規模でムリ・ムダのない持続的な食料供給産業を創出（PD　千葉一裕　東京農工大学学長）

ターゲット：微生物や昆虫等の生物機能をフル活用し、完全資源循環型の食料生産システムを開発する。

目標6

二〇五〇年までに、経済・産業・安全保障を飛躍的に発展させる誤り耐性型汎用量子コンピュータを実現（PD　北川勝浩　大阪大学大学院基礎工学研究科教授）

ターゲット：大規模化を達成し、誤り耐性型汎用量子コンピュータを実現する。

目標7

二〇四〇年までに、主要な疾患を予防・克服し一〇〇歳まで健康不安なく人生を楽しむためのサステイナブルな医療・介護システムを実現（PD　平野俊夫　量子科学技術研究開発機構理事長）

目指す社会：日々の生活のあらゆる導線に、健康に導くような仕掛けが埋め込まれている。住む場所に関わらず、また災害・緊急時でも、必要十分な医療・介護にアクセスできる。心身機能が衰え、ライフステージにおける様々な変化に直面しても、技術や社会インフラによりエンパワーされ、不調に陥らず、一人ひとりの「できる」が引き出される。

目標8

二〇五〇年までに、激甚化しつつある台風や豪雨を制御し極端風水害の脅威から解放された安全安心な社会を実現（PD　三好建正　理化学研究所計算科学研究センターチームリーダー）

目指す社会：台風や豪雨の高精度予測と能動的な操作を行うことで極端風水害の被害を大幅に減らし、台風や豪雨による災害の脅威から解放された安全安心な社会を実現する。

目標9

二〇五〇年までに、こころの安らぎや活力を増大することで、精神的に豊かで躍動的な社会を実現（PD　熊谷誠慈　京都大学人と社会の未来研究院准教授）

目指す社会：過度に続く不安・攻撃性を和らげることが可能になる。人生に生きがいを感じ、他者と感動・感情を共有し、様々なことに躍動的にチャレンジできる活力あるこころの状態の獲得が可能になる。互いにより寛容になることで、差別・攻撃（いじめやDV、虐待等）、孤独・うつ・ストレスが低減する。

選ばれたプロジェクトの数は本書執筆時点で目標1が七、目標2が五、目標3が一一、目標4が一八、目標5が八、目標6が一二、目標7が九、目標8が八、目標9が一二で、合計すると九〇もある。補正予算がついたため、件数はさらに増える見通しだ。

研究開発期間は原則として五年だが、先行プログラムのインパクトで「五年では短い」という声が多く出されたことから、内容が評価されれば最大で一〇年まで延長することを可能とした。すでに造成された基金は五年分の予算で、一〇年まで延長する場合は追加の予算措置が必要になってくる。

それにしても前記の通り、最終的に目標を達成する時期は二〇四〇年から二〇五〇年に設定されている。最長でも一〇年でムーンショットの研究開発期間が終わるということは、研究の開始時期を考えると、目標6までは二〇三〇年、目標7は二〇三一年、目標8と9は二〇三二年が最終期限となる。研究自体が中途で終わってしまうことにならないか。これについて内閣府の宮澤は一〇年後から先については、現状ではまったく白紙とした。そのうえで、「社会実装の段階まで進んでいるプロジェクトであれば、国の予算をつけなくても民間からの資金調達でプロジェクトを進めることも十分考えられます」とのことだった。確かにムーンショットでは、研究のための研究ではなく、社会実装が強く求められている。私の取材に対して、「日本内外の大手IT企業を含めた民間企業がすでに関心を示している」と答える研究者も多い。そういう面は確かにあるだろう。

ムーンショットの光と影

まずは問題点を指摘しておこう。ぱっと見ただけでわかるのは、ジェンダーバランスの悪さだ。PDは九人全員が男性だ。PMについてもチェックしていくと、九〇人中、女性は目標1が一人、目標3が二人、目標5が一人、目標9が二人の、合計六人、パーセンテージにしてわずかに六・六％だ。

世界経済フォーラムは毎年、各国における男女格差を測るジェンダーギャップ指数を発表している。

その二〇二二年版によれば、日本は一四六カ国中一一六位で、先進主要国のなかでは最低、アジアでも中国や韓国よりも低いというありさまだ。研究の世界でも、日本全体の傾向が反映されている。

次に事業費だ。これについては多すぎるという批判、逆に少なすぎるという批判の両方がある。ちょうどいいという意見は寡聞にしてあまり聞かない。

まず多すぎるというほうである。具体的にいえば、研究費が削られている国内大多数の研究者からの不満の声だ。

「国立大の運営費交付金は04年度以降で約1400億円減った一方、科学研究費補助金（科研費）の増え幅は約500億円。MS制度のような『選択と集中』ではなく、多くの研究者に配分される科研費などを重視すべきだという意見は、研究者の間で根強い。文科省幹部も『単なる一点豪華主義になるのなら、科研費や運営費交付金を手厚くした方がいい』と話す」[*2]

科研費に応募資格を持つ全国の大学の研究者は総数で約一三万六〇〇〇人いる。このほか企業の研究者も応募できる。その科研費は近年、二三〇〇億円前後で横ばいが続いている。一方で大学への交付金は減り、紙や鉛筆などの消耗品はもとより、電気代や水道代も、学生から「うるさい」といわれるほどに節約しなければならない状況だ。大多数の研究者から見れば、ムーンショットだけ優遇されているという愚痴も出るだろう。

「大学の基盤的経費を削り、じっくり研究できる環境を奪っておきながら、気宇壮大な研究テーマにトップダウンで大金をつぎ込む。経済成長のための成果を焦って求めるあまり、ばくちに手を出したように映る」[*3]など、新聞社は一極集中の研究開発制度に批判的な論調が目立つ。

内容についても経団連など産業界の要望に応えただけで、目新しさがないという指摘もある。

「実際に内閣府が決めた目標を見ると、ロボットや量子コンピューターなど、すでに経済界が手を出して応用が進んでいる分野ばかりが目につく。（中略）賭けですらなく、科学振興とは名ばかりの産業振興予算ということだろう」*4

その一方で「中途半端さに首をひねる人も多いのではないか」*5という意見もある。それは外国の研究費と比べてみれば、一目瞭然だ。

アメリカのバイデン政権は、クリーンエネルギーのインフラ整備と技術開発に四年間で二兆ドル、先端技術や新興技術開発に四年間で三〇〇〇億ドルを投資するとしている。

二七カ国が加盟するEU（欧州連合）の科学技術政策としては、二〇二一年から二〇二七年までのプログラムとして、ホライズンヨーロッパが実施されており、総予算で九五五億ユーロ、日本円にして約一二兆七〇〇〇億円が研究資金として助成されることになっている。

中国は「中国製造二〇二五」で一兆円規模を投資し、量子技術などの研究開発を進めている。

民間ではアメリカのアルファベット、アマゾン、中国のファーウェイなどは研究開発費が年間でいずれも一兆円以上といわれる。

これに対して日本のムーンショットは五年間で一九五〇億円。見劣り感は否めない。

「ムーンショット」と名乗るのにふさわしいかどうかという議論もある。というのは元祖ムーンショットであるアポロ計画は、アメリカ国家予算の約五％が投入された。一九六一年から一九七二年にかけて実施され、総費用は約二五〇億ドルに上る。アメリカや日本で取り組まれている現在の「ムーンショット」は、規模の面ではるかに及ばない。アポロ計画に匹敵する国家レベルの巨大科学技術プロジェクトは、その少し前の時代になるが、アメリカのマンハッタン計画くらいだろう。一九四二年から一九四六年にかけて実施された極秘の原爆製造計画では、約二〇億ドルを費やした。マンハッタン計画については戦争という国家にとっての一大事であり、アポロ計画も冷戦のさなかで国家の威信をかけた巨大プロジェクトだった。

さらに日本のムーンショットは、月着陸ほどの明確なゴールが見えないということもある。日本はインパクトでその教訓を得たはずだ。

以上、様々な問題点や課題を示した。

では私がなぜこの本に取り組みたいと思ったかといえば、制度設計の問題は別にして、研究開発のテーマを個別に見ていくと、なかなか興味深かったからである。

日本だけでなく世界的に解決が求められている課題を、日本の持つ科学技術で解決しようとしている。かつて日本は公害問題に取り組み、その実績が世界で応用された。低公害車を生み出した日本は、自動車大国となった。そして今の日本は超高齢社会をはじめとする課題先進国である。

本書では九〇プロジェクトのなかから、一八件の取り組みを取り上げる。そのテーマは健康長寿や人工冬眠、ロボットやアバター、台風制御や温室効果ガスの削減、食料供給に対する様々なアプローチ、そして精神的豊かさの実現と、バラエティに富んでいる。さらにはムーンショットの選考からもれたプロジェクト、政府の事業とはまったく関係ないものの、ムーンショット的なイメージのプロジェクトを加え、あわせて二一人のリーダーによるチャレンジを紹介したい。

このほかにも、量子コンピューターや超早期の疾患予防など、実現すればすばらしい成果となるであろう研究が多いのは承知しているが、本書はムーンショットの解説書や報告書ではない。ということで一般読者にとって興味深いであろうと思われるプロジェクトを選ばせてもらった。

すべての目標は「人々の幸福」の実現を目指す

内閣府はムーンショット目標について「全ての目標は『人々の幸福（Human Well-being）』の実現を目指」すと謳っている。

ところで、幸福の英語訳とされた「ウェルビーイング」とは何だろうか。単純に解釈すれば「よく生きること」。この言葉が広まったきっかけは、一九四六年に設立されたＷＨＯ＝世界保健機関の有名な憲章とされる。日本ＷＨＯ協会訳によるとその前文で「健康」について、以下のように定義している。

「健康とは、病気ではないとか、弱っていないということではなく、肉体的にも、精神的にも、そして社会的にも、すべてが満たされた状態にあることをいいます」

このなかで「満たされた状態」と訳されたのがウェルビーイングだ。つまりＷＨＯの考えるウェルビーイングは、身体だけでなく精神的にも社会的にも「持続的にうまくいっている状態」を意味する。そして内閣府はその日本語訳に「幸福」をあてた。

かつてロシアの文豪トルストイは「幸福な家族はどれもみな同じようにみえるが、不幸な家族にはそれぞれの不幸の形がある」[*6]と代表作の『アンナ・カレーニナ』で書いた。小説が雑誌に発表された一八七五年頃のロシアは「産業構造のアンバランス、国際資本による圧迫、都市人口の肥大と環境の劣悪化や犯罪の増大、貧困と格差の拡大といった、近代社会に特有の矛盾」[*7]が噴出していた時代だった。農民だけでなく地主貴族層も疲弊していった。

しかし今やダイバーシティ、多様性の時代を迎え、性差やLGBTQ、外国籍などによるマイノリティの人たちの人権を擁護する方向に変わりつつある。言い換えれば、私たちの抱える課題が、様々に変化してきているということだ。今や「幸福な家族にはそれぞれの幸福の形があり、不幸な家族にもそれぞれ不幸の形がある」時代なのだ。

幸福について考えていて、一九三三年に二九歳で拷問死した小林多喜二の、有名な手紙の一節を思い出した。

「『闇があるから光がある』

そして闇から出てきた人こそ、一番ほんとうに光の有り難さが分かるんだ。世の中は幸福ばかりで満ちているものではないんだ。不幸というのが片方にあるから、幸福ってものがある。そこを忘れないでくれ。だから、俺たちが本当にいい生活をしようと思うなら、うんと苦しいことを味《あじわ》ってみなければならない*8」

幸福と不幸は隣り合わせ。あるいは幸福のなかに不幸があり、不幸のなかにも幸福があるのだろう。

日本最先端の知性が語る「幸福」とは

ウェルビーイングにしても、幸福にしても、具体的にその意味するところは人によってそれぞれ違ってくる。

そこで取材に応じていただいた研究者の方々に、それぞれの幸福観もあわせて聞いてみた。日本最先端の知性を代表する人たちが「幸福」についてどのように考えているのか、興味を惹かれたからだ。

以下の四つの質問を用意した。

【幸福とは】
ご自身の考える幸福とは何ですか？　または、ご自身にとっての幸福とは何ですか？

【阻害・邪魔するもの】
その幸福の実現や達成、あるいはその状態を阻害したり、邪魔したりするものは何ですか？

【社会の豊かさとは】
戦後、豊かさを追い求めて高度経済成長を成し遂げた私たちの社会ですが、大震災や原発事故などで、社会基盤の脆さ、危うさを体感しました。コロナ禍で世界は医療危機、経済的危機に直面しました。これを踏まえて、これから私たちが求めるべき社会の豊かさとは何だとお考えになりますか？

【貢献】
本書でご紹介するご自身のプロジェクトは、人間の幸福に関して、どのような貢献ができるとお考えですか？

口頭で答えてくださった方もいれば、事前にお渡しした質問項目に記入して回答を寄せていただいた方もいた。プロジェクト代表の方以外に、比較的長時間のインタビューに応じていただいた方にも伺わせていただいた。
一部、または全部の回答を辞退された方もいた。
各項目の最後で、本質問への回答もあわせて紹介していきたい。

＊1　毎日新聞（二〇一九年九月一九日付け）
＊2　朝日新聞（二〇一九年六月六日付け）
＊3　毎日新聞「幻の科学技術立国」取材班『誰が科学を殺すのか　科学技術立国「崩壊」の衝撃』（二〇一九年、毎日新聞出版）
＊4　朝日新聞（二〇二二年四月一〇日付け）
＊5　朝日新聞（二〇一九年八月二一日付け）
＊6　トルストイ著、望月哲男訳『アンナ・カレーニナ』（二〇〇八年、光文社）
＊7　前掲書の訳者読書ガイドより
＊8　荻野富士夫編『小林多喜二の手紙』（二〇〇九年、岩波文庫）

第2章
病気にかかる前に「予防」する

イントロダクション　これからの「健康」が意味すること

本章では医療に関係する「超早期に疾患の予測、予防」を目指す目標2、それに「主要な疾患を予防・克服し一〇〇歳まで健康不安なく人生を楽しむ」ことを目指す目標7から、三つのプロジェクトを紹介する。今の医療は病気になってから治療するのが基本だが、病気になる前の未病の段階で予防し、あるいは病気になっても超早期に発見してケアしていこうという発想だ。治す医療から防ぐ医療への転換を目指している。確かに人生の最後まで、寝たきりにならず、健康を維持できればそれにこしたことはない。

その背景には、健康に対する認識についての変遷がある。

一九四六年にＷＨＯ（世界保健機関）が有名な健康に関する定義を打ち出した。

「健康とは、病気ではないとか、弱っていないということではなく、肉体的にも、精神的にも、そして社会的にも、すべてが満たされた状態にあることをいいます（日本ＷＨＯ協会訳）」

身体の状態だけでなく精神的、社会的側面も重要であることが明確にされた。つまり社会環境の整備が重要とされた。

一九七二年にアメリカで、すでに特効薬が存在していたにもかかわらず、黒人の病気を放置して経過観察していた「タスキギー事件」が発覚し、公民権運動のさなかにあって、黒人差別の象徴的事件となった。医療と人種差別の関係がクローズアップされた。社会的な差別によって健康状態も大きく影響を受けることが改めて認識されたのだ。

こうした事件も踏まえて一九七四年にカナダのラロンド保健大臣が発表した報告書では、病気の要因をひとつに特定するのではなく、長期にわたる多数の要因に基づくと捉えたうえで、公衆衛生活動を疾病予防から健康増進に重点を移すべきだと主張している。

一九七九年にアメリカでは「ヘルシーピープル」という新たな国民的健康政策が打ち出された。疫学や健康に対する危険因子を重視し、個人の生活習慣を改善する取り組みだった。

一九八〇年代になると、予防は個人のみで実現できるものではなく、環境整備が必要で、病気になった人を非難する風潮は改めなければならないという批判が展開された。これを踏まえて社会環境を整備する「ヘルシーシティ（健康都市）」の整備がヨーロッパを中心に世界各地で進んでいった。

日本では一九九六年に成人病は、生活習慣病に呼び名が変更された。これに対し、病気の原因は「当事者の生活習慣が悪いせいだ」という健康至上主義につながりかねないという批判も出された。

二〇〇三年には、健康増進法が施行された。このなかで「国民の責務」として、「国民は、健康な生活習慣の重要性に対する関心と理解を深め、生涯にわたって、自らの健康状態を自覚するとともに、健康の増進に努めなければならない」と定められた。

政府に言われるまでもなく、自分の健康は自分で守らなければならない。しかし健康の増進に努めなかった人が病気になった場合、自己責任を問われる論拠ともなりかねない。

二〇二二年の『厚生労働白書』は、医療・福祉分野の就業者数について、高齢者人口がピークを迎える二〇四〇年に一〇七〇万人が必要となるのに対し、確保が見込まれるのは九七四万人にとどまり、九六万人が不足すると推計している。

ムーンショットの研究で成果が出れば、それ自体はすばらしいことだろう。そうなった社会について、目標7のPD（プログラムディレクター）を務める量子科学技術研究開発機構理事長の平野俊夫は「百歳までピンピン皆さんが生きるということになると、世の中もすごく変わってくる。例えば年金も必要でなくなる。看護施設、養護施設、老人ホームが激減する。世の中に社会変革が起こると思います」[*1]と述べている。社会変革があくまで、健康長寿という目標が達成された結果であることを望みたい。

＊1　二〇二二年七月一六日 ムーンショット目標7キックオフシンポジウム「健康不安なく100歳まで」

2-1 健康不安なく百歳まで生きる　健康寿命の延伸

平均寿命と健康寿命の落差が引き起こす問題

今から約百年前、一九二〇（大正九）年の第一回国勢調査によれば、日本人男性の平均寿命は四二・〇六歳、女性の平均寿命は四三・二〇歳だった。平均寿命とは、生まれたばかりの〇歳児が平均して何年生きられるかを示したものである。

かつては「疫痢」と呼ばれた急性伝染病で亡くなる子どもが多かった。しかし衛生面の改善や栄養の充実、抗生物質の普及で、疫痢は過去のものとなった。様々な病気を予防するワクチンや、治療する新薬も次々に開発され、日本人の平均寿命は劇的に改善された。

二〇二〇年の『厚生労働白書』によれば、日本人の平均寿命は二〇一六年で男性八〇・九八歳、女性八七・一四歳。一世紀の間に平均寿命は約二倍に延びた。厚生労働省が二〇二〇年の簡易生命表を使ってまとめた国別の平均寿命によれば、日本は男性が二位、女性が一位と、世界でも有数の長寿国となっている。ちなみに男性一位はスイス、三位はシンガポール、女性は二位が韓国、三位がシンガポールである。

それ自体は喜ばしいことなのだが、今問題となっているのが、平均寿命と健康寿命との落差である。健康寿命とは「健康上の問題で日常生活が制限されることなく生活できる期間」のことを言う。加齢に伴う病気、例えばガンや心臓血管疾患、脳血管疾患、糖尿病などの生活習慣病が増えてきた結果、健康寿命は男性が七二・一四歳、女性が七四・七九歳となっている。平均寿命と健康寿命を比較すると、男性で八・八四年、女性で一二・三五年もの差が生まれているのだ。私たちは亡くなるまで平均して約一〇年間、生活に何らかの支障が出て、不便な生活を余儀なくされるのである。

その結果、生じるのはＱＯＬ（クオリティ・オブ・ライフ：生活の質）の低下である。年をとっての闘病や寝たきりの生活を望む人は誰もいない。加えて、かさみ続ける医療費の問題がある。高齢者に対する医療費が全体の医療費を圧迫しているという意見がある一方で、これまで保険料を支払って日本の医療制度を支えてきた人たちの当然の権利であり、全体から見ればそう多いわけではないという反論もある。高齢者医療に対する支出が多すぎるかどうかという議論はさておき、高齢者が健やかに老後を過ごし、平穏な最期を迎えることができれば、本人にとっても、医療費抑制の面から見ても、良いことには違いない。

そこで、健康寿命を延ばしていこうという取り組みが喫緊の課題となっている。もちろん健康寿命も、男性が二〇〇一年の六九・四〇歳、女性が七二・六五歳と比べれば延びている。しかしこれまでの医療は病気を患ったり、大ケガを負ったりした人たちの命を救うことに重点が置かれ、健康寿命を延ばすという発想があまりなかった。こうした時代背景のなかで、ある研究が世界的に注目を集めている。

老化細胞を除去する技術開発

東京大学医科学研究所
中西真教授

東京都港区にある東京大学医科学研究所は、ドイツ留学から帰国した北里柴三郎により一八九二（明治二五）年に設立された伝染病の研究所が前身である。今ではガンや感染症、免疫・神経・筋疾患など難治性疾患を対象に、医学や薬学だけでなく情報工学や理学、工学、農学や倫理・公共政策学など、専門の垣根を越えた連携をとりながら、最先端の研究と医療を行っている。

その東大医科学研究所で抗加齢療法の研究開発を進めているのが、「癌防御シグナル分野」教授の中西真《まこと》だ。

中西は政府のムーンショット型研究開発制度に自ら進めていた研究を提案し、「１００歳まで健康不安なく人生を楽しむためのサスティナブルな医療・介護システムを実現」という政府目標のプロジェクトとして採択された。中西が目指しているものは、老化細胞の除去による健康寿命延伸医療の実現だ。

プロジェクト概要によれば、「老化や老年病の共通基盤を構成する慢性炎症の原因となる老化細胞を除去する技術を開発します。これにより高齢者の加齢性変化を劇的に改善し、多様な老年病を一網打尽にする健康寿命延伸医療を実現化します」とのことである。「慢性炎症」とは、細菌感染や化学的作用、物理的作用などが原因となって、ゆっくりと身体の一部が悪化している状態のことで、ガンや糖尿病などの生活習慣病、認知症など重大な病気につながると考えられている。

確かに、こうした病気を抑制することができれば朗報だ。人口減少による働き手不足対策が緊急の課題となっているなかで、高齢者が生きがいを持って社会参加を続けることができれば、個人にとっても社会にとっても大きなメリットがある。

このように老化対策の研究は、今でこそ脚光を浴びているが、かつては研究者も少なく、あまり注目されていなかった分野である。そこで中西はどう取り組んできたのか。その歩みを紹介しよう。

一九六〇年、名古屋市生まれの中西は自然と触れ合うのが好きで、少年時代は昆虫採集に熱中した。今も登山を愛好する。大学は医学部に進んだが、生物に対する関心を捨てがたく、基礎研究の道を選んだ。

「なぜ人間は年をとると変化していくのかに興味がありました。そもそも年をとるということは一体、どういうことなのか。寿命の非常に短い生物もいれば、長い生物もいて、生物の寿命はどう決まっているのかにも興味がありました。本当にわかっていないことばかりで、面白いなと思ったのです」

一九九三年には医学の分野でアメリカでも有数の研究機関であるテキサス州ヒューストンのベイラー医科大学に研究員として留学し、細胞が老化するという現象に関する研究を本格的に開始した。

老化細胞のメカニズムを解明

細胞は様々なストレスを受けると、不可逆的に増殖を停止する「老化細胞」に変化すると考えられている。しかし老化細胞が個体内のどこにあるのか、その性質はどうなっているのかなど、詳細なメカニズムは謎だった。帰国した中西はその解明に乗り出した。

中西の研究グループは試行錯誤を重ねた末、代表的な「ガン抑制遺伝子」として知られるp53遺伝子に注目した。ガン抑制遺伝子は、細胞の増殖速度を正しく調節する機能を持っている。細胞老化過

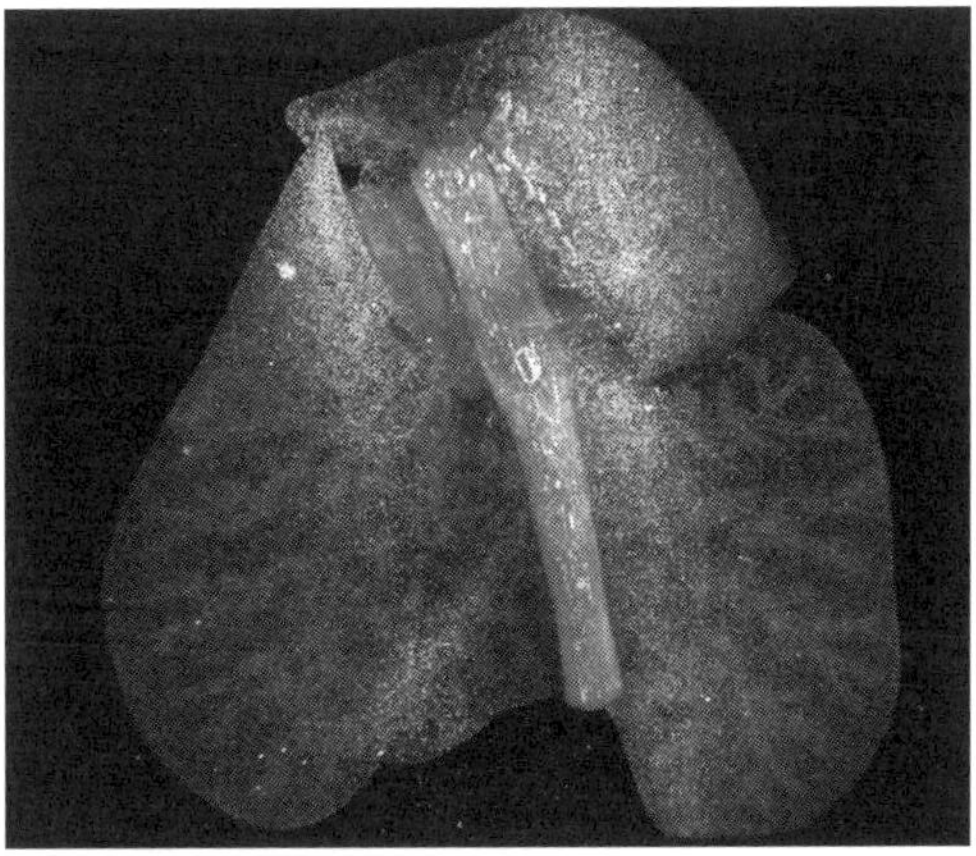

マウスの肺を透明化した画像。小さな白い点が老化細胞。
（提供：東大医科学研究所）

程でｐ53遺伝子が細胞分裂の特定の時期に活性化するとｐ16遺伝子が活性化して細胞老化が誘発されることを見出した。

実はガンと老化細胞には密接な関係がある。ガン遺伝子が活性化したとき、その細胞を老化細胞化することで、それ以上ガン細胞が増殖しないようにする役目も担っている。老化と聞くと悪者のイメージを抱きがちだが、一方で重要な役割を果たす場合もあるのだ。

中西たちのグループは、老化細胞のマーカーとしてｐ16遺伝子を活性化させることで、マウスの体内で老化細胞の存在を一細胞レベルで特定し、可視化することに世界で初めて成功した。若いマウスでは老化細胞がほとんど見られなかったが、高齢のマウスでは体内の様々な臓器で老化細胞を見つけることができた。さらに肝炎を起こしたマウスの肝臓から老化細胞を取り除くと、炎症が改善した。この研究は二〇二〇年九月、アメリカの著名な学術誌『セル・メタボリズム』に発表されて注目を集めた。

加齢変化による症状が改善

たて続けに中西らのグループは、画期的な研究成果を発表する。

老化細胞は加齢に伴って生体内に蓄積すること、そして老齢マウスから遺伝子工学的に老化細胞を除去すると、動脈硬化や腎障害など老年病の発症が有意に遅れ、健康寿命も延びることがわかっていた。しかし、組織や臓器によって老化細胞は多様であり、様々な老化細胞をまとめて除去するためのターゲットの選定や、そのための薬剤の開発には至っていなかった。

そこで中西らのグループは、ガン抑制遺伝子であるp53遺伝子を使った老化細胞の純培養法を独自に構築したうえで、老化細胞の生存に必須な遺伝子群をスクリーニングにより探した結果、有力なターゲットの候補として「GLS1（グルタミナーゼ1）」を発見したのだ。

細胞内には、生体膜に包まれた「リソソーム」と呼ばれる器官がある。細胞内に取り込んだ不良なタンパクを、強い酸で機能する酵素により分解する役目を持っている。しかし老化細胞内のリソソームでは多量の不良タンパクによって膜に穴が開き、老化細胞全体が酸性化して、放っておくと死んでしまう。そこでGLS1の出番となる。アミノ酸の一種のグルタミンを分解してアンモニアを作り出し、細胞内を中和するのだ。つまり老化細胞の生存にはGLS1が必須ということが、中西たちの研究によって初めて明らかになった。

そこで中西たちは、GLS1を働けなくするGLS1阻害剤をマウスに投与してみた。GLS1阻害剤は、難治性のガンに対する有力な抗ガン剤としてアメリカで臨床実験が行われている薬剤だ。すると、マウスの正常な細胞に影響を与えることなく、老化細胞だけを死滅させることに成功したのだ。

人間の年齢に例えれば六〇歳から七〇歳くらいにあたるマウスの臓器や組織で老化細胞が除去され、加齢変化の特徴として知られている腎臓の糸球体硬化や肺の線維化などの症状が改善された。肥満性糖尿病や動脈硬化も、症状が緩和された。マウスを棒につかまらせて筋力を測定したところ、人間に

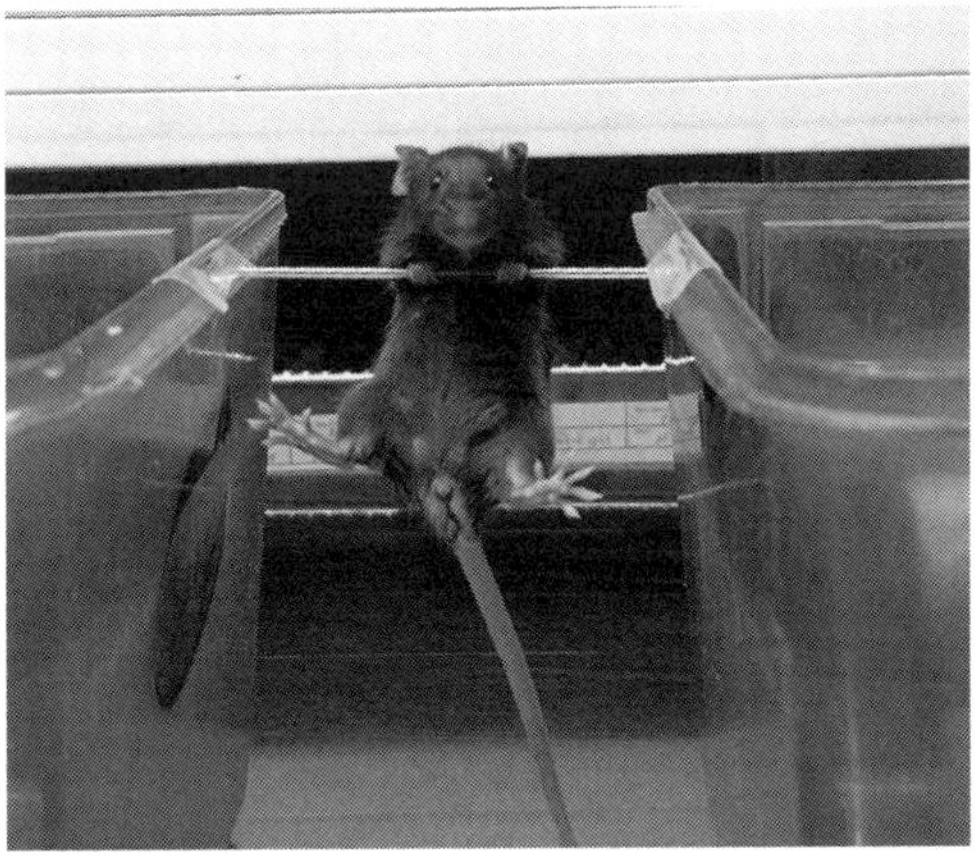
マウスの筋力測定。老化細胞を死滅させると大幅に若返った。
（提供：東大医科学研究所）

例えれば三〇歳から四〇歳くらいの状態にまで若返ったのである。

ＧＬＳ１阻害剤が生体内における老化細胞の除去に有効であること、その結果として、様々な加齢現象や老年病、生活習慣病の改善に有効であることが示され、二〇二一年一月にアメリカの著名な国際科学誌『サイエンス』で公表されると、世界で大きな反響を引き起こした。

「これまでの研究の多くは、老化細胞の性質をよく調べないまま、老化細胞を取り除くことができる薬剤を開発しようとしていました。その結果、老化細胞だけでなく、ほかの正常な細胞にも大きな影響を与えるケースが多かったのです。これに対して我々は、炎症を引き起こすメカニズムを解析してターゲットを明確に絞り込みました。今回使ったＧＬＳ１阻害剤は、正常細胞に悪影響を与える恐れが少ないため、臨床応用できそうだという点も評価していただけたと思っています」

健康寿命百歳までの道のり

さらなる研究を進めるにあたって中西は、政府のムーンショット型研究開発制度で設定された「二〇四〇年までに、主要な疾患を予防・克服し一〇〇歳まで健康不安なく人生を楽しむためのサステイナブルな医療・介護システムを実現」というプロジェクトに応募した。

「私たちは健康不安なく百歳まで生きることができると思っていて、それを目指してやってきたわけですから、テーマがぴったり合致したのです」

中西のチームには、ほかの大学や研究機関で、様々な臓器の炎症を研究したり、解析したりしている日本でもトップレベルの研究者が参加した。

「炎症を引き起こすような細胞を様々な臓器で見ていかないといけないので、腎臓の専門家だったり、心臓の専門家だったり、脳や免疫の専門家を配置しています。加えて検出技術の革新が必要であり、遺伝子情報を解読するゲノム解析や、放射性の薬剤を使って細胞の働きを調べるＰＥＴ（ポジトロン断層撮影法）、血液などの液性検体を利用するリキッドバイオプシーなどの専門家にも参加してもらっています」

中西は今後、ＧＬＳ１阻害剤を中心に据えながら、二〇二五年には「炎症誘発細胞除去技術」を臨床応用可能なレベルにまで高め、高齢者への応用を目指した前臨床試験や、代表的な早老症候群である「ウェルナー症候群」患者に対して臨床応用を始めたい考えだ。二〇三〇年には高齢者への臨床試験を始め、二〇四〇年には社会実装するという研究計画を立てている。

また老化度測定や老化速度の予測については、二〇三〇年を目処に社会実装したいと考えている。

「マウスでは効いたが、人では効かなかったという例は山ほどあります。マウスと人との間には、超えなければならない大きな谷があります。今後は人とマウスの違い、そして同じところをきちんと見極めて、人に効くような薬にしていきたいと思います」

ＧＬＳ１阻害剤は老化細胞を除去するうえで画期的な発見だが、それだけで健康寿命百歳を達成できるわけではない。

「家づくりに例えると、ＧＬＳ１阻害剤は大黒柱ですが、そこに枠組みをどんどん作っていって、最終的に大きな家を建てていきます。そのためには詳細な設計図が必要で、まだ時間がかかるでしょう」

あらゆる老化に打ち勝つ医療の確立へ

今回の研究がムーンショットたる所以について聞いてみた。

「『そんなことが本当に可能なのか』と考える人が多いと思いますが、だからといって、まったく荒唐無稽な話ではないのです。例えば『銀河系を出てほかの銀河を目指します』と目標を掲げても、そんな話が二〇年で実現するとは誰も信じません。そうではなく、みんながある程度は『もしかしたら』と思いつつ、『でも難しいテーマですよね』というのが、ムーンショットだと思うのです。そういう意味で、百歳まで健康で生きるというのは、非常に良い設定だと思います」

先に健康寿命が七〇代前半だと述べた。これは赤ちゃんも含めた平均の健康寿命である。健康を意識しだすのが中高年になってからという傾向を考えれば、健康寿命では実感がつかみにくいという意見も出てくる。そこで用いられるのが「健康余命」という考え方だ。

ニッセイ基礎研究所の「基礎研ＲＥＰＯＲＴ冊子版」二〇一九年三月号によれば、二〇一六年の健康余命は六五歳の男性で一四・〇九年。つまり六五歳を起点にした男性の健康寿命は七九・〇九歳となり、〇歳健康寿命の七二・一四歳と比べて六・九五歳も長くなる計算だ。同様に六五歳女性の場合、健康余命は一六・一五年で六五歳健康寿命が八一・一五歳となり、〇歳健康寿命と比べて六・三六年長くなっている。

しかも健康寿命は「健康上の問題で日常生活が制限されない期間」と述べたが、ここにおける「日常生活」とは食事や入浴などの日常動作だけでなく、外出や仕事、スポーツなど幅広く捉えている。必ずしも寝たきりだったり、介護が必要だったりする期間というわけではないということも考え合わせると、かなりの人が八〇代まで自立した生活を送ることができていると考えられる。

そうすると、健康百歳まであと十数年ということになり、あながち不可能な目標とも思えなくなってくる。特に中西チームの研究は個別に病気を治療するのではなく、病気を未然に防ぐというアプローチだから、高齢者になる前の早い段階から老化細胞を除去すれば、六五歳健康寿命でなく、〇歳健康寿命を大幅に改善することができると期待される。

政府の設定したムーンショットの目標では、中西たちのプロジェクトについて、二〇四〇年までに健康寿命を百歳に延ばすよう求めている。つまりこれから約二〇年後に目標を達成しなければならない。政府のほかのムーンショットプロジェクトは三〇年後が目標だが、果たして二〇年で達成できるのか。

「アポロ計画が始まって月に行くまで、約一〇年でした。新型コロナウイルスのワクチンは例外中の例外であっという間に承認されましたが、ぼくのプロジェクトの場合、通常の手続きを踏むと二〇年で、ギリギリ間に合うと考えています。三〇年後だと逆に長い気がします」

コンピューターやAI（人工知能）の進化もあって、近年の医療の進展はめざましいものがある。遺伝子レベルで疾患を細分化することができるようになり、数年後にはタンパク質や遺伝子をターゲットとした個別化医療ができるようになると考えられている。

これに対して中西のアプローチはまったく異なっている。中西の考える二〇四〇年の医療は、すべての老年病に共通する病因である慢性炎症を標的として、これを除去することで、あらゆる老化や老年病を一網打尽にできる医療の確立を目指すものだ。年配になると様々な病気が出てくるが、もぐらたたきのように、各症状に応じて処方された大量の薬を飲まないといけないという「薬漬け」からも解放されそうだ。

同時に誰もが簡便に老化度や老化速度を測定し、症状が出る前に病気を予防できる社会を目指している。

「これらが確立できれば、あらゆる老化、老年病に対する究極の予防医療が確立できると考えています」

従来の医療の延長線上にはない、独創的なアプローチといえるだろう。確かにムーンショットと呼ぶにふさわしい。

年老いても見た目は若いままで

GLS1阻害剤の効果として、筋力を回復させたマウスが「若返った」と表現した。若返るというと、肌がきれいになったり、しわがなくなったりすることを期待してしまう。百歳まで元気に過ごせるようになった場合、外見上はどうなるのだろうか。

「姿かたちがまったく変わらないとは思いませんが、少なくとも今より少しは若く保てると思います。老年になっても若い頃の容貌をずっと維持することも、理論的には可能だと思っています」

将来の人類は、若い姿のまま老衰による死を迎えることになるのだろうか。

「今の高齢者に起こっている老化とは違った形の衰退が最後の数年で急激に起きて、寿命を迎えることになるだろうと推測しています」

そうなると次に気になるのが、人は何歳まで健康に生きられるか、ということだ。調べてみると、生物学的に人の寿命は約一二〇歳が限度という説が有力だ。現在、公式に確認されている世界の長寿記録は、一九九七年に亡くなったフランス人女性の一二二歳となっている。

なぜ一二〇歳かについては、諸説ある。有力なのは、人の身体の細胞が分裂できる回数は有限で、年数に換算すると一二〇年というものだ。その発見者にちなんで「ヘイフリック限界」と呼ばれている。

二〇〇九年のノーベル医学生理学賞を受賞したアメリカの研究者三人の受賞理由は「寿命のカギを握るテロメアとテロメラーゼ酵素の仕組みの発見」だった。細胞分裂を繰り返すと、染色体の末端にあるテロメアが短くなり、ヘイフリック限界に達すると細胞は死を迎える。これに対してテロメラーゼは、テロメアが短くなるのを防いだり、延ばしたりすることができる。「細胞不死化酵素」として注目されたテロメラーゼだが、細胞のガン化機能があることも明らかになっている。

テロメラーゼ酵素をうまく使えば、人の寿命を延ばすことが可能なのだろうか。

あるいは、ゾウは臓器や組織の老化、そしてガンがないことが知られている。こうした生物は、老化細胞になる前の傷ついた細胞を取り除くプログラムを持っていると考えられている。

「プログラミング自体をそういうふうに変えるためには、人間の遺伝子を操作することになりますから、非常に大きな問題になります。それは、倫理的にやってはいけないことです」

健康寿命は生物としての寿命を超えないのが、中西のチームの大前提だ。

厚生労働省によれば百歳以上の高齢者は、国の「百歳高齢者表彰」が始まった一九六三年には全国で一五三人だったのが、一九八一年には千人を超え、一九九八年には一万人を超えた。二〇二二年九月現在では九万五二六人で、九万人台となったのはこれが初めてだ。前の年に比べると四〇一六人増え、五二年連続の増加となった。

政府は二〇一七年に「人生１００年時代構想会議」を立ち上げ、「生産性革命」と「人づくり革命」を進める方針を打ち出している。その中間報告には冒頭で、アメリカとドイツの研究者による報告を踏まえて、「『日本では、２００７年に生まれた子供の半数が１０７歳より長く生きる』と推計されており、我が国は健康寿命が世界一の長寿社会を迎えている」と述べている。

国民すべてが人生百年を迎える時代を念頭に、社会のありようを今から検討しておかなければならないのは確かだ。

「幸福」について、お考えを教えてください。

東京大学医科学研究所教授　中西真氏

幸福とは

私の考える幸福は健康と思います。どれほど財産や能力があっても不健康であれば決して幸福ではありません。健康で生きる、これほどの幸福はないと思います。

阻害・邪魔するもの

健康を損なう最大の理由は病気と思います。多くの人は病気にかかってから治療するものと思っていますが、病気を防ぐことが最も効果的です。現在まだいつ個々人が病気にかかるのかを予想できませんが、近い将来必ず予想可能な時代が来ると思います。

社会の豊かさとは

人類皆が平等に健康で楽しい生活を送ることが最も大事だと思います。もちろん災害は避け難い重要な問題ですが、個々人の健康を保つことは実現可能と思います。

貢献

健康に寿命を迎えることができる、これが実現できれば人間の幸福に大きく貢献できると思っております。

2-2 睡眠と冬眠を操作する

睡眠負債の解消と人工冬眠

「眠り」の操作が拓く新世代医療

「真正面のバアの窓越しに、さっきから三通りに変わる広告サインが見えていた。まずそれは〝財産は睡眠中に創られる〟ではじまり、〝苦労は夢とともに消える〟と変わって、それが消えると、今度は二倍ほどもある大文字でミテュアル生命 冷凍睡眠保険《コールドスリープ・アシュアランス》となるのだ」

アメリカSF界の巨匠、ロバート・A・ハインラインが一九五七年に出版した代表作『夏への扉』の一節だ。親友と婚約者に裏切られ、悲嘆に暮れた主人公は「コールドスリープ」、つまり人工冬眠に入ることを決意する。ハインラインは人工冬眠のメリットとして「不治の病に冒されて、いずれは死を免れないが、二〇年後には医学が進歩して救われる見込みがあるという」場合や、「火星へ宇宙旅行に行きたい」という場合をあげる。さらに保険会社の謳い文句として紹介したのが「財産は睡眠中に創られる」。株式だと財産がゼロになるリスクもあるが、年金受給者の場合、冬眠期間中の年金がそっくりそのまま積み立てられれば、確かにひと財産になる。

「あなたの目を覚ます輝かしい新時代が、あなたに、いまよりはるかに健康な老後と長寿を約束し、したがってその月額千ドルも、いまの数層倍使いでのあるものになる」

宇宙を舞台にしたＳＦ映画に目を転じると、ほとんどの宇宙船でカプセル状の人工冬眠装置が必須のアイテムとなっている。このようにＳＦの世界ではすでに、なくてはならない存在として扱われている人工冬眠が、今や現実的なテーマとなってきている。

人工冬眠が年単位にわたる長期間の眠りの課題だとすると、日々の眠りに対する課題が、「睡眠負債」の解消だろう。

睡眠負債は二〇一七年の「新語・流行語大賞」トップ一〇に選ばれたほどだから、ご記憶の方も多いだろう。単なる睡眠不足ではなく「負債」という語を使う意味は、後になって重大な「返済」を迫られるからだ。つまり睡眠不足が積もり積もるとメタボになったり、ガンや認知症、うつ病など深刻な病気を引き起こしたりする原因となり、代償を支払うことにもなりかねないのだ。

こうした睡眠をめぐる課題に真正面から取り組んでいるのが、茨城県つくば市にある筑波大学国際統合睡眠医科学研究機構だ。英語表記のINTERNATIONAL INSTITUTE FOR INTEGRATIVE SLEEP MEDICINEを略してＩＩＩＳ（トリプル・アイ・エス）と呼ばれている。ＩＩＩＳは、世界から第一線の研究者が集まる世界最高レベルの研究拠点の形成を目指して、政府が集中的な支援を行っている「世界トップレベル研究拠点プログラム（ＷＰＩ）」の研究拠点のひとつで、睡眠を科学する研究機関としては日本では最大、世界でもアメリカのスタンフォード大学などと並んでトップクラスの陣容を誇っている。その機構長を務めるのが、筑波大学教授の柳沢正史だ。アメリカでの研究歴が長い柳沢は、日本の学士院にあたる「米国科学アカデミー」の正会員でもあり、国際的な人脈が豊富だ。二〇一六年には紫綬褒章を受章、二〇一九年には文化功労者に選ばれた。二〇二二年には「科学界のアカデミー賞」とも称されるアメリカのブレークスルー賞に選ばれるなど、世界的に著名な睡眠研究の第一人者である。

柳沢が代表となって取り組むムーンショット型研究開発事業、それが「睡眠と冬眠：二つの『眠り』の解明と操作が拓く新世代医療の展開」だ。

睡眠の意義・機能は最大の謎のまま

先述したＷＰＩは競争的なプログラムだ。有力な大学が魅力的な研究拠点構想を提案し、そのなかから厳選される。ＩＩＩＳを設立するにあたり、柳沢が組織を率いる機構長となった。そこでまず、柳沢について紹介しておこう。

一九六〇年、東京都練馬区で生まれた柳沢は、子どもの頃は秋葉原の電気店街に通ってオーディオのアンプなどを自作するラジオ少年だった。父親は脱サラしてエンジニアから医師になったという変わり種で、勤務医だったときには、電気生理学の研究もした。柳沢の将来の夢は研究者。「これからはＤＮＡや脳のメカニズムを探る分子生物学が台頭する」という父のアドバイスを受けて、大学は筑波大学医学専門学群に進学した。

筑波大学国際統合睡眠医科学研究機構（WPI-IIIS）柳沢正史機構長

医学専門学群を首席で卒業した柳沢は、筑波大学の大学院に進学し、基礎研究の道に進む。大学院一年目に愛知県岡崎市にある基礎生物学研究所に国内留学した柳沢は、遺伝情報の様々な解析技術を学んだ。筑波大学に戻った柳沢は大学院生時代の一九八七年、偶然読んだアメリカの研究者の報告にヒントを得て、血管を収縮させるホルモンを特定する研究に取り組んだ。別の研究を進めたかった指導教官は難色を示したが、半年間という条件つきで許可してくれた。こうした基礎研究で半年はあまりに短い。つまりあまり期待されていなかったのだが、柳沢は期限内で見事に結果を出した。

「これはもう、信じられないくらいに速かった。環境が良かったからだと思います。ただしその環境も、私がそれなりに計算して始めたプロジェクトなのですけどね」

一九八八年、イギリスの著名な科学誌『ネイチャー』に、血管を収縮させて血圧を上げる働きをするホルモンの一種「エンドセリン」を発表した。それまで知られていた血管収縮物質に比べて、きわめて低濃度で作用するのが特徴で、世界的に評価される快挙となった。筆頭著者として論文を執筆した柳沢は、ノーベル賞受賞者であるテキサス大の研究者から業績を認められて、同大に招かれた。テキサス大サウスウェスタン医学センターは『ネイチャー』が実施した論文の質評価で、基礎医学の研究機関として世界一の実績を誇ったほどの大学である。

一九九一年、三一歳で渡米した柳沢は、アメリカのテキサス大学教授とハワード・ヒューズ医学研究所研究員を二〇一四年まで併任した。ちなみに潤沢な研究予算が配分されるハワード・ヒューズ医学研究所の研究員は、アメリカの研究者垂涎の的の研究職である。

柳沢は、テキサス大でもその才能を遺憾なく発揮する。筑波大の四年後輩で柳沢がテキサス大にポスドクとして招いた櫻井武（現・IIIS副機構長）とともに、脳内の覚醒物質「オレキシン」を発見したのだ。実はこの物質、最初は食欲に関係する物質と見ていた。そこでオレキシンを作るための遺伝子を持たないマウスを作り、その行動をつぶさに観察した。しかし特に、異常は見られない。「あまり重要な物質ではないかもしれない」と思い始めた頃、柳沢は「マウスは夜行性」という、当たり前のことを思い出した。というのもその頃の研究で、夜間の観察はあまり行われていなかったからだ。そこで赤外線カメラで、夜間の行動をビデオ撮影してみた。

その結果、特異な現象が見つかった。元気に走り回っていたマウスが突然立ち止まり、床に腹部をつけてぴくりとも動かなくなったのだ。「てんかん」の発作とも考えたが、脳波を測定すると、マウスの脳は覚醒状態から一気に睡眠の状態に変わっていた。それはナルコレプシーと、まったく同じ症状だった。

睡眠に関連して何らかの問題がある状態を睡眠障害という。最も多いのは、寝つきが悪い、または眠りの浅い「不眠症」だ。そのほかにも日中に強い眠気を感じる「過眠症」、睡眠中に異常な呼吸を示す「睡眠時呼吸障害」、入眠時に足に違和感を感じる「むずむず脚症候群」など、人によって様々な症状がある。

ナルコレプシーは過眠症のひとつで、睡眠を司る脳内のスイッチが不安定になり、眠気を感じる間もなく発作的に眠ってしまう病気だ。ここから、オレキシンが分泌されることで覚醒状態が正しく維持されていることが明らかになったのだ。この成果は一九九八年と一九九九年に、『ネイチャー』『サイエンス』と並び称されるアメリカの学術誌『セル』に発表され、これもまた世界的な注目を集めた。その後、ヒトのナルコレプシー患者の脳でも、オレキシンを作る細胞が特異的に消失していることがわかった。

このオレキシンの働きを抑制する薬が、すでにアメリカと日本の大手製薬会社により処方睡眠薬として実用化されている。それまでの睡眠薬と比べてより自然な睡眠が得られ、アルコールとの相乗作用も少ない。そして依存性やリバウンドが少ないなどの優れた特性がある。

逆に脳内でオレキシン同様の働きをする薬も、承認取得に向けて開発競争が最終段階を迎えている。ナルコレプシーの治療はもちろん、眠気の抑制や肥満、メタボリック症候群の予防にも役に立つかもしれないと期待されている。

しかし、オレキシンが覚醒を維持することがわかっても、睡眠不足がたたって睡眠負債が増える仕組みは謎のままである。

睡眠をきちんととれない状態が続くと、身体に様々な悪影響が出る。肉体的にも精神的にも、睡眠が非常に重要なのは明らかだ。私たちは生涯の三分の一の時間を睡眠に費やしているにもかかわらず、「なぜ私たちは眠る必要があるのか」、そして「睡眠はどのように調節されているのか」、わかりやすく言えば「眠気とは何なのか」という睡眠の本質的な意義や機能、制御機能は謎のままなのである。睡眠と覚醒は現代神経科学最大の謎ともいわれている。

「そこから睡眠の研究にのめり込んでいったのです」

マウス約八千匹の睡眠を測定

二四年間にわたるアメリカ滞在中、東京大学医学部から教授への就任要請もあった。普通に考えれば大変な名誉だが、柳沢は辞退した。日本式の旧弊な大学運営のあり方に疑問を持っていたからだった。しかし二〇〇一年一〇月、文部科学省の外郭団体「科学技術振興機構」からの要請を受けて、柳沢はテキサス大教授と併任する形で「戦略的創造研究推進事業（ＥＲＡＴＯ）」の総括責任者に就任し

大規模マウス睡眠測定設備。100 匹以上のマウスの同時脳波測定が可能。研究用マウスを累計 2 万匹測ってきた。
（提供：WPI-IIIS）

た。すべての研究を総括責任者の指揮のもとに進めるというスタイルに納得したからだった。

二〇一〇年には柳沢のプロジェクトが「研究者を最優先した従来にないまったく新しい制度」として設けられた「内閣府最先端研究開発支援プログラム（ＦＩＲＳＴ）」に採択された。日本に拠点を移した柳沢は、筑波大学に研究室を開設する。そして二〇一二年にＩＩＩＳを開設し、機構長に就任した。ＩＩＩＳは柳沢の意向を受けて、アメリカ式の長所を活かした組織となっている。具体的には年齢、キャリアを問わず、優秀な研究者を主任研究者として登用する。ラボ間の垣根をなくしてメンバーどうしの交流を活発化させるなど、機構内で柔軟かつ流動的な組織運営ができるようにした。

そんな柳沢をトップとするＩＩＩＳの研究は、着実に成果を上げた。柳沢たちはランダムに遺伝子変異を生じさせた家系のマウスを施設内で飼育し、約八千匹の脳波や筋電図をとり、睡眠と覚醒を測定した。そこから、睡眠時間が極端に長くなっている家系と、レム睡眠が著しく減っている家系を見つけた。

レム睡眠のレムとは急速眼球運動（Rapid Eye Movement）のことである。つまりレム睡眠時は、筋肉の緊張が低下して身体は眠っているのに、脳だけは活動していることを示している。夢もレム睡眠のときに多く見ている。

そのレム睡眠が減少する原因となる、これまでまったく知られていなかった遺伝子変異を発見した。ノンレム睡眠時間が長くなる変異を「スリーピー」と名づけ、レム睡眠が減少する変異を「ドリームレス」と名づけた。

大量のマウスを相手に丁寧にスクリーニングして、各個体の違いを確認していく。こうして書いてみると簡単なようだが、実際には膨大な手間と労力、そして時間のかかる作業だ。

「脳波や筋電図を、ランダムに遺伝子変異を入れた大量のマウスで測る方法は、ほかの施設ではやっていません。私が日本に戻ってきた理由のひとつは、大量のマウス測定計のクオリティコントロールを非常に緻密に行うことができるからでもあるのです」

柳沢たちはスリーピーの脳内で何が起こっているかを調べた。普通のマウスや断眠したマウスとスリーピーを比較した結果、スリーピーの脳内ではタンパク質リン酸化酵素が異常に活発化していることがわかった。タンパク質の特定の場所にリン酸基がつくことをリン酸化といい、これによりタンパク質の働きが調節される。この研究では、眠気が強くなればなるほどリン酸化が進むタンパク質が、マウスの脳内で八〇種類見つかった。しかもこのうち六九種類は、神経細胞どうしが接合しているシナプスの機能や構造に関係していた。この結果から柳沢たちは、特定のタンパク質のリン酸化が、眠気の正体の一部なのではないかと考えた。これらの成果は二〇一六年と二〇一八年に『ネイチャー』に掲載され、世界的にもきわめて高く評価されたのだ。

健康に重大な影響を及ぼす「睡眠負債」

そしていよいよムーンショットのプロジェクトである。

「睡眠と冬眠は、地球上の生物が地球の自転と公転に対してそれぞれ適応した結果であると考えることができます」

両方とも日本語では「眠り」という文字が入っているが、睡眠と冬眠とはまったく違う現象だ。柳沢が提案したプロジェクトは、睡眠と冬眠というふたつの眠りを理解し、それを操作する技術を二〇四〇年までに開発することで、健康と医療の増進につなげていこうとするものだ。

「私たちのプロジェクトが採択された最大の理由は、ＩＩＩＳで睡眠に関する基礎研究の実績を上げたことですね。日本で睡眠の基礎研究に取り組んでいる主要メンバーの三分の二がここにいますから」

まずは睡眠について見てみよう。冒頭でも触れたように、睡眠負債が今や社会問題になりつつある。日米欧を中心に構成するＯＥＣＤ（経済協力開発機構）が、加盟国中三三カ国で二〇一八年に行った調査によると、日本人の平均睡眠時間は七時間二二分で、平均の八時間二七分と比べて一時間以上も下回り、最下位だった。さらにＮＨＫが行っている「国民生活時間調査」を見ると、一九七〇年以降、二〇一〇年まで平日の睡眠時間は減少傾向が続いた。その後も低い水準の横ばいで推移していて、二〇二〇年で七時間一二分となっている。厚生労働省が二〇一九年に行った「国民健康・栄養調査」では、睡眠時間が六時間未満の人が男性で三七・五％、女性で四〇・六％もいる。

なぜ日本人の睡眠時間が諸外国と比べて、また以前と比べて短くなったのか。ひとつは労働時間と通勤時間の長さがあげられる。もうひとつはＩＴ機器、特にスマートフォンの普及が考えられる。「国民健康・栄養調査」で「睡眠の妨げとなる点」について聞いたところ、「就寝前に携帯電話、メール、ゲームなどに熱中すること」をあげた人が、二〇代で四割を超えていた。ベッドに入ったとしても、スマホ画面の明るい光が睡眠を妨げる要因となっている。

こうした睡眠不足が睡眠負債と呼ばれるまでになったのは、健康に重大な影響を及ぼすことが明らかになりつつあるからだ。東北大学の調査によれば、六時間以下の睡眠で男性では前立腺ガンの罹患リスクが一・三八倍、女性では乳ガンの罹患リスクが一・六七倍になったというデータがある。スウェーデンの研究チームによれば、七時間未満の睡眠で心臓病は四八％、うつ病は三一％も発症リスクが上昇するとの報告もある。認知症のリスクも高くなることが知られている。

それだけではない。睡眠が足りないと、ヒトのパフォーマンスが低下する。二四時間寝ないでいると、飲酒して酩酊したのと同様の状態にまで落ち込むことがわかっている。しかも一日に六時間しか寝ない状態を一〇日ほど続けると、徹夜した状態と同じ程度までパフォーマンスが落ち込むのだ。

「重要なのは、主観的な眠気はそれほど増加しないことです。それなのに、脳の働きはどんどん悪くなるのです」

睡眠不足の結果、重大な事故も起きている。一九八六年に起きたアメリカのスペースシャトル「チャレンジャー」の爆発事故は、ＮＡＳＡ（アメリカ航空宇宙局）の職員が睡眠不足のため、気候の悪さの問題を軽視したのが原因とされている。同じ年にソ連で起きたチェルノブイリ原子力発電所の爆発事故でも、睡眠不足による作業員の操作ミスが原因と推定されている。

睡眠不足、睡眠負債に対する関心は高まっているようだ。博報堂生活総合研究所が一般の人を対象に複数回答可で行った二〇一六年の調査によると、生活の力点として力を入れたいことの第一位は「睡眠・休息」の八二・六％で、第二位の「健康」が八二・二％と続き、睡眠を中心とした体調管理を気にする人びとがきわめて多くなっている。ベッドに加速度センサーを搭載してベッドの角度を適切に調整したり、室内の光源や温度を入眠時や覚醒時に合わせて変化させたりするなど、最先端のＩＴ技術で睡眠の質と量を改善する「スリープテック」産業が売り上げを伸ばしているのもうなずける。

「睡眠負債がたまるとガンになりやすい、アルツハイマー病にもなりやすいという現実は、疫学的にほぼ確立されています。しかし『なぜ寝不足だとガンや認知症になりやすいのですか』と問われても、誰もきちんと答えられないのです。睡眠の根本的な謎が、そこにあるわけです」

「一日に必要な睡眠量」を自由に変える

柳沢はムーンショット目標のひとつとして「日常生活のなかで自然と予防ができる社会の実現」をあげる。

「どうして睡眠が足りないと健康でなくなるのか。そのメカニズムを追究して、睡眠のセットポイントをコントロールできるようにしようという目標です」

生物はそれぞれの種によって、一日に必要な睡眠の量がほぼ決まっている。その値を睡眠時間のセットポイントという。このメカニズムを解明してセットポイントを変えることができれば、睡眠時間が短くても睡眠負債に陥らないようにすることができる可能性がある。それは睡眠負債に起因する病気を予防することにもつながる。

柳沢たちはすでに、睡眠時間のセットポイントが大きくずれているマウスを発見している。それがスリーピーだ。しかもその原因遺伝子を特定している。

「神経細胞のなかで睡眠要求を規定するシグナル伝達の道筋を、私たちは明らかにしつつあります」

睡眠要求を調整する分子メカニズムを解明できれば、それに対応して睡眠に介入するための標的分子やマーカーを見つけることができる。それらを利用して睡眠時間のセットポイントを調整する技術の開発や治験につなげたい考えだ。

また、睡眠の内容に介入することで、新たな病気の予防法や治療法が開発できるとも考えている。レム睡眠は、加齢とともに減る傾向がある。過度に減少すると認知症のリスクが上昇したり、余命が短縮したりすることが知られている。そこでレム睡眠を増やす介入法を開発できれば、認知症の予防につながる可能性がある。またうつ病患者は入眠してからレム睡眠が始まるまでの時間が短い。レム睡眠が始まるまでの時間を遅らせる介入法ができれば、うつ病の治療につながるかもしれない。

家で計測したデータを予防医療に活用

柳沢たちは二〇一七年、筑波大発ベンチャー「S'UIMIN」(以下、スイミン)を起業した。その目的は、高い精度の睡眠計測を自宅で手軽に行えるようにすることだ。

睡眠検査を行うには原則として入院が必要で、しかも実施できる施設は多くない。費用は一晩で五

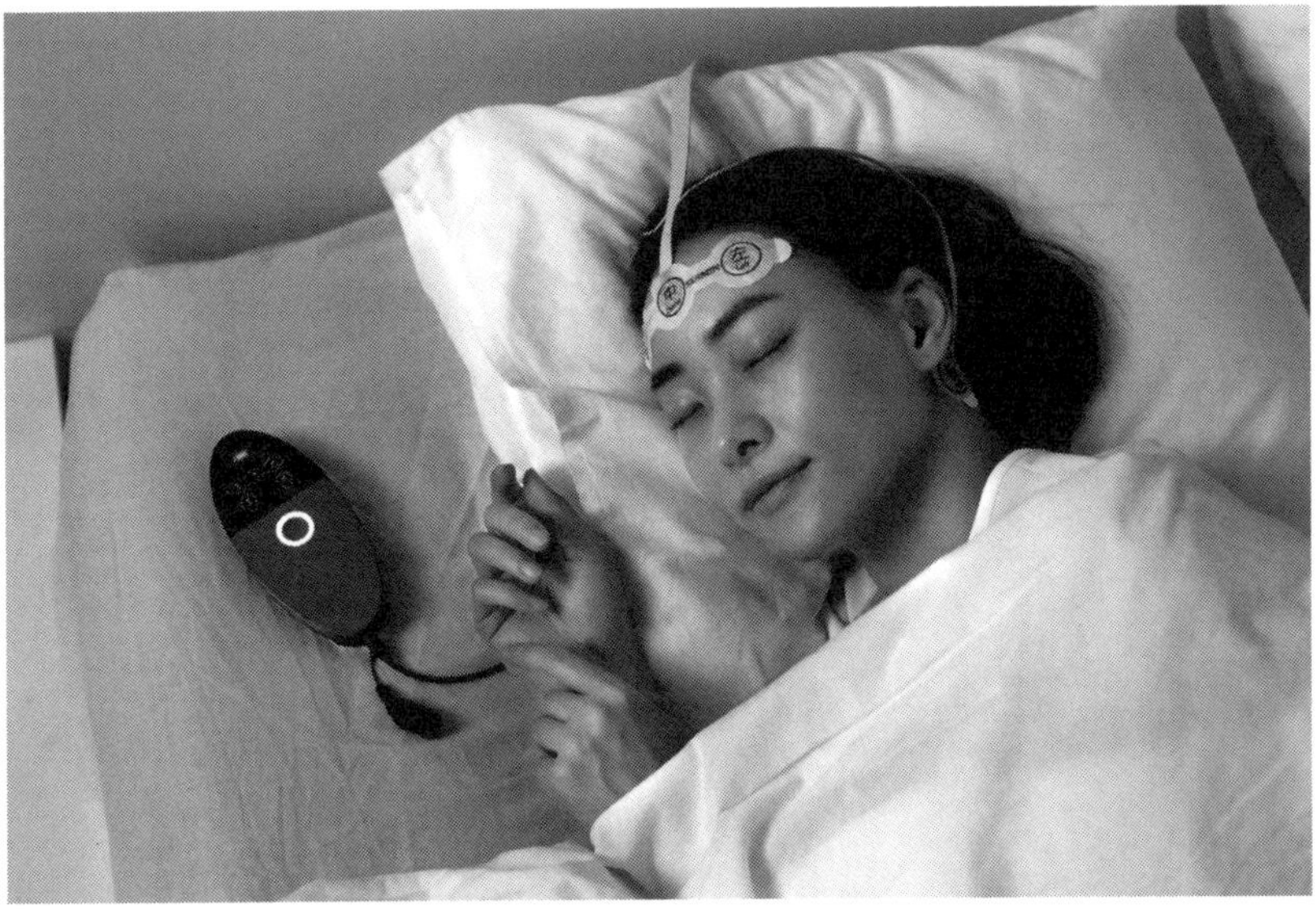
「S'UIMIN」の検査キット。（提供：S'UIMIN）

万円程度かかり、二〇個ほどの電極やセンサーを、頭部を中心に取りつけるため、身体的にも経済的にも負担が大きい。このため不眠を訴えても、実際に測定することは稀だ。測定したとしても、ふだんの就寝環境と異なるため、その人本来の睡眠を計測できない場合も多かった。

そこで柳沢たちは装着性の良い脳波測定ウェアラブルデバイスを開発し、自宅で誰もが簡単に、しかも正確なデータを得られるようにしたのだ。得られた脳波はクラウド上のＡＩが自動的に解析し、従来は臨床検査技師が行っていた睡眠ステージの判定を行う。ＡＩの判定は、熟練の臨床検査技師どうしの一致率と同様の、八五％以上の一致率が得られている。具体的な運用方法はデバイスを貸し出し、自宅で二夜、あるいは五夜連続の睡眠データを取得して分析する。睡眠時無呼吸症候群を検出するために酸素飽和度を同時連続測定することもできる。現在、全国七〇カ所以上の医療機関やクリニックで睡眠検査として利用可能だ。費用はプランによって幅があり、一万五〇〇〇円から三万円程度だ。

「実際に測ってみると、睡眠時無呼吸症候群がけっこう見つかります。無呼吸を自覚していない人がほとんどなのです」

逆に不眠を訴えている人が、客観的には普通に睡眠できている場合もあるし、訴えの通りに本当に眠れていない場合もある。

「睡眠誤認とも言いますが、客観的不眠と主観的不眠があり、それぞれ対処法が異なります」

ところが、今の医療では不眠の訴えに対して客観的な測定をしないため、不適切な薬が処方されることもありうるのだ。

このように簡便で、しかも信頼性の高いスイミンの睡眠計測デバイスを使い、ムーンショットの計画として二〇二五年には一〇万人、二〇三〇年には一〇〇万人というデータ収集目標を掲げている。一〇〇万人という大量のデータがそんなに早く集まるのだろうかと思うのだが、柳沢は心配していない。

「日本は年間で何千万人もの人が検診を受ける国なのです。仮にその一割が検査を受けてくれたら、すでに数百万人です。数％でも一〇〇万人ですよね。そのぐらい浸透することができれば、目標は十分に達成できるのです」

加えて、大型バスに防音仕様の睡眠計測室を二室備えた移動睡眠ラボも開発した。これにより、様々な環境で暮らす人たちの睡眠を、その場で計測することができるようになる。

こうした大量の睡眠計測データをＡＩ分析することで、睡眠トレンド別にそれぞれの睡眠パターンによって引き起こされる病気のリスクを予測し、その人に一番ふさわしい予防医療を実現するのだ。

「人工冬眠」が救命救急医療にもたらす革命

もうひとつの重要なテーマが人工冬眠だ。

動物が冬眠するかしないかは、生き物の種類で決まる。変温動物は冬になると寒さで体温が下がり、冬眠する。これに対して身体の温度を一定に保つ機能を持つ恒温動物、つまり哺乳類や鳥類は冬眠しなくても冬を過ごすことができる。ところが、恒温動物でも冬眠をする生物が存在するのだ。大型動物ではヒグマやツキノワグマ、アメリカクロクマ、小型動物ではシマリス、ヤマネやキクガシラコウモリなど、冬眠する動物は少なくない。冬眠する霊長類も見つかっている。マダガスカル島で生息するキツネザルの一種だ。一方で冬眠しないクマやリス、コウモリもいる。哺乳類では一八目四〇七〇種のうち、七目一八三種が冬眠する。

「冬眠能力を持つ動物は、いろんな系統に分散しているのがわかります。ということは霊長類も含めた哺乳動物はすべて、潜在的には冬眠するためのメカニズムを持っていると推定することができるわけです」

冬眠する動物を具体的に見てみよう。ジュウサンセンジリスの場合、活動期の心拍数は四百回なのに対し冬眠中は一〇回以下、同様に呼吸は二百回が一から五回、体温は三七度が五度にまで下がる。冬眠中は酸素消費とエネルギー代謝が、活動期の一～三％にまで低下するのである。これだけ活動が低下しているということは、炎症や免疫反応、ショックや組織障害、細胞障害も冬眠中は抑制されることになる。これを応用すれば、救命救急医療に劇的な革新をもたらすことができると考えられるのだ。

新型コロナウイルス感染症を例にとると、今は重症の感染症患者に対し、人工呼吸器を使ったり、さらに悪化すると人工肺のエクモを使ったりして酸素の供給量を増やし、血中の酸素濃度の低下に対処している。これに対して、人工的に冬眠状態を作り出すことができれば、患者はきわめて低代謝となるため、人体の酸素需要を低下させることができる。このため、体に十分に酸素が行き渡らない状態でも、生命を維持することができる。心筋梗塞や脳卒中、外傷性ショックなども同様で、わかりやすく言えば、治療を開始するまでの時間稼ぎができるわけだ。救急車が到着した現場で、重症患者や大ケガをした人を人工冬眠状態にして搬送することができれば、救命率が大幅に向上すると期待される。後遺症も減少するだろう。

類似の療法として低体温療法がある。一九六三年にノルウェーで、五歳の男の子が凍結した川に転落した。四五分後に病院に搬送された時点では心肺停止状態で、体温は二四度にまで低下していたにもかかわらず、六カ月後にはほぼ健康な状態にまで回復した。同様の事例は多数報告されているため、低体温は脳を保護する作用があると考えられるようになり、低体温療法が開発された。日本では二〇〇六年に低体温療法が保険適用となり、心肺停止の状態から蘇生した昏睡患者に対し、三二度から三四度で一二時間から二四時間冷却する方法が推奨されている。これは心肺停止中、酸素不足に陥った脳を保護するのが目的だ。

人工冬眠が実用化されれば、現在の低体温療法の枠を大きく超えて、救命救急医療に革命をもたらすのは間違いないだろう。

冬眠しない動物を「冬眠状態」に

その人工冬眠の実用化に向けた突破口がすでに見つかっている。二〇二〇年六月、IIISは理化学研究所との共同研究で、本来は冬眠しない動物のマウスを冬眠に似た状態に誘導できる、新しい神経回路を特定したと科学誌『ネイチャー』で発表した。それによると、IIIS副機構長の櫻井武がマウスの脳内にある視床下部の一部の神経細胞を光で刺激して興奮させると、三五度以上あったマウスの体温が二五度にまで下がって安定し、心拍数と代謝率も約四分の一となるなど、代謝が数日間にわたって著しく低下することを発見した。さらに刺激をやめると自然に目覚め、脳や身体の状態に異常は認められなかった。冬眠状態であるかどうかの判断基準はまず体温の低下、一日以上続く低体温、低体温でも恒常性の維持、そして自力で回復の四点があげられるが、これらをすべてクリアした。つまり人工的に冬眠の状態に導くことに成功したのだ。

研究グループはこの神経細胞群をQ神経（Quiescence-induced neurons）神経と名づけた。Q神経が通常は冬眠をしない動物に存在し、冬眠状態を誘導できたことから、ヒトも冬眠に誘導できる可能性が示された。

ヒトのQ神経を刺激する薬が実用化されれば、一回の注射で人工冬眠誘導し、効果が切れる前に再び注射することで、人工冬眠を長期間にわたって維持することも可能となるだろう。

それでは今後の研究はどのように展開されるのか。柳沢は次のように説明する。

「次の段階はサルでマウスと同じ実験を行い、冬眠の状態になるかどうかを確認したいですね」

問題は実験用のサルの入手だ。日本では、アジアからの輸入が大半を占めている。ところが新型コロナウイルス感染症の予防対策で、サルの輸入が全面的にストップしているのだ。

人体に応用するうえでの課題もある。櫻井たちが実験に使ったのは、Q神経だけを刺激できるように遺伝子操作したマウスである。この方法を人体にそのまま応用することはできない。

「より非侵襲的な方法で同じ状態に導くのが、次の段階です。そのためにはQ神経に特徴的な受容体と、それを刺激できるような薬を見つける必要があります」

「眠り」に残る多くの謎

柳沢の話を聞く前は絵空事のように思えた人工冬眠も、緻密な研究の土台の上にしっかりと築かれた現実的なテーマであることがわかってきた。あと一〇年では難しくても、目標とする二〇四〇年まででであれば、ひょっとしたらと思わせるものがある。世界各国の研究機関が必死になって取り組んでいる睡眠負債からの解放、そして人工冬眠の実現に向かって、柳沢たちは世界の最先端を走っている。

こうした課題が実現すれば、寿命も延びるのだろうか。

「冬眠状態では代謝率が数分の一に落ちるので、生物学的な時計もその分、ゆっくり回るようになるだろうと予想はつきますが、しかし想像にすぎません。冬眠中は老化のスピードも遅くなるのか、やってみないとわからないというのが正直なところです」

睡眠や冬眠、眠りには謎が多く残っている。ひょっとしたら宇宙にブラックホールがあるように、眠りは私たちの内なる宇宙である脳に存在するブラックホールなのだろうか。だからこそ私たちは、その深淵を覗き見たくなるのかもしれない。

「幸福」について、お考えを教えてください。

筑波大学国際統合睡眠医科学研究機構機構長　柳沢正史氏

幸福とは

心身ともに健康であることは、幸福のひとつの要素になり得ます。ただし健康でないと幸福でないのかというと、そんなことはありません。心身ともに健康なほうがいいですが、健康でない人も含めて、自分が生きている意味を社会のなかで、ほかの人びととの関わりのなかで見出すことができるような状態が幸福だと思います。人間は、ひとりだけで生きていく動物ではありません。社会のなかで、自分の存在意義をポジティブに感じることができる状態が幸福です。

阻害・邪魔するもの

疾病も含め、心身の健康を損なう状況は明らかに阻害要因となります。社会的な側面では不寛容、過度な同調圧力は確実に阻害要因になると思います。逆に、他者と隔絶されてしまう状況、孤独も確実に阻害要因です。

孤独や社会的不寛容は、世界のどこにでも存在します。これに対して日本で特に強いのが同調圧力です。自分と異なるものを受け入れようとしません。みんなを同じ方向に向かわせようとする力の強い社会だと感じられます。それは必ずしも、幸福にはつながりませんよね。

社会の豊かさとは

私は、将来に対する希望だと思います。その時点での物質的な豊かさというよりも、みんながどれだけ、近い将来、遠い将来に希望を持てるか、ですよね。高度成長期は、若者も、中高年層も、いろんな意味で社会がどんどん良くなっていきそうだと、なんとなく思っていました。つまり希望があった。それが今、非常に閉塞感があって、将来的な意味でのポジティブな希望が持ちにくくなっています。その一面を捉えると、豊かさに欠けている部分が、今の日本の社会にはあると、私は思います。希望を持てない人がたくさんいる社会は、豊かではないと思います。経済的な尺度だけでは絶対に測れないものがあるはずです。

貢献

睡眠は、心身の健康の根源です。睡眠が悪い状態だと、健康長寿はあり得ません。高齢になっても障害を負わず、心身共に健康な状態で生きていられるために、良き睡眠は必要条件です。そこに貢献できると思います。ポジティブに考えるというメンタリティそのものが、睡眠に依存しています。将来に対する希望を含め、そうしたすべての支えになると思います。

2-3 未知のウイルス感染症対策　ワンヘルスの思想

ウイルス感染症は、いずれまた現れる

人類はこれまで、生存のための様々な苦難を強いられてきた。そのひとつが、感染症との闘いである。

記録に残る最古の感染症として、紀元前一二世紀のエジプトを統治したラムセス五世のミイラから、天然痘に特有のアバタのあとが見つかっている。天然痘は古くから世界各地で大流行を繰り返してきた。日本では奈良時代に地震や飢饉に加え、天然痘の大流行による社会不安を鎮めるため、聖武天皇が東大寺の大仏を建立したことでも知られる。

一四世紀のヨーロッパでは、黒死病として恐れられたペストで、人口の三分の一が死亡したとされる。

そのほか、マラリア、コレラ、結核など、人類は致死性の高い感染症との闘いに苦しんできた。

しかし、天然痘には人類初のワクチンとして一七九六年、イギリスのジェンナーが種痘開発に成功し、WHOは約二百年後の一九八〇年に天然痘の根絶を宣言した。

一九四三年に発見された抗生物質のストレプトマイシンは、細菌感染症の治療に絶大な効果を発揮し、日本では国民病とも呼ばれた結核の特効薬として多くの人の命を救った。このストレプトマイシンなどの抗生物質の出現で、ペストも今では稀な感染症となってきている。

元気だった人が急に亡くなることから江戸時代には「コロリ」と呼ばれて日本でも恐れられたコレラは、ドイツの細菌学者コッホが一八八三年にコレラ菌を発見し、防疫体制も強化された結果、大流行は起きなくなった。

マラリアはいまだに制圧されてはいないが、南米原産の植物キナの樹皮から作られるキニーネが特効薬として効果を発揮し、副作用の少ない新薬も開発されている。

「ぼくがまだ学生の頃、二一世紀には感染症はなくなると、微生物の教授から教わりました。しかし、全然なくならないですね。これだけ科学が進歩しても、人間がこんなにも感染症に弱いという社会の脆弱性を露呈しました」

そう語るのは、大阪大学感染症総合教育研究拠点の拠点長・特任教授の松浦善治《よしはる》だ。新型コロナウイルスに対するワクチン開発で、欧米に大きく後れをとった日本の現状について、感染症の専門家である松浦は憂慮する。

「日本は『インフラも充実していて、きれいな国だから大丈夫』という、まったく根拠のない自信があったのですね。だから感染症の研究自体が軽んじられて、研究者が育っていない。パンデミック（世界的大流行）が起こったとき、人もいないし、お金もない。『どうして日本ではワクチンや薬ができないんだ』と言われても、『それはできません』と言うしかない。研究者が有能とか無能とか、そういう問題ではないのです」

大阪大学感染症総合教育研究拠点　松浦善治拠点長（提供：大阪大学）

コロナウイルスは電子顕微鏡で観察すると、とげの突き出た丸い形をしていることから、ギリシャ語で王冠を意味するコロナと名づけられた。

国立感染症研究所によれば、ヒトに日常的に感染するコロナウイルスは四種類あり、風邪の一〇～一五％はこれら四種類を原因とするが、症状はいずれも軽い。二一世紀になって新たに登場したコロナウイルスとしては、二〇〇三年にアジアやカナダなどで流行したＳＡＲＳ《サーズ》（重症急性呼吸器症候群）、二〇一二年に中東地域を中心に流行したＭＥＲＳ《マーズ》（中東呼吸器症候群）がある。感染力、毒性ともに強いウイルスだ。しかし予防ワクチンや治療薬の開発を待つまでもなく、隔離と検疫という古典的対策で早期に収束した。

「あのとき、ＳＡＲＳやＭＥＲＳの薬を作っておけばよかったのです。しかし作っても需要がないというので、作るのをやめてしまったのです」

確かに新薬の開発には、巨額の費用がかかる。製薬会社としては、投資だけして回収できないのでは、企業として存続できない。それでも欧米の製薬会社が新型コロナウイルスに対するワクチンを一年足らずというこれまでにない短期間で開発できたのは、深刻な被害に直面したこと、ワクチン先進国の技術の蓄積に加え、政府から巨額の開発資金が投入されたからだ。

これに対して日本の製薬会社は、新たなワクチン開発の実績がほとんどない。二〇一〇年には新型インフルエンザの流行を踏まえて政府の有識者会議が「国家の安全保障という観点」から、ワクチン開発と生産体制の強化を提言した。しかし研究開発面でも、予算面でも立ち遅れ、新型インフルエンザやＭＥＲＳに対するワクチンは国の支援を受けられなかったことから開発が中断されたという苦い歴史がある。

過去にポリオの生ワクチンできわめて稀な例として手足にマヒが残る事例が出たことや、子宮頸ガンワクチンによる副反応への懸念から、日本では国民の一部にワクチンに対する不信感のあることがワクチン開発を遅らせたとの指摘もある。しかしワクチン接種を受ける側の私たちが、利益と不利益

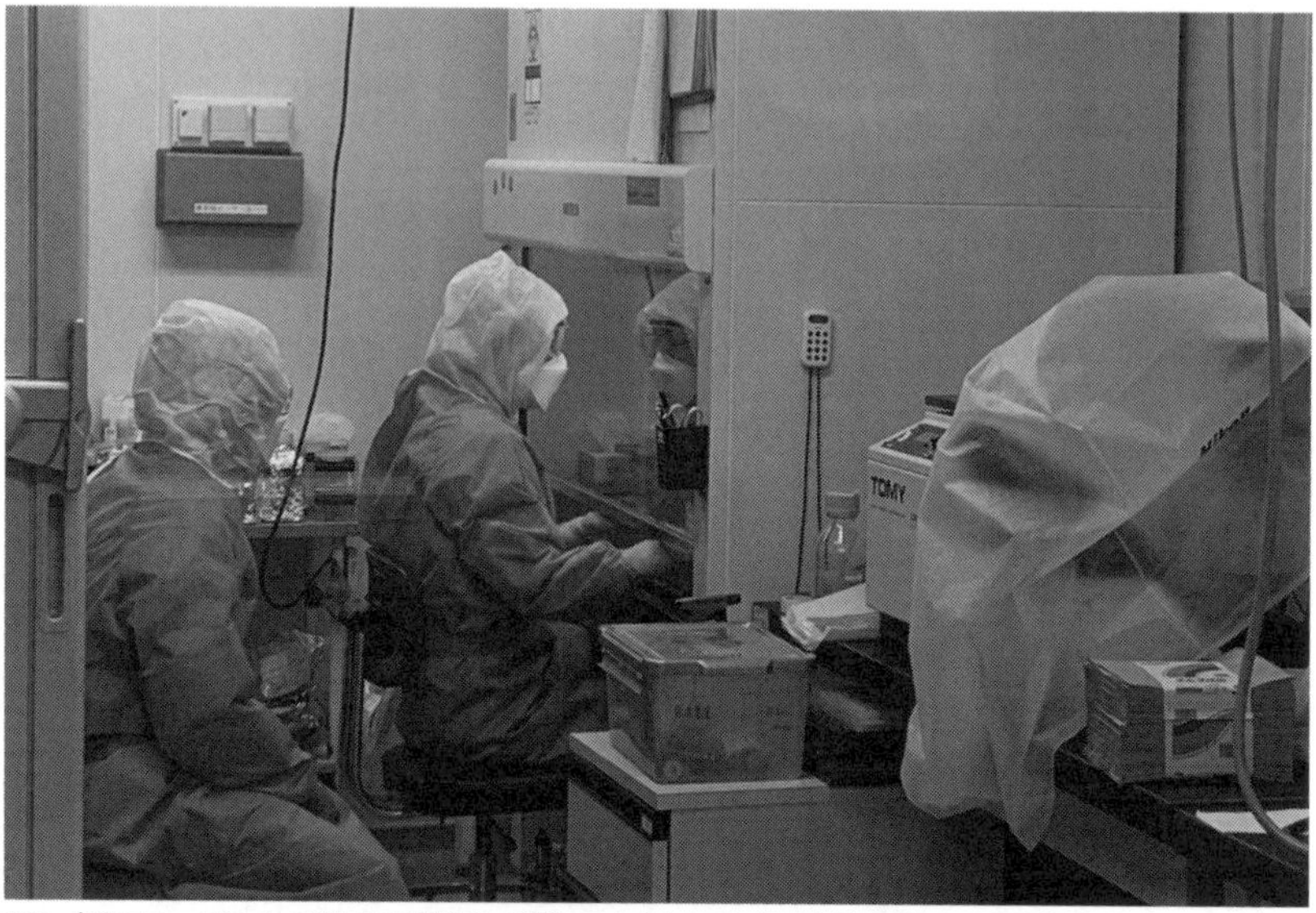

BSL（バイオセーフティレベル）3の実験室。新型コロナウイルスやHIVなどはBSL3の実験施設での扱いが必要で、廃棄・排水システム・滅菌装置・実験着がさらに厳重なものになる。（提供：大阪大学）

を勘案するのは当然のことである。おたふくかぜや百日せき、インフルエンザなどのワクチンは、無料で受けられる国も多いが日本では有料で、他国と比べて接種率が低くなるのは当然だ。こうしたことをワクチン開発の遅れの理由とするのはお門違いだ。

「感染症に対する危機管理が日本にはありません。国家安全保障であるという認識が、日本にはまったくないのですね。これに対して外国は感染症研究を国が積極的に進めてきました」

「先進国クラブ」とも呼ばれるＯＥＣＤが二〇二一年に発表した「図表でみる医療２０２１」のなかの「医薬品開発への企業の支出と医療分野の研究への政府の予算 ２０１８年」を見ると、日本の「企業の医薬品の研究費は米国の５分の１に及ばず、政府の医薬品研究予算は米国の６％」という状況だ。特に感染症の分野でその傾向が顕著だと、松浦は指摘する。

さらに医療面に関するＯＥＣＤの資料を見る

と、ＣＴとＭＲＩ（磁気共鳴画像）、それにＰＥＴという、超高額な画像診断装置の人口あたりの台数は日本が断トツの一位で、二位のアメリカの約二倍となっている。新型コロナウイルス感染症の拡大局面では入院できない人が続出したが、それでも人口あたりのベッド数も一番多い。一方で人口あたりの医師数はＯＥＣＤ加盟三八カ国中、下から六番目で、「診療中に医師が十分な時間を割いたと評価する患者の割合」は、ＯＥＣＤ諸国のなかで最低である。高額な医療機器や施設は充実していても、それを活かす専門家のマンパワーが不足しているのだ。

こうしたなか、大阪大学は新型コロナウイルス感染症の世界的大流行を踏まえ、総合大学の利点を活かして「オール阪大」で感染症対策を進めようと、二〇二一年に感染症総合教育研究拠点を開設した。兼任を含めて百人以上のスタッフを擁し、二〇二五年には世界的建築家である安藤忠雄監修による一〇階建ての感染症研究棟が阪大キャンパス内に竣工する予定だ。

その拠点の設置理由を見ると「テレビやインターネットに氾濫する真偽不明の情報、軽視されていた感染症の基礎研究、感染症の流行に弱い医療体制など、日本が抱える課題が浮き彫り」になったとしている。そのうえで、阪大が誇る日本でもトップクラスの研究者を配置して、感染症の予防や診断、治療法の総合的研究はもちろん、科学的根拠に基づいた信頼性の高い正確な情報発信、それに医療従事者に対する最新技術や知識の教育訓練、感染症対策リーダーの育成などを目的とし、すでに多面的で積極的な取り組みを始めている。

この感染症総合教育研究拠点を率いる松浦が、ＰＭ（プロジェクトマネージャー）として、ムーンショットのプロジェクトに取り組むことになった。そのテーマは「ウイルス―人体相互作用ネットワークの理解と制御」だ。

なぜムーンショットに応募しようと考えたのか。

「目標2の課題は二〇五〇年までに、老化や病気から解放された社会という、かなり大まかなテーマなんですね。ぼくは感染症の専門家で、これからもウイルスの感染症は出てくるだろうから、これまでにない考え方で制圧しようということを考えて、いろんな先生にお声がけして応募しました」

ムーンショットのプロジェクトについて言及する前に、松浦のこれまでの歩みと専門を紹介しよう。

獣医師から感染症研究の道へ

一九五五年、松浦は福岡県北九州市で酪農を営む農家に生まれた。ウシを飼う牧場には川が流れ、少年時代はサカナやザリガニをとって遊ぶ毎日だった。

「獣医さんが来ると、子どもながらに、カッコいいなと思ったのです。高校で所属した生物部の先輩が獣医を目指していたこともあって、ぼくも獣医になろうと思いました」

大学は農学部獣医学科に進学した。クラブは探検部に入り、海や洞窟でダイビングやケービングに明け暮れた。

「三年生のとき、獣医さんについて農家を回る実習が一カ月間ありました。そのとき農家に行くと必ず焼酎を飲まされる」

焼酎が好まれる土地柄だった。

「ところがぼくは、お酒が飲めないんです。それで臨床獣医は無理だと思っていたら、授業で聞いたウイルスの話が面白くて、ウイルスを勉強することにしました」

獣医師の資格を取得し、大学院を出たあとは、製薬会社の研究所に勤め、さらにイギリス・オックスフォード大学NERCウイルス研究所へ留学した。帰国後は国立感染症研究所肝炎ウイルス室長、大阪大学微生物病研究所所長、日本ウイルス学会理事長などを歴任した。

松浦はイギリス留学中に昆虫のウイルスを使った遺伝子治療用のベクターを開発した。ベクターとは、ある遺伝子を別の細胞に運ぶために利用されるDNA、またはRNA分子のことである。別の方法を主張するイギリス人の同僚に反発されながらも、異国で自分が正しいと信じる道を貫いた。

「当時は遺伝子を増幅させるPCR法もなかったので、職人芸的に制限酵素で遺伝子を切断し、目的遺伝子を発現できるベクターを形成するという、本当に大変な仕事だったのですが、うまくいきました。当時、世界一のベクターだったと思います。それを日本に持ち帰り、いろんな先生と共同研究ができて、ぼくの人脈が広がりました」

松浦はC型肝炎の研究を専門とし、旧厚生省研究班の主任研究者時代には、肝臓に侵入しようとするC型肝炎ウイルスを阻害する可能性の高い抗体を選び出すことに成功した。さらに阪大微生物病研究所時代には、C型肝炎ウイルスが人間の持つ特定のタンパク質を利用して肝臓ガンを引き起こす仕組みを解明した。

これら一連の研究が評価されて松浦は、感染症に関係した優れた研究を称える野口英世記念医学賞を受賞している。

感染症の半数以上が「人獣共通」

こうした研究で、獣医師としての知識や経験が、ウイルス研究に役立っているのだろうか。

「日本のウイルス研究者のなかで、獣医の資格を持つ研究者の比率はとても高いですね。感染症研究はこれまで、あまり陽が当たらなかったので、医師の人材が少ないということもあります。さらにパンデミックを起こすウイルスは、ほとんどが動物から感染する『人獣共通感染症』なので、広い視野に立ってものを見るという面でメリットがあります」

人獣共通感染症は、人畜共通感染症とも、動物由来感染症とも呼ばれる。感染経路はコウモリやネズミなどの野生生物をはじめ、ウシやラクダなどの家畜、それに犬や猫、オウムなどのペットと、多岐にわたっている。サル痘や日本脳炎、ペストなども人獣共通感染症だ。近年では一九七七年にアフリカのザイール（現・コンゴ民主共和国）で確認されたエボラ出血熱、一九八六年にはイギリスで牛海綿状脳症、二〇〇三年のSARS、二〇一二年のMERS、そして二〇一九年からは新型コロナウイルス感染症が猛威をふるっている。ペットに由来する感染症も狂犬病や猫ひっかき病、オウム病などいろいろだ。

逆に人の病気の麻疹《はしか》やインフルエンザが、野生のチンパンジーやゴリラに感染し、稀少生物の生存を脅かす事例もある。

厚生労働省によれば、人獣共通感染症は、すべての感染症の約半数を占めている。松浦の分析によればさらに割合が増加し、ヒトの感染症の約七割が動物由来のウイルスによるものだという。

医師や獣医師、畜産農家だけでなく、ペットによる感染も含めて、すべての人が人獣共通感染症による感染リスクを有している。そこで対策のポイントとなるキーワードが「ワンヘルス」だ。

厚生労働省は「こうした分野横断的な課題に対し、人、動物、環境の衛生に関わる者が連携して取り組むOne Health（ワンヘルス）という考え方が世界的に広がって」きているとして、ワンヘルスの考え方の普及・啓発に取り組んでいる。

二〇〇四年にアメリカの野生生物保護協会はニューヨークのロックフェラー大学で国際シンポジウム「ワンワールド・ワンヘルス」を開催し、会議の成果を「マンハッタン原則」として宣言した。その結語は「人と動物の間に起こる新興・再興感染症を防ぐには、政府機関・個人・専門家・各分野の壁を乗り越えるしか方法はない」という、しごく当たり前の文章で締められている。しかしこれまで、その当たり前のことがなされていなかったのだ。

病名が存在しない感染症への対処法

感染症は、何らかの病原体が体内に侵入して引き起こす病気のことである。カビや酵母などの真菌、アニサキスなどの寄生虫による病気もあるが、感染症の多くは細菌（バクテリア）、そしてウイルスによって引き起こされる。

このうち細菌は光学顕微鏡でしか見えない小さな生物で、栄養があれば自分で分裂して増えていく。乳酸菌や納豆菌など、私たちの生活に役立つ細菌もあれば、サルモネラ、カンピロバクター、黄色ブドウ球菌など、食中毒のニュースでよく聞く菌もある。結核は、結核菌によって引き起こされる。

ウイルスは細菌よりもさらに小さく、電子顕微鏡を使わなければ見ることができない。しかもウイルスは単独では生きられず、ヒトや動植物を宿主とし、生きている細胞に入り込んで、つまり感染して宿主のシステムを利用し、自分のコピーを作らせて増えていく。

治療法としては、細菌には抗菌薬や抗生物質が有効だ。これに対してウイルスは、抗生物質は効かない。ウイルスによる感染症の治療薬として、インフルエンザやＨＩＶには治療薬が開発されたが、感染症を引き起こすウイルス全体で見れば、治療薬はまだまだ少ないのが実情だ。しかもインフルエンザ治療薬として期待されたタミフルは、症状の持続時間を二〇時間ほど短縮する効果しかなかった。

新型コロナウイルスのパンデミックもあり、ウイルス対策が重視される所以である。

そのウイルス対策としてはこれまで、機能や形質などによりタイプ分けしたうえで、研究が進められてきた。おおもとのタイプ分けは、遺伝物質である核酸がＤＮＡのタイプか、ＲＮＡのタイプかである。ＤＮＡウイルスが引き起こす感染症には天然痘やヘルペスウイルスがある。今回のパンデミックを引き起こした新型コロナウイルスをはじめ、インフルエンザウイルス、エボラウイルス、麻疹ウイルスなど、多くの感染症はＲＮＡウイルスだ。

さらに遺伝情報の構造や性質に従って、遺伝物質が「一本鎖」か「二本鎖」かでも分けられる。タンパク質を作るときに使う順番が正順か、逆順かで「プラス鎖」か「マイナス鎖」かに分かれ、逆転写酵素を用いる「レトロウイルス」などの分類もある。このように研究者はウイルスを細分化して自分の専門を絞り込み、ウイルスの特性を明らかにしたうえで、予防したり、治療したりするワクチンや薬を研究開発してきた。

これについて松浦は、ワンヘルスの思想を踏まえて反省する。ワンヘルスについて日本獣医師会は「人の健康、動物の健康、環境の保全のためには、三者の全てを欠かすことができないという認識に立ち、それぞれの関係者が〝One for All, All for One〟の考え方に基づいて緊密な協力関係を構築して活動し、課題の解決を図って行こうとする理念」とウェブサイトで説明している。

「研究者はそれぞれ、ヒトに限定されたいくつかのウイルスを深く研究していますが、一方でほかのウイルスのことは、タイプが似ていてもよくわからないという人がほとんどなのです。みんな、自分の専門ばかりやっていて、たこつぼ状態なのです。『それではいけない』ということをみんな思っているのですが、なかなか変われないのですね」

そこで松浦が、ムーンショットのプロジェクトで目指すのは、逆転の発想である。

研究開発プロジェクトの概要は以下の通りである。

「ウイルスと人体の相互作用ネットワークを解析し、そのパタンを分類整理することにより、未知のウイルス感染症に対しても有効な診断・予防・治療法を先制的に準備します。それにより、2050年には、ウイルス感染症の脅威から解放された社会の実現を目指します」

ヒトがウイルスに感染すると、生体反応として免疫が動き出し、ウイルスを排除しようとする。そのとき、ウイルスの種類が違っても、同じような反応を示すウイルスがある。松浦の考えるウイルス対策は、従来のようにウイルスの機能や形質によるタイプを問うことはせず、ウイルスが身体に入ってきたとき、生体がどう反応するか、その反応のパターンでウイルスを分類しようというものだ。

「生体の反応をいくつかに分け、それぞれに対する治療法を準備します。例えば、新しいパンデミックの感染症が出たとき『こういう細胞が動いているから、これはパターンBだな』と判断する。そうすると『この細胞を強くしたら、おそらく排除できるだろう』ということがわかるはずです」

これまでの治療は、まず診断をして病名を確定し、学会の作ったマニュアルや保険診療の手続きに基づいた定型的な投薬などの治療を行う。それが日本における正統な治療法だ。ところが松浦のやろうとしている治療は、逆ルートだ。病名の確定はさておき、症状に応じた治療を開始する。なぜなら、未知の感染症の場合、そもそも病名自体がないかもしれない。病理学的関心からウイルスの特定を進めても、その間に症状が進行して手遅れになるかもしれない。そうではなく、症状に応じた治療法や薬をあらかじめ用意し、新しい感染症にとりあえず対処できるようにしておこうというのだ。

未来の医療では、治療薬を事前に用意する

二〇二五年までの達成目標は「ウイルス感染の早期診断法と有効な予防・治療法の開発に向け、ウイルスを生体反応により新しく分類し、体系化を行う」とする。

今のところ、何種類に分けるのだろうか。

「あんまりたくさん分けても仕方がないので、数種類ぐらいに分けたいと思っています」

具体的に、どのようなパターンなのか。

「今の新型コロナウイルスとか、インフルエンザのように呼吸器感染症を起こす、つまり肺を標的にして肺炎を起こすウイルスがあります。これにはDNAウイルスもRNAウイルスもありますが、生体の同じような細胞を標的にしているウイルスを、例えばAタイプとして分類する。同様に、肝臓を標的にするウイルスをBタイプ、下痢を起こすウイルスをCタイプというように、症状や免疫反応に

よって分類します」

松浦のプロジェクトには、阪大以外にも東大、京大、九大、慶應大などから合わせて二一人の教授や准教授クラスが課題推進者として名を連ねている。その専門により、ウイルスグループ、免疫グループのほか、数理・ＡＩグループ、そしてイメージング・計測グループに分けられている。

感染症分野のみならず生命科学分野では、解析技術の発展により身体のなかに存在する全遺伝子や全タンパク質を対象として網羅的な解析が可能となってきた。これにより得られる膨大なデータを解析する技術として生命科学分野に数理モデルが適応され、感染症の予測や対策評価を行うツールとして重要な役割を果たすようになってきている。

さらに生体の反応や、ウイルス感染の様子を目で見えるように可視化するイメージングも重要だ。「生体の特定の細胞だけに色を付けることができるので、例えば肺の全体をイメージして色を付けたり、ウイルスと細胞がどのように相互作用して動いていくのかを見たりすることもできます」

二〇三〇年までの達成目標は「数理モデルによる新たなウイルスの分類に基づき、分類に応じて生体反応を検出するバイオマーカーを同定し、予防法・検出法・診断法を開発する」としている。

こうした検討を踏まえて、各種ワクチンを用意しておくのだろうか。

「感染症が出てからワクチンを作るというのが、今までの感染症研究なんですね。基本的にワクチンは後出しで、だから後手後手に回ってしまうのです。ぼくたちはワクチンではなく、あらかじめ治療薬を用意しようと考えています。例えば、パターンＡの症状だったらこの薬、Ｂの症状だったらこの薬。そうしておけば、未知の感染症が出たらすぐに『これが効くはずだから、まずは使ってみましょう』ということができるようになるのです。先制的に準備する。二〇五〇年くらいまでには、そうなるだろうと思います」

国の事業として「SCARDA《スカーダ》（先進的研究開発戦略センター）」が二〇二二年に設置され、パンデミックを起こす可能性のある病原体に対して、様々なワクチンをあらかじめ用意しようという取り組みを始めた。これに対して松浦たちは、同じような視点で薬を準備しておこうというのだ。そうなると、ウイルスによる感染症に限らず、いろんな病気に対応できる可能性があり、実現すれば多くの人の命を救うことになるだろう。

新型コロナウイルスは次々に変異株が出ているが、新型コロナの先に、さらに新・新型コロナウイルスが出現する可能性はどうだろうか。

「もちろんあると思います。しかしほかにも、危険なウイルスはたくさんあります。ジカ熱やデング熱など、蚊が媒介する感染症が、地球温暖化に伴ってどんどん北上してきています。日本でも蚊が媒介する感染症が流行する可能性は十分あります」

日本では見つかっていない感染症もたくさんある。気候温暖化や国際交流の一層の推進で、今や医療関係者はワールドワイドな知識を求められる時代になってきている。

ウイルス変異に対応する技術を無償で公開

ムーンショットは基本的に長期的なプログラムだが、同時に松浦は足元の対策も進めている。

その成果のひとつが、新型コロナウイルスの人工合成技術である。ご存じのように新型コロナウイルスがきわめてやっかいな点のひとつは、感染がある程度収束したかと思うと、別の地域でウイルスが変異した新しい株が現れ、再び猛威をふるうことだ。そこで新株が現れると、世界各地の研究室で一斉に研究を始めるためにも、ただちに新株を採取して、研究用のウイルスを人工的に合成する必要がある。既存のワクチンや薬の効果を検証するだけでなく、遺伝子操作の技術を用いて病原性を解析したり、新規の予防法、治療法を開発するのに欠かせない。

新型コロナ以前のウイルスでは、感染有無の検査でもおなじみの、遺伝子を増幅させるPCR法を活用したCPER法を使って遺伝子の断片を作り、それを切り貼りする方法で人工的にウイルスを作ることができていた。ところが新型コロナウイルスには大きな問題があった。それは、新型コロナウイルスのサイズがRNAウイルスのなかでも最大で、遺伝物質である塩基が約三万個も連なっていることである。これはC型肝炎ウイルスの三倍にあたる。遺伝子操作技術が複雑で、熟練した研究者でも合成するのに二カ月ほどかかる、大変な作業だった。

「しかも、それができる人が世界に二人から三人しかいないのです。あまりにもサイズが大きいので職人芸だったのです」

その難技術に、松浦のグループは挑戦した。遺伝子を数十個から数百個の幅で切断し、のりしろ部分がオーバーラップするようにつなげていく。

「シンプルな方法なのですが、それを誰もやっていなかったし、やったとしても成功していなかった。それをぼくらのグループが、実現できたのです」

二〇二一年、阪大微生物病研究所の鳥居志保特任研究員は、オーバーラップする長さをいろいろ変えたり、CPERの反応条件をいろいろ変えたりした結果、新型コロナウイルスを素早く、しかも簡便に人工合成できる新技術を確立したのだ。人工合成に要する時間はわずか二週間ほどで、従来は数カ月かかっていたのが、大幅に短縮された。

「鳥居さんはみんなから『無理でしょう』『やめておいたほうがいい』と言われながら、それでもがんばって完成させました。特許をとるような新発明ではなく、考え方をちょっと変えた『コロンブスの卵』的な成果です」

イギリス人の同僚から文句を言われながら、世界一のベクターを開発した若き日の松浦を彷彿とさせるようなエピソードである。鳥居は今、フランスのパスツール研究所で博士研究員を務めている。

この方法はすでに無償で公開され、世界中の研究者が新型コロナウイルスの研究に役立てている。マウスに感染する新型コロナウイルスの合成も、松浦のグループの成果だ。

従来のマウスは新型コロナウイルスに感染しない。動物実験だと、サルは新型コロナウイルスに感染するのだが、ほとんどが中国から供給されるサルはコロナ禍で調達が困難となっているほか、ライフサイクルが長い。一方マウスはライフサイクルが短く、実験の成果を早く確認することができる。

実はアメリカの研究グループが、新型コロナウイルスに感染するマウス作りで先行していた。確かにマウスに感染するようにしているのだが、人間と同じような肺炎を起こさないという不都合があった。そこで松浦たちは、マウスを変えるのではなく、マウスのレセプターに結合するようウイルスを人工合成した。もちろん、ウイルスが変異してもすぐに対応できるようになっている。

ウイルスを知り、「仲良く」生きていく

新型コロナウイルスは、パンデミックを引き起こした。これだけ医療を含む科学技術が進化した時

代に、感染症の大流行で多くの人びとが亡くなり、社会生活が大混乱を余儀なくされるなど、予想していた人はほとんどいなかっただろう。しかしそれが、現実のものとなった。

野生生物と平和に共生していたウイルスが、大航海時代の幕開けとともに旧大陸から新大陸に持ち込まれ、新たな感染症を引き起こした。

現代社会では人の大規模な移動や人口が密集する都市化、新しい生活様式や様々な医療行為、珍しい野生動物のペット化、そして大規模な森林伐採などの環境破壊により、未知のウイルスが人類と出会うようになってしまった。人間中心に経済成長や新たな刺激を追い求めてきたツケのひとつが、感染症によるパンデミックという形で現れてきている。

先述したワンヘルスの思想を踏まえれば、これからの社会はヒトの健康だけを考えるのではなく、家畜はもちろん、野生動物を含む自然環境が健全でなければならない。家畜を快適な環境下で飼育するアニマルウェルフェアも、これまで以上に重要になるだろう。

私たちの身体を見てみると、肺などの臓器や血液のなかには、たくさんの微生物が存在している。ひとりの人間の身体には、驚くことに一〇〇兆個以上の細菌やカビ、ウイルスなどが生息していて、ふだんは何の問題も起こしていない。というよりも、例えば腸内細菌は、ヒトが消化できない食物繊維を消化してくれる。胎盤の形成には、過去に感染したウイルスの機能が活用されている。ウイルスの側にしてみても、無茶をしすぎて宿主が死んでしまったら、自分も生存することができないのだ。

「ウイルスは、私たちよりも細胞のことをよく知っていて、細胞の言葉を話しています。だからウイルスを単に怖がるのではなく、よく知ることが大切です。そして仲良く生きていければと思います」

松浦は新型コロナウイルスについて「慣れない環境で大暴れしているのだろう」と話す。新規の感染症にはそれに見合った予防法、そして治療法が必要だ。それと同時に、ワンヘルスの思想で、ウイルスを含めた生きとし生けるものが共存できる地球をつくっていきたい。

「幸福」について、お考えを教えてください。

大阪大学感染症総合教育研究拠点拠点長（大阪大学微生物病研究所特任教授兼任）松浦善治氏

幸福とは

かなりむずかしい質問ですが、生きがいですね。長生きするにしても、健康で、身体が動いて、生きがいがあってというのが幸福かなと思います。

阻害・邪魔するもの

ぼくの立場だと、やはり感染症です。悪いウイルスもいる。しかしこれは、ほんのひと握りです。我々の身体の表面とか、身体の中には、微生物が一〇〇兆個いるんですよ。身体にとって良いウイルスやバクテリアがいると、へんな病原菌、ウイルスが来たときに、それを排除してくれるのです。細菌叢、ウイルス叢、カビとうまく共生しているのが人間なんですね。だから全部の微生物や菌を身体から洗い流したりすると、体調が悪くなるはずです。

社会の豊かさとは

人によって価値観が違うので、お金があったら幸せな人もいるでしょう。しかし研究者の場合は、なにか人のためになることをしたいと思って、研究者になったという人がほとんどだと思います。自分の仕事に誇りを持って、一生懸命やっている。それが自分にとって心地よい。それが豊かな気持ちという気がします。

貢献

C型肝炎の遺伝子配列が明らかになってから薬ができて駆除できるまで、二十数年間見てきて、本当にすごいと思いましたね。ウイルスによる病気が治るんだって。C型肝炎の研究をしてきて、少しでも人の役に立てて良かったと思います。

第3章
人が身体、脳、空間、時間の制約から解放される

イントロダクション　人類の能力を拡張する技術

本章では「人が身体、脳、空間、時間の制約から解放された社会」を目指す目標1から、アバター共生社会の実現、それにブレイン・マシン・インターフェースの開発による能力拡張という、ふたつのプロジェクトを紹介する。

これに加え、追加募集の形で行われたミレニア・プログラムに応募したものの、最終的に採択とはならなかったサイボーグのプロジェクト、さらに政府のプロジェクトとは無関係だが、体験を共有する技術として注目されているボディシェアリングのプロジェクトをあわせてご覧いただきたい。

文部科学省科学技術・学術政策研究所の「科学技術予測・政策基盤調査研究センター」では五年ごとに「科学技術予測調査」を実施している。一一回目となった二〇一九年版では、二〇五〇年までの科学技術の未来像を予測した。産官学の専門家約五四〇〇人を対象にアンケート調査を行い、七分科会で七四人の専門家による検討を踏まえて、科学技術予測調査検討会がとりまとめたものだ。

それによれば二〇三三年には遠隔地の人やロボットを自在に操れる身体の共有技術が実現、二〇三四年には話すことのできない人や動物が言語表現を理解したり、自分の意思を言葉にして表現したりすることができるポータブル会話装置が実現するという。本章でご紹介する取り組みが、近い将来に実現可能だとして期待を集めていることがわかる。

しかし課題は単に技術面だけではない。新しい技術を、私たちが受け入れるかどうかというハードルがある。平野啓一郎の近未来小説『本心』[*1]は、仮想空間が当然のこととなっている社会で、主人公の亡くなった母親そっくりに再現された「ヴァーチャル・フィギュア」が登場する。一方で主人公は、現実の社会で依頼者に自分の身体を貸し出す「リアル・アバター」という職業についている。未来社会でも貧富の差は解消せず、リアル・アバターが「世間的には蔑《さげす》まれてもいる」という設定がリアルに感じられる。私たちはこうした技術をどのように使いこなせばいいのだろうか。

そこでサイボーグのプロジェクトでは、特に社会面、倫理面に焦点をあてて検討してみた。

＊1　平野啓一郎『本心』(二〇二一年、文藝春秋)

3-1 人型ロボットとの社会生活　アンドロイドの仕事

自分そっくりのリアルなアンドロイド

「理想の生活を手に入れませんか? 我がVSI社が自信を持って開発した身代わりロボット『サロゲート』が、あなたの生活のすべてを代行いたします。あなたは、安全で快適な自宅からサロゲートに接続し、遠隔操作するだけで、最高の人生を手に入れることができるのです」

サロゲートの意味は「代理」。アメリカのＳＦ映画『サロゲート』は、脳波でロボットを遠隔操作できる近未来を描いている。人びとは自宅で接続装置に入り、自分そっくりの分身であるサロゲートを自在に操って社会生活を営んでいる。主演でＦＢＩ捜査官役のブルース・ウィリスは、いつものくたびれた中年風とは違って、妙に若々しい。艶の良い肌はすべすべだし、豊かな頭髪は金髪で、三〇代の若さに見える。それもそのはず、サロゲートは自分自身の写し絵でありながら、リアルに再現するのではなく、美しく修正されているのだ。

映画が製作されたのは二〇〇九年とかなり前だが、公開当時より、今観たほうがリアリティを感じる気がする。『ターミネーター3』でも監督をしたジョナサン・モストウはＤＶＤの巻末インタビューで、「サロゲート実現化のために必要な技術について、調査した。生物学やナノテクノロジー学だ。人間そっくりの動きも外見も作り出すことができる。ロボットの遠隔操作も可能だ。最先端の技術を集

大阪大学大学院基礎工学研究科　石黒浩教授（左）とジェミノイド HI-4（提供：国際電気通信基礎技術研究所〈ATR〉）

めれば、サロゲートの実現は不可能じゃない」と話している。物語としてはフィクションだが、科学技術面では近未来を予測したサイエンスノンフィクションと言っても過言ではない。

物語の展開は別として、人間とロボットが共存する映画のような世界を日本でもつくり出そうとしている研究者がいる。大阪大学大学院基礎工学研究科教授で、ロボット工学者として世界的に著名な石黒浩だ。

この映画の冒頭ではロボット技術開発の歴史が語られるが、石黒は、彼自身にそっくり似せて作られたアンドロイドとともに登場する。石黒は、モデルとなった人にそっくりの外見を持つロボットを、双子のアンドロイドの意味で、「ジェミノイド」と名づけている。

ちなみに人型ロボットの総称が「ヒューマノイド」で、そのなかでも見た目が人間のように作られたものがアンドロイドである。

有名人に似せて石黒の製作・監修したアンド

ロイドは、落語家の桂米朝をモデルにした「米朝アンドロイド」や、タレントのマツコ・デラックスの分身としてテレビ番組で活躍した「マツコロイド」が有名だ。マツコロイドは二〇一五年のグッドデザイン賞を受賞した。埼玉県深谷市の依頼で製作され、二〇二一年に公開された「渋沢栄一アンドロイド」は、渋沢の肖像画が一万円札の図柄に採用されることもあって評判を呼んだ。

石黒の作るアンドロイドの特徴のひとつは、豊かな表情だ。アンドロイドの体内には空気を使って肌や関節などを動かす電動の駆動装置が多数配置され、まぶたや眼球を細かく動かしたり、オペレーターの話す声に合わせて口もとを動かしたり、息をしたり、さらには相手の発話に応じて様々な相槌をうったりすることで、いかにも人間らしい表情や仕草、振る舞いをすることができる。

一方、ヒューマノイドを機能面で見ると、大きく「自律型」と「遠隔操作型」に分けることができる。前者は搭載されたセンサーで環境を認識し、その結果をロボット自身が解釈して自律的に行動する。ホンダのＡＳＩＭＯ（アシモ）は二足歩行する世界初の自律型ヒューマノイドとして注目を集めた。これに対して後者は、無線やインターネットなどを介してロボットのカメラやセンサーから情報を受け取り、オペレーターが動きを操作する。わかりやすく言えば操り人形である。石黒はどちらの型も開発してきたが、ジェミノイドは、基本は遠隔操作型で、離れた場所にいる人間が操作し、ロボットが発する言葉や仕草で人びとと意思疎通を図る。一口で言えば、コミュニケーションロボットだ。機能により会話型、非会話（動作）型、会話・動作複合型がある。「サービスロボット」とも呼ばれ、その市場は年々拡大している。

石黒はムーンショットに「誰もが自在に活躍できるアバター共生社会の実現」を提案して採択された。

人間らしいロボットを作るロボット工学と、人間を理解する認知科学を融合させた「アンドロイド・サイエンス」の分野で世界の最先端を走る石黒の取り組みを紹介しよう。

「生きている世界の天才一〇〇人」に選出

一九六三年、石黒はそれぞれ小学校と幼稚園の教師をしていた両親の、三人兄弟の長男として生まれた。故郷の滋賀県高島市は自然豊かで、夏は琵琶湖で泳ぎ、冬は雪遊びを楽しんだ。絵を描くことも大好きで、学校の授業中も絵のことばかりを考えて、「人の言うことを聞かない」子どもだった。転機が訪れたのは小学校五年生のとき、親だったか先生だったか、はっきりとは覚えていないが「人の気持ちを考えなさい」と言われたことだった。

「私もいろんな研究をして経験を積むなかでひとつだけ、大事にしてきたことがあります。それは『人って何かな』という疑問です。それがずっと残っているからこそ、今があるのだと思います」

石黒にとって最大の、そして永遠の謎は人間である。大学で工学部に進んだ石黒は、関心を人工知能やロボットに向けた。人間という存在をより深く知りたい石黒は、人間理解の学問として「ロボット学」にのめり込んだ。

石黒の驚くほど人間らしいアンドロイドは評判を呼び、二〇〇五年に開かれた愛知万国博覧会で展示された成人女性型アンドロイドは、海外メディアによる万博のロボット人気投票で第一位に選ばれた。その後に次々と開発された遠隔操作可能なアンドロイドやジェミノイドは海外メディアで多く紹介され、二〇〇七年にイギリスのコンサルティング会社が行った「生きている世界の天才一〇〇人」

に、日本人としては最高位の二六位に選出された。

このように石黒は、ロボットをより人間に近づける研究をする一方、「ロボットは人間社会に参加できるのか?」という問題についての実証実験も繰り返した。工場で働く産業用ロボットではなく、日常生活でサービスを提供するロボットは実現できないだろうか。というのも工場で働くロボットはその用途が明確だから、技術開発の方向性が明確だ。ところが日常活動型ロボットは、人びとの行動をすべて想定することはできない。そこでロボットのメカやソフトウェア以外にも、人やロボットの行動を認識するセンサーを、ロボットの周囲の環境に多数設置してネットワークを作る必要がある。

石黒はロボット演劇プロジェクトを始めたり、小学校や科学館、デパートやショッピングモールなどで、対話型ロボットの実証実験に取り組んだりしている。こうして得られた成果が、半自律型のロボットだ。つまり、ふだんは自らの判断で行動しながら、人間が時折インターネットで介入して認識行動を助けるシステムを構築したのだ。

ヒューマノイドの様々な可能性

ムーンショット目標1のテーマは二〇五〇年までに「人が身体、脳、空間、時間の制約から解放された社会を実現」することだ。事業を所管する内閣府は、その手法として「サイバネティック・アバター」の活用を提示した。内閣府によればサイバネティック・アバターとは「身代わりとしてのロボットや3D映像等を示すアバターに加えて、人の身体的能力、認知能力及び知覚能力を拡張するICT技術やロボット技術を含む概念」と規定するが、ここではわかりやすくアバターと表現しておく。このムーンショットプロジェクトに応募した理由を、石黒に聞いてみた。
「私がやってきたこと、そのままだからです。遠隔操作型のアンドロイドを作ったり、アバターの研究を早期に始めたひとりだと思っています。私がやってきた研究がそのままプロジェクトになったと思って応募しました」

アバターという言葉の語源は「化身」という意味のサンスクリット語で、今は「自分の分身」という意味で用いられている。二〇〇九年製作のアメリカ映画『アバター』は、実写と組み合わせた３Ｄ映像の美しさも相まって記録的な大ヒットとなった。インターネットなどでのアバターを使ったサービスは、この映画をきっかけに普及したと言っても過言ではない。

しかし石黒はそれ以前の早い時期から、遠隔操作ロボットとしてのアバターの研究に取り組んできた。一九九九年にはテレビ会議システムと移動式台車を合体させた遠隔操作型ロボット（アバター）を発表している。

すでに述べたように、石黒と言えば人間そっくりのジェミノイドが有名で、これももちろんアバターだ。一方で、その対極とも言えるアバターの「テレノイド」を一〇年以上にわたって研究している。テレノイドが特徴的なのは、ひと目で人間だとわかるが、しかし誰であるかがわからないことだ。個性的なジェミノイドとは対照的に、徹底して没個性なのだ。見方によって男性とも女性とも、おとなとも子どもとも思えるニュートラルなデザインだ。柔らかく、肌触りの良い外観と、小型ボディの採用で、容易に抱きかかえることができる。テレノイドはすでに高齢者向けサービスとして事業化され、要介護やひとり暮らしの高齢者の健康管理や見守りに役立っている。認知症高齢者の反応としては暴言などの問題行動が抑えられ、うつ傾向の改善も人によっては見られているという。

こうした石黒の様々な取り組みが、ムーンショットのプロジェクトで活かされることになる。

人間の保育士と同程度の役割をこなす

ムーンショットのプロジェクトで、内閣府は目標を年代別に設定している。まず二〇三〇年までに達成すべき目標として「1つのタスクに対して、1人で10体以上のアバターを、アバター1体の場合と同等の速度、精度で操作できる技術を開発し、その運用等に必要な基盤を構築する」ことをあげている。

これを踏まえて石黒が二〇二一年から開始したのが「遠隔対話ロボットで働く」をテーマに、大阪大学とサイバーエージェントがムーンショットプロジェクトのもとに取り組んだ実証実験だ。その第一弾として、大阪大学の学内保育園で、アバターによる保育サポート事業を実施した。なぜ保育園が選ばれたのかというと、保育士の有効求人倍率が年々増加し、保育をサポートする人材が慢性的に不足しているからだ。実証実験では、七三歳から八三歳の高齢者五人が離れた場所から「あいさつ運動」に、またコロナ禍で新たな活動の場を探している劇団員など二人が「からだ遊び」や「ロボットへの質問会」などに取り組んだ。

実験で使ったアバターは、言葉に加えて身振りや手振りも使った自然な対話を実現するヴイストン社製の小型会話ロボット「Ｓｏｔａ」（以下、ソータ）をベースに、独自に開発したシステムだ。このアバターは高さ二八センチで、カメラやマイク、スピーカーのほか、無線装置などを備えている。

実験には、サイバーエージェントが大阪大学大学院基礎工学研究科に設定している共同研究講座で

保育園での実証実験。左がSota。（提供：大阪大学、サイバーエージェント）

開発した遠隔操作ロボットシステムが使われた。ソータはリアルタイム音声変換で、オペレーターの声をかわいいロボットにふさわしい声に変える。さらに音声認識によるロボット動作生成などの最新技術を組み合わせて、オペレーターは話すだけで、ソータの基本的な動きを操作することが可能となっている。

その結果、高齢者がアバターを通して行ったあいさつ運動では、一二日間でアバターが二四五回の声掛けをしたのに対し、子どもたちから六二％の割合で返答があった。園長に対するヒアリングでは「人間の保育士と同程度の役割をこなすことができた」との回答が寄せられた。劇団員らは遠隔から約三〇分のアクティビティを四回行ったが、子どもたちはみなアバターの声に耳を傾け、質問に元気よく答えていた。劇団員は「人に無条件で肯定される体験として、生活をうるおす貴重な体験であると感じました」と話し、オペレーターにとっても貴重な体験となったことがうかがわれた。

保護者に対する聞き取りでも「初めてロボットと触れ合いましたが、自分から積極的に関わっていました」「またソータくんに会いたいと言っていました」など、好意的な評価だった。実験の結果、特殊なスキルがなくても、あいさつ運動をサポートできることが示された。

続いてスーパーマーケットでは、アバターによる販売促進の実現可能性を一週間、検証した。スーパーなどの小売店では新型コロナウイルスの感染防止を目的に、接客や販売促進の手段が制限されている。アバターによる接客なら、感染リスクはない。しかし「購買の促進」は、難易度が高いという課題があった。実験では一日あたり九時間にわたり二台のアバターを使い、二〇代から五〇代までのべ三六人が操作を担当した。結果はというと、店員が配布するより約五倍のチラシを配布することができた。また時間にして四五％にわたり、客が立ち止まってアバターと会話をしており、約半分の時間で利用されていたことが確認された。一方で買い上げ率は、人間の店員が販売員をした場合に比べて四二％にとどまり、売り上げの向上にはつながらなかった。利用客に対するヒアリングでは「楽しく会話できた」「ロボットのインパクトが強すぎて、商品が目に入らなかった」などの回答が多く、アバターを商品の売り上げにいかにつなげるかが今後の課題となった。

さらに水族館と動物園、美術館を融合させた大阪市内の新感覚アミューズメントパーク、NIFREL《ニフレル》では一週間にわたり六台のアバターを設置し、常に三〜四人のオペレーターが館内の案内や展示説明などの接客業務、クイズの出題や来場者からの質問対応にあたった。そして訪問客の六七％がアバターと会話し、そのうちの七〇％が対応に満足した。

実験の結果、来場者と数多くの接触機会を生み出し、アバターが顧客とコミュニケーションをとるた

遠隔操作型女性アンドロイド ジェミノイド。（提供：ATR）

めの有力な手段となりうることを実証した。アミューズメント施設はリピート率の向上に特に力を入れており、リピーターの獲得にも貢献できると期待される。

課題となったのは、複数のアバターに対して同時に、複数の来場者が会話しようとしたときのことだ。事前に立てた対策としては、アバターが自律して対話できる仕組みを構築した。「話しかけてくれたから、豆知識を教えるね。〇〇という魚は～」などと、オペレーター不在時の時間を稼ぐ。その間に手の空いたオペレーターが順次対応することにしていた。しかしこの対応は十分ではなく、立ち止まった人のうち、ロボットの反応が不十分なため立ち去った割合が四二％もあった。来場者に滞在し続けてもらうための自律対話のあり方や、遠隔操作を優先的にみるべきアバターの表示、自律対話と遠隔操作の対話を自然に切り替えできる発話の支援などが、今後の課題として明らかになった。

誰もがアバターで人生を自由にデザインする

次に二〇五〇年までの目標として設定されているのが「複数の人が遠隔操作する多数のアバターとロボットを組み合わせることによって、大規模で複雑なタスクを実行するための技術を開発し、その運用等に必要な基盤を構築する」ことだ。その具体的なイメージを石黒に聞いてみた。

「コロナ禍で、家でできることは家でするというように生活様式が変わってきています。しかしオンラインの会議システムだけでは、十分な活動ができません。学校や会社では、世界中の人がアバターに乗り移って活動し、プロジェクトを進める環境が重要になってくると思います」

新型コロナウイルス感染症の予防対策のひとつとして、在宅勤務が本格化した。各地で適用されていた緊急事態措置やまん延防止等重点措置が解除されると、以前のように出社する形に戻った会社も多いが、一方で在宅勤務を評価し、オンラインによる業務をさらに進めようとする企業も見られる。

仕事では、ひとりで仕事に集中する時間も必要だが、誰かと対話することで作業が進むことも多い。しかし自宅には、相談できる仲間や専門家はいない。そんなとき経理や法律、コーチングなどの専門家がアバターで助けてくれると、仕事は、はかどるだろう。仕事に社会性は不可欠であり、孤立して仕事をすることはできないからだ。これまではオフィスや学校が担ってきたその役割を、アバターが担当してくれる。

高齢者や障害者を含む誰もが多数のアバターを用いて、認知能力や知覚能力を拡張しながら、様々な活動に自在に参加できるようになる。いつでもどこでも仕事や学習ができる。ワークライフバランスをとりながら、自己実現が可能となる。人生の時間は有限だが、アバターは限られた自分の時間を有効に使う助けになるだろう。

さらに新型コロナウイルス感染症の初期の診断は、病院に行くより、家でアバターに診察してもらったほうが安心だ。認知症や重症患者を在宅や施設で看護する場合も、複数のアバターによる重層的な見守りが役に立つ。

「専門医と、ふだんの状態をよく知っている看護師やソーシャルワーカーが連携すれば、専門的な知識も使いながら、日々の看護をより充実させることができます」

あらゆる人が自分の人生の過ごし方を、自分の好みに合うようデザインすることができる。そんな未来を石黒は目指している。

そのための基礎研究として石黒は、ソータと同時期に開発した、同じ小型会話ロボットの「コミュー」を使って、複数台のアバターを連携して遠隔操作する「能力統合」の技術を開発している。自律的に対応するロボット技術をアバターに組み合わせるのだ。例えば高齢者との会話で、二台のアバターを同時に使うと対話が破綻しにくいことがわかっている。初対面などの状況や目的を限定すれば、一人の高齢者に対して二台のアバターを完全自律的に使い、三〇分程度は対話させることが可能な技術も積み上げてきている。

「アバター共生社会」が実現した社会の姿

アバターを使う誰もが利用できる「アバター基盤」の開発も進めている。例えばカメラやレーザーを含むセンサーのネットワークを構築する。アバターに内蔵されたカメラだけだと、相手を見失う可能性があるが、センサーネットワークがあれば、人やアバターの動きを確実に追跡できる。さらにカメラで表情や動作を認識することにより、その場にいる人の感情を推定することもできる。こうした情報を踏まえて、アバターは自律的に行動することができるようになる。例えば道案内するアバターは、道に迷っていそうな人をセンサーネットワークで探し出し、その人が移動する方向を予測する。そのうえで出会いそうな場所に移動し、「お困りではありませんか」と問いかける。

相手の声がマイクで聞き取りにくく、アバターが自律的に判断できない場合、人間のオペレーターが対応し、次にアバターがなすべき行動を決定する。するとアバターは再び自律的に道案内などの行動を開始するのである。

このように案内アバターの場合、オペレーターによる対応が必要なのは、アバターと人が対話するときだけである。そのほかのことはほとんど、アバターが自律的に行動できる。例えば一〇％の時間だけ、オペレーターが介入するとすれば、一人のオペレーターで一〇台のアバターを同時に運用することが可能な計算となる。

「一人のオペレーターで一〇台のアバターを操作できれば、十分に実用的に使えるシステムになります。一〇人分の仕事を一人で成し遂げることができるからです」

このほかにも遠隔操作には様々なメリットがある。治安や防災面などで危険な場所で道案内をしなければならないとき、アバターを使えば安全だ。あるいは夜間に見回りをする警備の仕事の場合、オペレーターはインターネットでつながる環境であればどこでも対応は可能だから、日本時間は夜でも、現地時間が昼間の場所のオペレーターに依頼すれば、人間は夜間の業務から解放されることになる。睡眠不足による「睡眠負債」が流行語大賞に選ばれるほど深刻な問題にもなっているが、アバターとインターネットの組み合わせで、夜間勤務を解消することも可能となるのだ。

石黒はアバター基盤で、利用者やアバターをモニタリングする機能、アバターの経験を管理する機能、階層的にアバターどうしを連携させたり、複数の操作者を複数のアバターに動的に割り当てたりする機能の実現を目指している。

「利用者の反応を見てホスピタリティ豊かな対応ができる、そういうアバター共生社会が実現できればと思います」

機械が人間に、人間が機械に近づく

二〇二五年には大阪市で「大阪・関西万博」が開かれる予定だ。テーマは「いのち輝く未来社会のデザイン」だ。会場ではIoT（モノのインターネット）で施設の空き状況などが誰でもわかるようになり、自動運転バスが来場者を運んでロボットが案内する。この大阪・関西万博のプロデューサー八人のうちの一人に選ばれたのが石黒だ。各プロデューサーはそれぞれ担当テーマを持つ。石黒は「いのちを拡げる」をテーマに、新たな科学技術で人や生物の機能や能力を拡張する可能性を探求するテーマ館を担当する。

「機械が人間に近づく。人間が機械に近づく。技術と人間が未来社会で融合していく。そうした展示にいろんなアバターで参加したり、またはアバターで助けたり、そんなことができればいいなと思っています」

石黒は万博会場全体にも、ムーンショットのプロジェクトで開発したアバターの技術を投入し、再びコロナ禍のような状況が起きても、誰もが自由に万博に参加したり、働いたりできるようにするつもりだ。

「万博を通じてその技術を世界に発信することで、ムーンショットの成果を、多くの人と共有できるようになると考えています」

石黒は二〇二一年六月、「アバター技術によって人々の可能性を拡張」するためにベンチャー企業を立ち上げ、自らCEOに就任した。大阪・関西万博をはじめ、企業とのコラボなどによって新たに生み出す研究成果を社会実装するのが目的だ。

二〇二二年六月には石黒の進めるプロジェクトのオフィシャルCGアバター二体が発表された。このうち2Dモデルの「ジェネ」はアニメ調で豊かな表情と動作表現を持つ。3Dモデルの「ルピカ」は「誰でも使え、誰でもない」中性的で端正なルックスを備えている。ふたつのアバターは今後の実証実験や関西万博などで活躍することになっている。

アバター利用に潜む社会的課題

石黒に、今回のプロジェクトで一番難しいのは何かと尋ねてみた。

「やはり、一人で一〇台のアバターを操作するところですね。ぼくらは『自在化』と呼んでいるのですが、あくまでも操作者の意図を汲みながら、ぼくの意図通りに、自分のやりたいことを代わりにやってくれるという技術です。手間なく、操作者が思い通りに複数のアバターを使って生産性を上げるのはかなり難しい。そのためには音声認識の技術や音声合成の技術、環境認識の技術などを着実に積み上げる必要があります」

しかし課題は、そうした技術面だけにとどまらない。

「同時に、社会が受け入れるかどうかという問題もあります。みんなが『使わない』と言ったら、それで終わってしまいます。どういうタスクで、どういう使い方をすれば、世の中の人は受け入れてくれるのか。それがきちんと世の中に定着するのかを見定めないといけないのです」

アバターが受け入れられる社会には、これまでふたつの大きな課題があった。ひとつは、人びとがリモートワークに慣れていなかったことだ。しかしコロナ禍の影響で、家にいながらのリモートワークはむしろ望ましいものとなっている。

もうひとつは、人びとがアバターに乗り移って働くことに慣れていないことだ。

「簡単に使えるということが大事です。しゃべるだけで、思い通りに動く。あれも操作しないといけない、これも操作しないといけないだったら、大変じゃないですか。ぼくがしゃべっているだけで、ぼくの代わりのロボットが身振り手振りもつけてしゃべってくれる。聞き取りにくい音声は聞き取りやすくするし、相手の顔が見えにくかったら、顔認識して『今、笑っています』などと画面のなかで表示したりして、人間の知覚能力を補ってくれる。そういう技術をどんどん作っていかないと、簡単に使えるということにはならないですね」

石黒の研究開発は、実世界の仮想化や多重化につながる。今まではひとりの人間にとって世界はひとつのものだった。それが様々なアバターを使うことで、実世界での活動が多様に広がり、あるいは仮想世界で働いたり活動したりすることが可能になってくる。同時にそこでは匿名性の問題、能力をアバターで拡張することの問題、複数の存在を持つことの問題など、倫理面も含めた様々な問題が出てくる。

石黒の研究グループは、アバター自体を開発するグループ、アバター基盤を実現するグループ、実証実験に取り組むグループ、そして倫理問題に取り組むグループなど、八つのグループで同時並行的に作業を進めている。ユニークなのは、アバターを使ったとき、周囲の環境にどのような生態的影響を及ぼすかを調べるグループもあることだ。

「倫理や環境面も含めて、様々な問題を慎重に議論していくことにしています」

石黒は、自分のムーンショットプロジェクトが目指す社会は確実にくると予想している。そこで多くの会社と協業し、自分でもベンチャー企業を立ち上げて、アバターの社会実装を目指している。

「ぼくらが取り組んでいるのは『メディア系のロボット』と呼んでいるのですけれど、社会のなかで使われることによって明らかになるような課題は、社会実装と一緒に研究開発していかないといけない。その意味で『できたらいいね』ではなく、確実につくるべき未来に向かって研究開発していると思っています」

石黒は「人間とは何か」について、考え続けている。アバター共生社会の実現を目前に控えて、私たちも同じ問いかけに、自分なりの答えを用意すべきときが近づいている。

「幸福」について、お考えを教えてください。

大阪大学大学院基礎工学研究科教授　石黒浩氏

幸福とは

幸福とは絶対的な価値観ではなく、相対的な価値観であり、不幸を全く無くして幸福だけで満たすことはできない。幸福しかなかったら、それが普通になり、幸福で無くなる。大事なことは、楽しいこともつらいこともある生活のなかで、だれもがそれぞれの価値観で生き生きと暮らせるようになること。

阻害・邪魔するもの

全員が絶対的な幸福感だけを求めて、人々が努力もしなければ進化もしなくなること。

社会の豊かさとは

様々な困難を人間の持つ英知で克服し、それから得られるものを糧として、人類としてさらに発展することが社会の豊かさである。

貢献

アバターによって、誰もが様々な自分になりながら、より自由に活動できるようにすることで、誰もがそれぞれの価値観で生き生きと暮らせるようにする。

3-2 アバターを脳の信号で動かす　以心伝心の技術

BMI（ブレイン・マシン・インターフェース）

「人の意図が推定できれば、思い通りに操作できる究極のサイバネティック・アバターが可能になります」

そう語るのは、「身体的能力と知覚能力の拡張による身体の制約からの解放」のPM（プロジェクトマネージャー）である、金井良太だ。金井は脳科学者で、イギリスのサセックス大学准教授という経歴を持ち、現在は人工知能ベンチャー「アラヤ」のCEOである。

彼が構築を目指すのがBMI—CA（ブレイン・マシン・インターフェース—サイバネティック・アバター）である。生身の人間の代わりとなるCA（サイバネティック・アバター）を脳で動かすインターフェースという意味である。

金井はこの目標について、ふたつの意義を強調する。ひとつは医療的な観点で、不自由な状態からの機能回復を目指すというものだ。例えば、ALS（筋萎縮性側索硬化症）の患者や、ロックトイン・シンドローム（閉じ込め症候群）の患者は、身体を動かしたり、しゃべったりすることが困難だ。こうしたコミュニケーションをとることが難しい人たちの支援技術として、これまでにもAAC（補助・代替コミュニケーション）と呼ばれる技法がある。

手を動かせる人は、自分の表現したい意思を示すカードを指し示したり、手や足が動かなくても、まぶたを動かすことのできる人は、瞬きの回数で「はい」「いいえ」を意思表示したり、眼球を動かせる人は、透明なアクリル板に書かれたアイウエオ表を目線で指すことで言葉を表現したりする。手や足、首など身体の一部がわずかに動く人は、その動く部分に対応した専用のスイッチを入れたり切ったりすることで、パナソニックなどが製品化している「意思伝達装置」を操作し、自分の思いを伝えることができる。しかしこうした手法は当事者、介助者ともに高度な習熟が求められるのに加え、口でしゃべるのに比べて大幅に時間がかかる。そこで従来の技法と比べて圧倒的に便利なＡＡＣとして、ＢＭＩが期待されているのだ。

ブレインテックやニューロテックという言葉を耳にすることがある。脳、神経細胞とテクノロジーを組み合わせた造語で、ともにＢＭＩとほぼ同義で使われることが多い。

日本ＡＬＳ協会の協力でＡＬＳ患者にアンケートしたところ、有効回答の四分の三以上がＢＭＩに興味を示し、ＢＭＩが実用化されれば高いニーズがあるであろうことを裏付けている。そこで期待されているのは「意思伝達」と「運動機能の補助」だ。加えて、今は元気な人たちも、加齢や病気でコミュニケーションが難しくなる事態も想定される。誰にとっても他人事ではないはずだ。

もうひとつの意義は、健康な状態にある一般の人にとっても役に立つという視点だ。情報過多な日常生活のなかで、効率よくたくさんの情報を得たり、発信したりしたいとき、ＢＭＩを使えば、文章を読んだり書いたりする手間を大幅に省くことができるようになる可能性がある。人間の能力を補うだけでなく、拡張することができるのだ。

アラヤ　金井良太 CEO
（提供：アラヤ 以下同じ）

ディープラーニングで人の意図を予測する

人間の脳は、膨大な数の神経細胞（ニューロン）からできている。ニューロンは何らかの刺激を受けると、細胞膜に一過性の電位が生じ、次々にほかのニューロンへ電気信号を伝えていく。こうした脳の活動に伴って発生するのが脳波だ。その脳波も様々あり、リラックスしているときはアルファ波、興奮しているときはガンマ波など、そのときの意識や心の状態に応じて違った種類の脳波が出ていることがわかっている。

そうした脳波の種類や強さ、それに脳波を検出した部位などを的確に捉えることで、その人の考えていることを読み取ったり、逆に情報を脳に入力したりできたりする可能性を持った装置がＢＭＩなのである。

ただし、それは簡単なことではない。ひとりの人間の脳内にあるニューロンは一〇〇〇億個とも二〇〇〇億個とも言われ、その結合部分であるシナプスは、数百兆個にも上る。この数は銀河系の星の数にも匹敵する。なんとも壮大な取り組みなのだ。

そのＢＭＩを装着する方式は、大きく「侵襲型」と「非侵襲型」に分けられる。

「侵襲」とは身体に何らかのダメージを伴う行為のことで、ＢＭＩで侵襲型という場合は、手術で頭蓋骨に小さな穴を開けて情報を得る方式をいう。その際、脳波を読み取る電極の設置方法で、脳の内部にまで電極を埋め込む侵襲性の高いタイプと、大脳皮質表面を覆う硬膜の下で脳の表面から脳波を感知する侵襲性の低いタイプに分けられる。後者は「低侵襲型」と呼ばれることもある。得られる脳波は侵襲性が高いほどクリアで、情報量が多くなる。同時に侵襲性が高いほど人体への負担は大きく、電極による脳の損傷や、免疫機能の低下による感染症などのリスクも生まれる。

身体を傷つけない非侵襲型は、頭部に装着するヘッドギアタイプの脳波計が一般的だ。脳が発する脳波と磁場信号を頭皮上から測定するほか、ＮＩＲＳ《ニルス》（近赤外分光法）を使って血中ヘモグロビン濃度を読み取ることもある。市販されているものも多く、自宅で手軽に測定できるが、侵襲型に比べれば精度はかなり劣る。金井は従来型の脳波計を利用するのはもちろん、新しい非侵襲型ＢＭＩも開発することにしている。

その一環としてアラヤは二〇二二年三月、イヤホン型脳波計を開発する神奈川県鎌倉市のベンチャー企業「ＶＩＥ　ＳＴＹＬＥ」（以下、ヴィースタイル）とＢＭＩの社会実装に向けた共同研究を開始すると発表した。同社のイヤホン型脳波計は、イヤーチップが電極となり、耳の外耳道から脳波を取得できる。

ヴィースタイルによれば、イヤホン型脳波計はこれまでの脳波計測デバイスのように、装着するのが面倒だったり、見た目が悪かったりなどの問題がなく、音楽を聞くときのようにイヤホンをつければ手軽に脳波を測れるため、近年注目を集めているウェアラブルデバイスだ。最新の研究では、目をつぶったときに出るアルファ波や、特定の周波数の音刺激を聞かせることで脳波がその周波数に同調する効果を捉えられることが報告されている。

課題は精度の向上で、アラヤの技術と相互補完できると金井は期待する。

「運動に関係する部位は頭頂部付近にあるのですが、今ある簡易脳波計は、運動の部位からとれるものが少ないのです。そこに対応した脳波をとれるタイプを開発して、ビッグデータ化することを狙っています」

ＭＲＩを使って脳の血流の変化を測り、脳の機能的活動がどの部位で起きたかを画像化するｆＭＲＩ（機能的磁気共鳴画像法）も、非侵襲型ＢＭＩとして活用することができる。確かに高性能で、日本は海外と比べてＭＲＩが普及しているが、ＭＲＩの装置は大型で、しかも様々な病気の患者が利用するため順番待ちの場合もあり、手軽に測定できないのが難点だ。

金井たちのプロジェクトがユニークなのは、侵襲型、非侵襲型に加えて「非接触型」ＢＭＩの開発も重視している点だ。人間が頭で考えた結果は、表情や身振り手振り、歩き方や行動など身体の動き、心拍数や呼吸にも表れる。身体の不自由なＡＬＳ患者も、視線で表現できることがある。

「人間の行動の意図は、その人の外側にも表れます。そうした簡易にとれるものを全部、ディープラーニングで学習させて、その人の意図を予測することで、詳細な脳のなかの情報が得られなくても、機能的に同じことを実現させようという作戦です」

次に機能面でＢＭＩを見てみよう。「入力型」「中枢介入型」、そして「出力型」の三種類に分類される。入力型ＢＭＩは脳に情報を伝達するもので、すでに実用化されているものとしては人工内耳や人工網膜が該当する。

介入型ＢＭＩは、脳の深部に電気刺激を与えることで、脳の機能を正常化させる取り組みだ。代表的な例はパーキンソン病やジストニアによる運動障害を回復させる治療で、すでに多くの実施例がある。

出力型は脳から信号を外部に直接送るものだ。キーボードなどを使わずにパソコンを操作したり、ロボットを操縦したりする研究が行われている。

脳科学と哲学からみる感覚・意識の正体

研究の事業化に積極的な金井とは、どのような人物なのだろうか。

一九七七年、金井は二人兄弟の長男として東京都墨田区に生まれた。少年時代に漫画でアインシュタインの伝記を読んで科学者に憧れた。

「子どもの頃『水素が燃えると水になる』という現象に驚きました。人間の想像を超えることを事実として証明する科学って、すごいなと思いました」

高校生になると、関心の幅が広がっていった。

「文章を読んでも、数学的に証明できるかどうかが、すごく気になりました。数学で哲学の問題を解けるんじゃないかと、ずっと考えていました」

そして興味を持ったのが言語学である。

「言葉の意味は厳密に定義されたものではなく、相対的な関係性で決まっている。それは衝撃的でした。例えばひとつの赤いりんごでも、私が感じる赤とほかの人が感じる赤が同じかどうか、確かめようがない。しかし、実際に痛いことがあったら痛いし、おいしいものを食べたらおいしい。そう感じるためには、頭のなかで共通する何かがあるはずです」

自分の身体の「痛み」は自分の脳で感じているのだが、それがどういう仕組みで起きているのか。つまり、感覚や意識とは何かを突き詰めていくとわからない。これは脳科学と哲学の接点となる概念で、「クオリア問題」と呼ばれる。実はこの疑問が、今に至る金井を突き動かすモチーフとなっている。脳科学の研究を始めた金井は、オランダやアメリカの大学で学んだのち、イギリスのサセックス大学で准教授としてAIを作る研究に取り組んだ。

金井がユニークなのは、人工知能ベンチャーの「アラヤ」を立ち上げ、二〇一五年に大学准教授の職を辞して帰国したことだ。最近では大学発のベンチャーは珍しくないが、すでに一流の研究成果を出している人物が、大学やアカデミア（研究機関）の重要なポストに在職したままならともかく、ポストを離れて新たに起業する例はあまり聞いたことがない。

「アカデミアとマネジメントの両方の世界で、実績を出している人は多分、あまりいないと思います。その組み合わせが、ムーンショットの応募を審査する人にとっては魅力的だったのではないでしょうか」

金井は研究を研究で終わらせず、事業化することを重視する。

「研究者の研究レベルでは、データを得る対象が多くても数百人程度です。というのも研究目的でデータを収集すると、いくら予算があっても足りなくなるからです。そこで事業化が大事になってきます。一般の人が『試しにやってみたい』と、気軽に参加できる事業にすると、一気にデータが増える可能性があります。数万人規模のデータが得られると、AIの活用で、研究が圧倒的に前に進む可能性があると思っています」

社名の「アラヤ」は、仏教用語の「阿頼耶識《アラヤシキ》」に由来する。ふだんは意識されることのない無意識的な自我意識のことで、一人ひとりの過去の記憶や行いの蓄積が今の自分を形づくっているという意味である。

「アラヤを始めたとき、脳のMRI画像から、その人の能力や個性、特徴を推測するというサービスも提供していました。脳の働きを理解する脳科学は、阿頼耶識に似ているのです」

ちなみに、巨大ロボットによる宇宙戦争を描いた人気ＳＦアニメ『機動戦士ガンダム』では、「阿頼耶識システム」という、モビルスーツの操縦システムが登場する。脊髄にナノマシンを注入されたパイロットは、自分の頭で思うだけで、その通りにモビルスーツを操作することができるようになる。これはＢＭＩそのものだ。

後述するように、ＢＭＩに熱心なイーロン・マスクは、宇宙ロケット開発で世界の最先端を走るスペースＸ社ＣＥＯでもある。ということは、ガンダムのようにロケットをＢＭＩで操縦することを目論んでいるのかもしれない。

それはさておき、アラヤはＡＩの開発や、意識を持つＡＩ、すなわち人工意識の開発にも取り組んでいる。

「今の科学でも、意識とは何か、よくわかっていないのです。ただ私は、システムとして脳内の情報がひとつに統合されたメカニズムのことだろうと思っています。脳のなかにもいろいろな機能がありますが、それがひとつの個体として行動できるのは、情報の統合があるからです。私たちは、そういう情報を統合するためのシステムも開発しています」

統合された情報が意識だとすれば、情報を統合するための能力こそ、意識の本質ということになる。

世界規模での熾烈な開発競争

海外では脳研究とＢＭＩ開発が重要なテーマとなり、すでに熾烈な開発競争が始まっている。

国家レベルで見てみると、アメリカ政府は二〇一三年に当時のオバマ大統領が、脳の全容解明を掲げて「ブレイン・イニシアチブ」プロジェクトをスタートさせた。その予算規模は、かつてのアポロ計画に匹敵するともいわれている。

これとは別に米国防総省のＤＡＲＰＡ《ダーパ》（国防高等研究計画局）は、ヘルメット内部に装着したＢＭＩで兵士の脳から情報を取得し、意思疎通を可能とする「サイレント・トーク」の開発を進めている。味方の声が敵に聞こえることなく、あるいは爆音が響く戦場でもコミュニケーションできることを目指している。

ＥＵ（欧州連合）は同じ二〇一三年に「ヒューマン・ブレイン・プロジェクト」をフラッグシッププログラムのひとつに採択し、一〇年間で約一〇億ユーロという大規模予算をつけている。中国でも「チャイナ・ブレイン・プロジェクト」を二〇一六年から一五年計画で実施している。

民間レベルでは、特にアメリカのハイテク企業が熱心だ。なかでも電気自動車大手テスラＣＥＯのイーロン・マスクが中心となって二〇一六年に創業した「ニューラリンク」が注目の的だ。同社の開発した超小型マイクロチップには、髪の毛の一〇分の一ほどの太さしかない糸状の電極が千本以上接続され、頭蓋骨に小さな穴を開けて電極を脳内に埋め込むと、脳神経の働きをパソコンやスマートフォンに伝達する。侵襲性の高い方法だが、二〇二〇年八月にはブタを使った動物実験が成功したと発表し、大きなニュースとなった。ニューラリンクは電極を埋め込むための自動手術ロボットも開発し、手術の簡易化も目指している。埋め込み型のチップは脳波だけでなく、血流などの異常も感知し、脳卒中や心臓発作などの予防にも役立つという。

フェイスブックを運営するメタも以前、ＢＭＩで文字入力を目指したが断念した。今後はリストバンド型コントローラーを手首に装着することで、操作実現を目指すという。

これに対して日本も後れをとっているわけではない。二〇〇八年には文部科学省が脳科学研究の「戦略推進プログラム」を、二〇一四年には理化学研究所が中心になって脳機能ネットワークの「全容解明プロジェクト」を開始した。二〇一八年には京都府精華町の国際電気通信基礎技術研究所で、人が両腕を使いながら「第三の腕」としてロボットアームをＢＭＩで使うことに世界で初めて成功した。基礎研究で日本は一定の成果を上げている。その一方で、ベンチャーなど企業の参入による事業化の取り組みが弱いとの指摘もなされていた。また予算規模も欧米諸国に比べて十分ではなかった。こうした背景を踏まえ、ムーンショットのプロジェクトで、金井の提案が採択されたのである。

自分の精神状態を定量的に把握できる

今回のプロジェクトで、金井が直近の目標として示しているのが、健常者向けのＢＭＩサービスだ。脳の活動パターンを分析することで、例えば人が難しい課題に取り組んでいるときと、簡単な課題をこなしているときで、それぞれに要する脳の労力を定量化する。

「日常的に使える脳波計と組み合わせることで、この課題をやるときはこれぐらいの仕事量というように、自分にとって必要な労力を管理できるようにしたら、効果的に成果を出すことができるのではないかと思っています」

効果を期待できる例として金井のあげたのが、ピアニストなど音楽家の脳神経疾患として知られるジストニアの予防だ。うまくなりたくて指や腕を酷使した結果、特定の動きをしようとしたとき、本人の意図に反して筋肉が収縮したり、別の筋肉が動いたりする。作曲家のシューマンがピアニストの

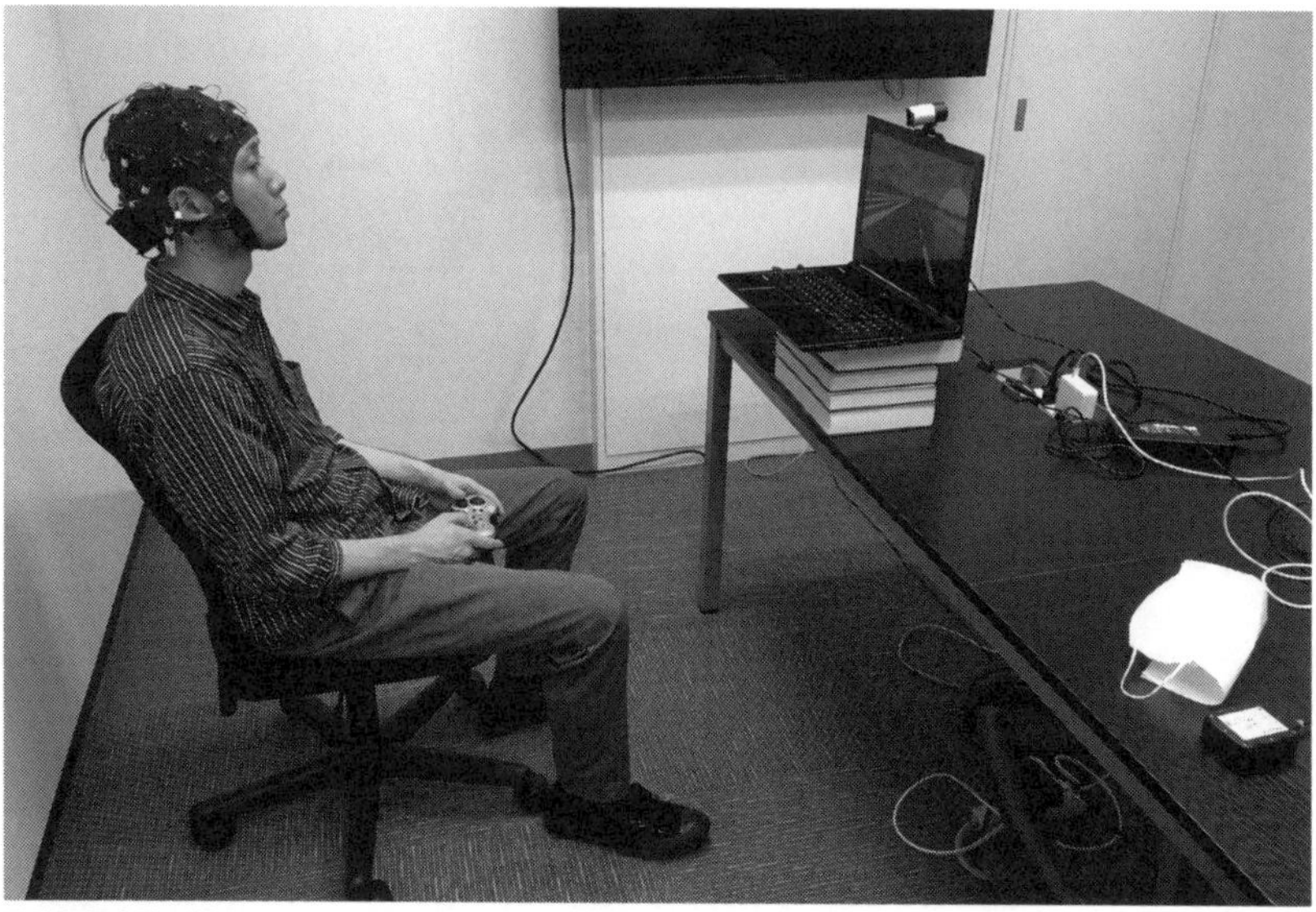

脳波取得実験の様子。

道を断念した疾患としても知られている。

「脳の状態で評価して『練習しすぎだから、休んだほうがいいですよ』と、わかるようにしたい。音楽家だけでなく、普通に働いていても、勉強していても起こることだと思います。状態をモニタリングし、人の状態と脳波の関係をデータとして蓄積すれば予測の精度も上がり、予防につながります」

客観的に自分の精神状態を把握し、自分で自分をうまくコントロールできるようにするということだ。いざというとき、必要以上に力んだり、あがったりして実力を発揮できないことが誰にでもある。そうならないために、ＢＭＩで精神をコントロールする練習をしておけば、いつも平常心で臨めるようになるかもしれない。

「ストレスを抱えて心が疲れてしまうとか、過去の重大な事件がトラウマになって、そこからなかなか回復できないとか、心に関する問題を解決することも、目標としています」

ＢＭＩで特に期待されるのが、医療分野での貢献である。ＡＬＳなどの患者に対し、頭で思い浮かべるだけで装置を操作できるようなＢＭＩシステムを構築する。そのシステム設計で、金井らしさが発揮されることになる。

例えばＢＭＩ利用者が目の前にあるりんごを食べたくなって手に取ろうとしたとき、腕をどう動かすかという細かな信号を脳の運動野から読み取ることは、技術的には可能だ。しかしその場合、脳の内部に電極を深く埋め込む必要があり、侵襲性が高くなる。

侵襲性を低くすれば人体に対する負担は少ないが、一方で情報量も少なくなる。

「我々が、莫大な資金力のあるニューラリンクと同じことをやろうとしてもできません。そこで必要となるのは、違う視点です」

例えばスマートフォンの低倍率レンズでも、ズームする際にはデジタル補正されてきれいな写真が撮れるように、金井たちは侵襲性が低くても、ＡＩを活用することでそこから読み取れる情報量を増やし、侵襲性の高いＢＭＩと同程度の性能を出せるようにする戦略だ。

「そうすれば、脳の表面でも重要な情報は取れそうだと感じています。侵襲性を下げるためにＡＩで計算をがんばるのが、ニューラリンクと我々の違いだと思います」

先ほどのりんごの例の場合、「りんごを手に取りたい」という意図さえ読み取れればよいと考えれば、低侵襲型で得られる脳波だけでわかるかもしれないし、場合によっては視線と表情だけでわかるかもしれない。ここでＡＩが活躍する。測定した脳波の分析だけでなく、外面的な表情や行動から、その人が何をしたいのか、つまり「りんごを食べたい」のか、「りんごを手に取りたい」のか、「りんごの絵を描きたい」のか、利用者の意図をＡＩが分析して推定する。そのあとのプロセス、つまりロボットアームでりんごを取るなどの制御もすべて、ＡＩに任せてしまう。

「脳の細かな信号が取れなくても、その人のやりたいことを叶えるという観点で見れば、目標が実現されます。使えるものは全部使って、侵襲性が低くても、侵襲性が高いＢＭＩと同じ成果を得ることができるわけです」

すでに脳波を言語に翻訳できているのだろうか。

「ある程度は、わかっています」

金井はシューティングゲームに例えて説明する。

「敵の攻撃をかわそうとするとき、プレーヤーはボタンを操作して右や左に逃げます。しかしＡＩを使えば『逃げろ』と思うだけで、細かく指示を出さなくても、目的を達成するための最善な方法をＡＩが考えて実行します。そんなインターフェースを作ることができれば、ゲームをするような感じでうまく使いこなせるようになるのではと考えています」

手が使えないため自分ひとりでは食事できない人を介助するロボットなど、目的が明確であれば、すぐにでも実用化できそうなイメージだ。

「ユーザーのメリットを最優先して、一番価値のあるサービスを提供することを考えています」

資金力にものを言わせて侵襲型の開発を推し進めるイーロン・マスクのアプローチを「剛」とするなら、表情や動作も含めたあらゆるデータを細大漏らさず活用する金井のアプローチは「柔」とも言える。「柔よく剛を制す」に期待したいところだ。

脳に直接「りんご」のイメージを伝達

金井は二〇二五年ごろの目標として、動物実験で低侵襲型ＢＭＩの効果や安全性を実証したうえで、人に対する臨床研究も始めたい考えだ。

「障害のある人が使うスマートフォンやパソコンなどの入力手段で、従来の方法に比べて同等かそれ以上のスピードで作業できることを目指します。それによって障害者の社会参加に貢献できればと思っています」

脳の信号を利用することで、様々なコミュニケーションができるようになる可能性がある。りんごを見るだけで、「りんご」という音声に変換したり、アバターロボットを操作してりんごをつかんだり、別の人の脳に直接、りんごのイメージを伝達したりする。

もちろん検討課題は多くある。人が考えることと、それを口にしたり、実行したりすることとはまったくの別物である。たったひとつの意思決定に際しても、人間の脳内では肯定的な思考や否定的な思考、さらに感情的な情動が渦巻いている。思っていることがすべて、勝手に表現されてしまうと大変なことになる。そこでＢＭＩでは、本人が伝えたいことだけ表現できるようにしなければならない。逆にＢＭＩで、他人の考えを勝手に読み取ることは許されない。

米国防総省が研究に力を入れていることからもわかるように、軍事利用される可能性もある。

金井はプロジェクトの実現に向けた当面の課題について、事業化をあげる。

「研究としては、面白いことがいっぱいできると思うのですが、事業化が難しい。一般の人が役に立つと思うもの、使いたいものを作らないと、普及していかないと思っています。そこに研究とはまた別の、難しさがあります」

例えばスマートフォンが出現したとき、携帯電話があるから不要だという人が多かった。しかし誰もが予想もしなかったような便利なアプリが次々にリリースされると、人びとは一斉に携帯からスマホに乗り換えた。スマホがあるからこそ実現したウーバーやエアビーアンドビーなどのシェアリングエコノミーは、社会や経済のあり方を大きく変えている。このように人びとが「あれば便利」と思えば、すぐに社会に受け入れられるものなのだ。だからこそ、ＢＭＩというプラットフォームにどのような機能を持たせるかが大きなポイントとなる。

「以心伝心」技術が実現する可能性

長期的な目標として金井は、脳と脳とをつなぐＢＭＩの技術開発を目指している。言葉にしなくても自分の気持ちが相手に伝わる「以心伝心」が、本当に現実のものになるかもしれない。

人間の脳は、部位によって役割が細かく異なっている。そのうえで右脳の人格と左脳の人格がつながって、ひとりの人間を構成している。その延長線上でＢＭＩによって、別々の人の気持ちが直接的につながるという可能性も考えられないわけではない。

「脳と脳とをつなぐと、人と人の心が融合するということも考えられます。私たちは、一人ひとりの心はバラバラに存在していて混ざったりしないし、人はひとりの人間だと思っています。そんな常識が変わるのではないかとも考えています」

詩人で童話作家の宮沢賢治は、生前に唯一刊行した詩集『春と修羅』のなかで、「わたくしといふ現象」を「あらゆる透明な幽霊の複合体」と書いている。私たち人間はひとりで存在しているのではなく、亡くなった先祖や家族をはじめ、関係するすべてのものの複合体として現れた、ひとつの「現象」だというのである。そう考えると、自分の命や心は自分のものでありながら、同時に自分だけのものではないとも思えてくる。お互いを思いやる由縁と言ってもいいだろう。ＢＭＩという最先端の科学が「わたくしといふ現象」を再確認させてくれる日も、そう遠いことではないかもしれない。

「幸福」について、お考えを教えてください。

アラヤCEO　**金井良太**氏

幸福とは

それぞれが、やりたい仕事に専念できることが幸福と考える。

阻害・邪魔するもの

真面目に労働せねばという正義感、真面目に労働しない人に対する怒りの感情、など。生きるために労働しないといけないという思考、給料の高低・格差、など。

社会の豊かさとは

必ずしも皆が労働しなくても良い世界（労働を希望する人のみが働く世界）ができていれば、世の中は困窮しないと考える。また、自分を他人と比較した際に優劣を感じるなどの心の在り方からも解放されると考える。

貢献

本文で詳しく紹介したＡＩ支援型ＢＭＩ‐ＣＡが生活に浸透して各人の生産性が向上し、労働を希望する人のみが働く世界がつくり出されれば、労働を希望しない人も十分豊かに生きていけるようになると考える。

ＡＩ支援型ＢＭＩによる脳と脳のコミュニケーションによって、精神的により豊かな世界を創り出すことができる。特に、自分と他人の区分がなくなり、互いをより深く理解できるようになることで自分と他人を比較した際の優劣などの概念もなくなるのではないかと考える。

3-3 体験を共有する　ボディシェアリング

人間の手指の身体感覚を伝達するシステム

シェアリングが人気だ。旅行や飲食関係などコロナ禍で大打撃を受けた業界も多かったが、インターネットを活用して三密を避けながらモノや場所、移動などを便利に活用できるシェアリングは利用者が増えた。シェアリングエコノミー協会のまとめで、二〇二一年における日本のシェアリングエコノミー市場規模は、過去最高の二兆四〇〇〇億円以上となっている。あらゆるものがシェアリングの対象となる時代になってきた。しかしさすがに、身体までシェアリングできるようになるとは驚きだ。

東京都港区のベンチャー企業H2L《エイチツーエル》は、コンピューターでロボットや、人間の手や指などの身体の感覚を伝達する「ボディシェアリング」というシステムを開発し、世界的に注目を集めている。ボディシェアリングの面白いところは、操作する対象がロボットなどの機械に限らず、人間を対象にしても操作（動作伝達）できるというところだ。自分の思う通りに、別の場所にいる別の人間の腕や手を操作することができる。別の言い方をすれば、身体をシェアすることができるのが、ボディシェアリングという名前の由来である。

使い方は簡単だ。操作される側の腕に専用のデバイスを装着すると、オペレーターの指示に従って勝手に手や指が動く。ここまでなら、ロボットの遠隔操作と同様かもしれないが、それだけではない。

デバイスに内蔵されたセンサーが筋肉の動きを、加速度センサーとジャイロセンサーが腕の動きを感知する。出力された情報はフィードバックされ、オペレーターはあたかも自分で持ったり触ったりしているかのような擬似的な感覚を味わうことができる。

私は内閣府の打ち出した施策の「ムーンショット」という名前に興味を惹かれて取材を始めたが、本書の目的は政府の事業の解説ではなく、日本の最先端の研究者がどのような未来を切り拓こうとしているかである。取材の過程で出会った「あっと驚く」ような、つまり「ムーンショット」的な研究も本書にふさわしいと考え、紹介することにした。それが「ボディシェアリング」である。

他人の体験を、自分の体験にする

ボディシェアリングを考案したのがH2L創業者の玉城絵美だ。玉城が東京大学の大学院時代にボディシェアリングの原型として発明したポゼストハンドは、二〇一一年にはアメリカの著名なニュース雑誌『タイム』が選ぶ「世界の発明50」に選出された。ポゼストとは「憑依」、つまり「何かに取り憑かれた」とか、「占有された」という意味がある。その研究論文は東京大学総長賞を受賞して、修了式の総代に選ばれたほどだ。その後も日経ウーマン「ウーマン・オブ・ザ・イヤー2015」に選ばれたり、二〇一六年の日経ビジネス「次代を創る100人」に選ばれたりするなど、日本内外で高い評価を得ている。

H2L,Inc.,CEO／琉球大学工学部教授　玉城絵美氏
（提供：H2L 以下同じ）

そんな玉城が、どのようにボディシェアリングにたどり着いたのかを

まず、ご紹介しよう。

一九八四年に沖縄県で生まれた玉城は、両親共働きの家庭で何不自由なく育った。そのオリジナルな思考力は、少女時代から育んだものだったようだ。

「ほかの人と同じことをしてもつまらないし、かといって、あんまり変なことをすると協調性がなくなるので、独自性と協調性のバランスをどうとるかということを、小学生の頃からよく考えていました」

その一例を語ってもらった。

「小学四年生の林間学校で山登りをしたとき、みんなとは違う道を行きたいなって思って、ちょっとだけ寄り道をして、少し遅れて到着したんですね。一〇分くらいの遅れで、別に問題にはなりませんでした。しかし、私より独自性を追求している同級生もいて、五時間も帰ってこなくて大問題になったことがありました。すごくみんなが心配して……。そのとき、気をつけようって思いました」

独創性は大切だが、暴走すると失敗する。そんな学びを得た玉城だったが、順調な人生だったというわけではない。重い病気を患い、高校時代には一カ月半の入院を余儀なくされたのだ。

「友だちがお見舞いに来てくれるのですが、おみやげ話として『バーベキューに行ったよ』とか『ビーチで泳いだよ』とか、沖縄なので、みんな自然体験を話してくるわけです。予定していた家族での海外旅行も、ひとりだけ入院先での留守番となりました。あとで旅行の写真を見せられても、嫉妬するだけということに気づきました。結局は、他人の体験で、自分の体験ではない。それでは体験とは一体何かと、一生懸命考えたのです」

美しいビーチで楽しんだり、海外旅行に行ったりした話を聞くと、誰でもうらやましいと思う。もし私が入院中だったら、「早く元気になって自分も行きたい」と思うに違いない。玉城の思考の面白いところは、現状を冷静に分析するところだ。玉城の場合、幸いにして回復し、健康を取り戻した。しかし同室になった患者たちは、みんながみんな、元気になれるというわけではない。自分だけでなく、みんなの幸せを考えられるところが玉城の優しさだ。そんな玉城の気づきとは何だったのだろうか。

「体験とは、自分がアウトプットしたことに対応して、情報がインプットされることです。裏返していえば、インプットとアウトプットが一方通行だと、経験にはならないということに気づきました」

玉城はさらに、その方法論を考えた。

「人間は目で見て耳で聞く以外に、手で情報収集しています。私はビーチで水の冷たさを感じたり、バーベキューで食材を手に持って調理したり、海外旅行では上海蟹をつかんだりしたかったのだと気づきました」

それまでのコンピューター技術は主に、視聴覚情報しか扱っていなかった。視覚と聴覚は、カメラとマイクがあれば実現可能だ。残る手による感覚を、遠隔で感じることができないだろうか。

例えばゲーム機のスティックやコントローラー、ハンドルを振動させて実際にボールを打ったり、車の運転をしたりしているような感覚を生み出す仮想の触覚「ハプティクス」という技術は一九七〇年代から存在した。スマートフォン画面をタップした際にボタンを押し込んだように感じる「3D　Touch」や、音楽に合わせて椅子が振動する「ボディソニック」もハプティクスの一種といえる。しかし手で感じる感覚をそのまま再現できるようなサービスはまだ、どこにも見当たらなかった。

商業化されていないとしても、研究開発は進んでいるのだろうか。探したなかでは「テレイグジスタンス」と呼ばれるロボットの遠隔制御が一番近いと思われた。この方法を手術に応用したのが手術支援ロボット「ダヴィンチ」である。確かに制御はできるが、しかしフィードバックは、制御に必要な情報しか得られない。玉城が求めた、経験としての情報のアウトプットとインプットにはほど遠い状況だった。最新のテクノロジーで人間の身体機能や知覚などの能力を向上させる「人間拡張」も研究が進んでいるが、やはりフィードバックの面で物足りなさが残った。

「私が欲しかったのは操作するロボットがメインではなく、操作しているユーザー自身が幸せになるというシステムです。しかし、ありませんでした。それなら自分で作ろうと決めたのです」

手の情報通信化を目指し、大学院の修士課程ではロボットの研究を始めた。しかし操作する側の体験、つまり感覚をメインに考えたとき、現状のロボットではどうしても限界があった。

「感覚というと、〈皮膚感覚〉と呼ばれる触覚や痛覚、温覚や冷覚を思い浮かべる方が多いと思いますが、実は〈固有感覚〉が重要です。例えば冷たい飲み物の入ったペットボトルをロボットが持っているとき、私がユーザーで制御しているとして、ロボットに温感センサーがあれば冷たい空間があると認識はできるのですが、物体としては認識できません。つまり物体に作用して返ってくる抵抗感や重さ、位置などの感覚が固有感覚であり、経験を伝えるときのポイントとなるのです」

別の言い方をすれば、視聴覚は受動的な感覚であるのに対し、固有感覚は自分から作用したときに得られる能動的な感覚だ。つまり固有感覚をシェアできれば、体験できる情報量は飛躍的に増えるはずだ。

「大学院の博士課程では人間の手の仕組みを研究し、コンピューターと人とをつなぐインターフェースを開発することにしました」

その研究で最初に注目を集めた成果がポゼストハンドなのである。

電気刺激で「勝手に手や指が動いた」

ポゼストハンドは小型で箱状の本体を、電極のついたベルトに取りつけたものだ。このベルトを腕に取りつけるだけで、電極から筋肉に電気的な刺激を与え、コンピューターによって手指の動きを制御する。具体的には手と指の動きを一六八パターンの信号に整理したうえで、コンピューターから信号がポゼストハンドに送られると、本体が電気刺激に変換し、電極を通して腕の筋肉に伝える。片手にある関節は手首を含めないと一八関節あるが、ポゼストハンドは一六関節を操ることができるため、コンピューターでほとんどの手の動きを制御することができるようになるのだ。操作される側は「勝手に手や指が動いた」という、これまで感じたことのない感覚を味わうことになる。

玉城は大学で同じ研究室だった後輩とともに二〇一二年、H2Lを起業した。名前の由来は「Happy Hacking Life」。ハッキングは、悪意のある不正侵入と誤解されることもあるが、本来の意味は高度な技術を駆使してコンピューターシステムにアクセスすることを指す。H2Lという社名は、私たちの人生にハッピーにアクセスしたいという理念を謳ったものだ。体験を共有したいという願いから商品化されたポゼストハンドだが、玉城の思いを超えて、筋肉の動きを活性化させるリハビリや、ロボットスーツなどの研究者向けにも利用されるようになった。

ポゼストハンドの後継として二〇一六年、開発者向けに発売されたのがVR（仮想現実）専用コントローラー「アンリミテッドハンド」だ。バンドには電気刺激のための電極に加えて、筋肉と腱の動きを計測する「筋変位センサー」、それに腕の動きを検知する「加速度ジャイロセンサー」が新たに取りつけられた。センサーを通じて手や指、腕からコンピューターに情報がフィードバックされるとい

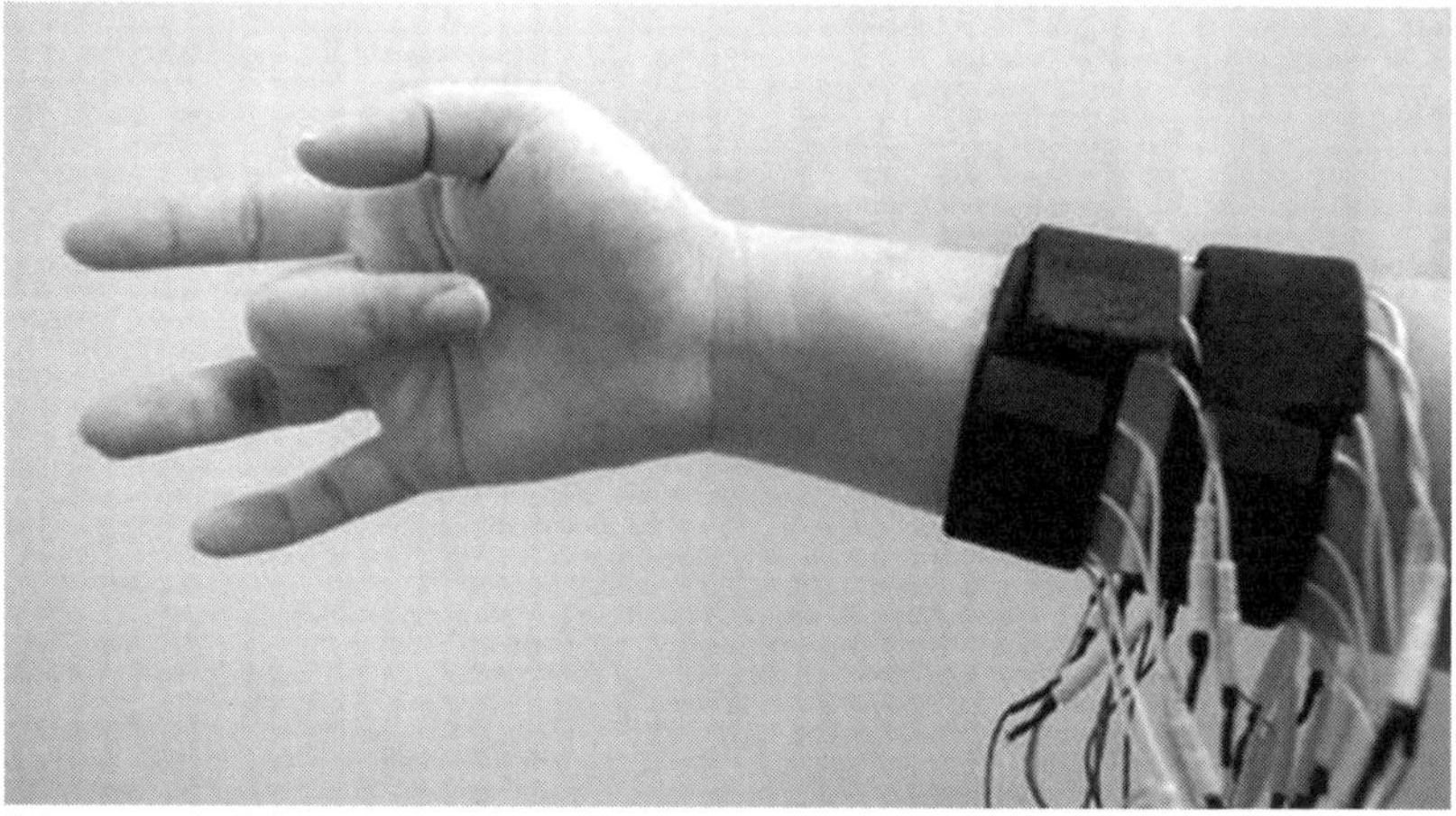
「ポゼストハンド」を装着した手。コンピューターで指先の動きを自由にコントロールできる。

う双方向性を持たせることができるようになったのである。

続いて一般向けに発売されたのが、コントローラーとゴーグルをセットにしたVRゲーム向けコントローラー「ファーストVR」だ。一四チャンネルの筋変位センサーが搭載され、仮想空間内で自分の手の動作がそのままゲーム内に反映される。ユーザーの思うように仮想の手や指が動かせるようになり、従来の手持ちのコントローラーの役割を、自分の手だけで行えるようになった。アマゾンのレビューでは「自分の手がコントローラーになる感覚はほんとに面白い」「食器投げゲームとか、本当に自分の手でモノを掴んだり投げたりしている感覚があって、面白い」「これでゲームの操作出来るって未来ですね」など、未知の体験を評価する投稿が相次いだ。従来のコントローラーではバイブレーションで刺激を伝えていたが、ファーストVRでは身体の内側にある固有感覚を伝達できることでより直感的となり、ゲームなどへの没入感が格段に高まるのだ。

ゲーム以外の用途としては例えば、「危険体感教育」に用いられている。実際に試すことができない転落事故などの対策を、リアルに体験できるのだ。

Ｈ２Ｌではこのほか、爪につけて電磁誘導で動くデバイス「スマートネイル」も開発している。振動のパターンによって触感が変わり、指先に仮想の感触が伝わるのだ。腕にデバイスをつけるのには抵抗感があるという女性にとっても、ふだんから身近なつけ爪なら、機器を身につけるハードルが低くなる。

「つながった三人」で一人の身体をシェア

ポゼストハンドを開発した玉城は「ボディシェアリング」という新しい概念を生み出し、自社の登録商標とした。その定義は、ロボットと人間、または人間どうしが身体をシェアするというものだ。実験段階だが、一人の身体について、三人がボディシェアリングするという取り組みに成功している。例えば海外で行われる会議に、実在の人物としては一人だけ参加という形であっても、日本にいながら、その人につながった複数の人が同時に参加するということも可能となる。

ポゼストハンドを箏の練習に使うと、コンピューターに入力された楽譜が演奏のタイミングと指の動きを指示してくれる。生徒は意識せずに勝手に指が動き、初心者でも美しい音色で演奏できるのだ。

二〇二〇年一月にはＮＴＴドコモとの協業で、自分の顔に他者の口の動きと表情をリアルタイムで表現する「フェイスシェアリング」を発表した。頬に装着したデバイスから口周りの筋肉に電気刺激を与えて収縮させることで、他者の口の動きを再現できるようにした。その用途としては、遠隔からサポートを受けながら外国語を話したり、プロの歌手の口の動かし方を学んだり、プレゼンテーションを上手にできるようになると期待されている。

前年一二月には体験型観光として「カヤックロボット」をNTTドコモと共同開発し、東京で開かれた国際ロボット展で発表した。ブース内にマスターシステムが設置され、離れた場所にあるプールにカヤックロボットを浮かべて、遠隔操作した。マスターシステム側のユーザーはVRヘッドマウントディスプレイに伝送されるカヤックロボット視点の高精細映像に加え、ボディシェアリング技術を応用した、オールを漕いだ際の手応えや重さの感覚、さらに船体の傾きをリアルタイムで体験した。まるで現地で実際にカヤックを操っているかのように、水の抵抗感や揺れを離れた場所で体感することが可能となった。体験した参加者からは「リアルだった」「本当に水の上をカヤックで進んでいるような感じがした」などの感想が聞かれた。

こうした実験では最新の移動体通信規格である5Gが大きな役割を果たしている。通信量が従来の4G通信と比べて最大で二〇倍となり、高精細な映像を伝送できる。通信の遅延は一〇分の一となり、自分で行った操作に対するレスポンスが、ほとんど時差なく返ってくる。体験を共有するというボディシェアリングにとって、インプットに対するアウトプットが遅れるようだと、本当の体感とはならないだけに、5Gの実現はきわめて大きなメリットだ。

「フィードバックの固有感覚が遅れて返ってきたりすると、臨場感がないとか、自分の体験じゃないと感じてしまうのです。体感としてはもう、5G以上のスペックじゃないと今後は無理だろうと思います」

新型コロナウイルスに対する感染予防で、リモートワークやオンライン授業が推奨されるようになった。その際に課題となるのが、臨場感だ。視覚と聴覚だけに頼るオンラインでは、テレビを見ているようでその場にいる現実感が失われる。そこで期待されるのが5Gを利用したボディシェアリングの技術だ。ストレスなく遠隔地からの情報を実感することができれば、オンラインの可能性は今よりもさらに広がるだろう。

H2Lは二〇二〇年四月、リモートワーカーの映像や動きを透過ホログラムに投影する「ホロディ」の提供を発表した。ボディシェアリングの技術でリモートワーカーは、身振りや手振りを用いた非言語コミュニケーションが可能となる。ホロディはテレビ会議システムや特殊なデバイスの装着は不要で、オフィスワーカーはリモートワーカーに対し、オフィスにいる人と同じようにスムーズにコミュニケーションをとることができる。新型コロナウイルス時代の新しいリモートワークの形として期待されている。

二〇二一年九月には、公益財団法人PwC財団の助成を受け、スマートフォンを介して遠隔地のロボットを操作し、農業に参加する「遠隔農業ロボットサービス」システムを開発したと発表した。これは「農業従事者数の減少」「都市一極集中型の社会構造」と「障がい者の社会参画機会の制限と低賃金」という三つの社会課題の解決を狙ったものだ。今後はボディシェアリングの技術を組み込み、細かな指の動きや力の入れ具合などの作業をロボットに伝達し、果実の重さまでユーザーにフィードバックするシステムの実現を目指している。

二〇二二年七月には、商業空間やイベント空間のデザインや施工を手掛ける東京の乃村工藝社と協業し、最近人気のメタバースを活用したオフィス開発に着手したと発表した。それによれば、ワーカーのメンタル状態である「緊張」、フィジカル状態である「残体力」とスキルを提示する「力加減」をアバターに反映し、リモートとオフィスの両方で働くデュアルワークをサポートするという。

鳥と遊ぶ VR ゲームでは、ゲーム内で鳥が手にとまると重さを感じる。噛まれると痛みを感じる。

その方法としては、ワーカーのふくらはぎに装着したファーストVRから「緊張」と「残体力」を推定する。さらに手あるいは足に装着したファーストVRからは「力加減」を推定する。そのうえで、メタバースオフィス内で同僚、部下、上司というチームメンバーの「緊張」と「残体力」を共有することで、声かけや相談のタイミングの見計らい、業務を依頼できる状態かどうかの管理調整がスムーズにできるようになる。加えて、遠隔地での動作の「力加減」も見える化することで、遠隔作業の伝達や研修の効率向上を狙うという。

乃村工藝社はメタバースオフィスとリアルオフィスでのデュアルワークスペースの空間のあり方を企画、開発する。

技術力のH2Lとデザイン力の乃村工藝社がタッグを組んで、リモートとオフィスワーカーの適切なコミュニケーションを促進し、生産性の向上、ワーカーのストレス軽減や業務満足度の向上を目指すという。

体験の共有が「多様性の相互理解」につながる理由

すでに述べたようにムーンショットとは、現実不可能な目標のように見えて、しかし研究者の英知を結集すれば可能性があり、実現すれば社会に大きなインパクトを及ぼすプロジェクトを指す。玉城とH2Lの研究開発も、まさにムーンショット的といっていいだろう。玉城に今後の計画を聞いた。

「二〇三〇年以降、人間どうしの体験を共有できるようにしたいと思っています。今はユーチューブなどの動画で体験を共有しています。一〇年後にはソーシャルメディアの形が変わり、例えば世界最高峰級の山を登っている登山家の体験をライブで、多くの人が実感を伴って共有しているのではないでしょうか」

玉城はその先の二〇五〇年のビジョンも語る。

「固有感覚以外にも皮膚感覚、さらに満腹感や空腹感、胃もたれといった内臓感覚、運動や身体の傾きを察知する平衡感覚、疲れたという疲労感なども含めて、人生のすべての体験を共有できるようにしたいと思います。例えば一回のロケット打ち上げで宇宙に行けるのは、今はせいぜい数人です。仮に五人が実際に宇宙に行ったとして、それぞれの身体を百人ずつが使ったら、全部で五百人以上が宇宙に行けることになります。みんなで身体を共有し合って、みんなで宇宙に行く。自分の体験を保存してみんなにシェアし、みんなの体験も保存してシェアすることも可能となります。これまでの人生の二倍、三倍の体験ができるようになるかもしれません。そんな二〇五〇年になるといいですね」

ボディシェアリングでいろんな体験ができるようになると、人間をどのように変えていくのだろうか。

「人間そのものが進化するとは思えないのですが、様々な価値観があるということに適応していくと思うのです。他者との相互理解につながっていくと考えています」

考えてみれば現代に生きる私たちは、自動車や飛行機など交通手段の進化、新聞やテレビ、書籍、そしてインターネットなど情報通信技術の発展によって、例えば百年前の人と比べて、はるかに多くの知識を共有できている。これからはAR（拡張現実）やVR、そしてボディシェアリングによって、さらにユニークな体験をすることができるようになる。男性が女性の体験をしたり、白人が黒人の体験をしたり、障害のない人が、様々な障害を体験したりすることもできる。アメリカのブラックライブズマター運動や、当時の東京オリンピック・パラリンピック組織委員会会長による女性蔑視発言などを踏まえてダイバーシティ、つまり多様性を尊重する考え方が重要視される時代の流れに、ボディシェアリングは見事に合致しているといえるだろう。

悪用リスクへの対処

ボディシェアリングの価値がわかったところで、ボディシェアリングが悪用される恐れはないだろうか。つまりボディシェアリングされる側が、自分の好まない行為をボディシェアリングする側から強制される事態である。

「ソフトウェアにリミッターをつけて、ボディシェアリングされる側が逆らうことのできる電気刺激しか出していません。そのうえで、仮に人間の意思で逆らえないような強さの電流量が流れると、パルスを出す部品自体がハードウェア的に壊れてしまうよう回路を設計しています」

　ということは設計によっては、ボディシェアリングされる側が逆らえない情報を出すことも可能なのだろうか。

「逆らえない情報を出すことも技術的には可能ですが、軍事利用されたくないのです」

　玉城が生まれ育ったのは沖縄県の北谷町《ちゃたんちょう》。町の北側には米軍の嘉手納基地、南側には普天間飛行場があり、軍用機が毎日、上空を飛び交っている。

「起業家としてではなく、あくまで個人としての発言なのですが、基地問題という政治的な問題が近くに切迫してあって、平和なのか平和ではないのか、よくわからない状況なのです。日常の生活としては平和なのだけれど、配備されている米軍の部隊が増強されると『戦争が始まったらしい』と感じます。そんな場所で生きてきて、ひとりで生きるというよりもコミュニティ、沖縄県だったり、国であったり、世界的にどうすれば、みんなが平和で豊かになるのかを考えさせられたのは確かです」

　ボディシェアリングで多くの人たちとつながりたい。そこには沖縄を故郷に持つ玉城ならではの、平和への祈りが込められていた。

　玉城は現在、H2Lの社長に加え、二〇二一年からは琉球大学工学部教授も務めている。地元紙の「琉球新報」は「工学部の教授に女性が就くのは初めて」と報じた。玉城はこれからもダイバーシティと平和の願いを発信していくことだろう。

「幸福」について、お考えを教えてください。

Ｈ２Ｌ　ＣＥＯ／琉球大学工学部教授　**玉城絵美氏**

幸福とは

個人の幸福とは、精神充足であると定義されているようです。また、法人、国家や世界の幸福では、精神充足のなかでも特に何らかの方針進行の実現感が求められるようです。機械の幸福は、いかにそれらをシステムとして成り立たせるかということと考えています。

私個人の幸福は、体験を共有と蓄積し、他者と体験から智慧を形成する満足感を得つつ、文鳥と遊ぶことです。

阻害・邪魔するもの

多数あるとは思いますが、少なくとも正義感は、他者の幸福の実現や達成を邪魔しかねないと、推察しています。

社会の豊かさとは

現在までの経済成長は促進しつつ、安心安全と安定性、さらには人類としての進化の実現感が、社会の豊かさだと考えています。

貢献

機械の幸福として、個人、法人、国家や世界の幸福をシステムとして成り立たせることの助力になると、考えています。

3-4 ロボットと生体組織を融合　埋込サイボーグ

実現し得る人間拡張の技術

「挑戦的な研究開発テーマに政府が1千億円を投じて新たに始める『ムーンショット型研究開発制度』について、有識者会議は31日、老化した体を機械で補うサイボーグ化技術や、遠い宇宙を探査する際に飛行士を人工冬眠させるような技術など3領域25テーマを決めた[*1]」

二〇一九年七月三一日、政府は東京都内で、経済界の代表やアーティストなどからなる「ビジョナリー会議」を開き、ムーンショット型研究開発制度に関する具体的なミッション目標例を設定した。そのトップに示されたのが「２０５０年までにサイボーク化技術の実現（人間拡張技術）」だ。会議ではサイボーグ化技術のミッションとして、以下が提案され、了承された。

「年齢や文化、身体的な能力等の制約を超え、自らのライフスタイルに応じ、全ての人々が夢を追求・実現し得る人間拡張技術を確立する。例えば、ロボットと生体組織とを融合したサイボーグ化技術を確立することにより、老化により低下する視聴覚機能や認知・運動能力等を補強する。これにより、誰もが必要とする能力をいつでも拡張できるようになり、自らの能力の

限界を打破できることとなる」

この発表に基づいて新聞各紙が、冒頭でご紹介したような記事を掲載したのである。その響きは、確かにムーンショット的である。だからこそビジョナリー会議も、最も目を引く最初の例に掲げたのだろう。

サイボーグというと、ＳＦのアニメや映画では超人的な能力を発揮する。ということで注目されたサイボーグだが、二〇二〇年一月にムーンショット目標が正式に決定され、公募を経て審査の結果が明らかになると、そのなかには直接的にサイボーグに関係するプロジェクトはなかった。応募自体がなかったのか、あっても落とされたのかは明らかではない。

二〇二〇年九月、内閣府は「ムーンショット型研究開発制度では、社会環境の変化等に応じて目標を追加することとして」いると説明したうえで、「コロナ禍による社会環境の変容を想定し、我が国の将来像に向けた新たな目標の検討チームを公募」することになった。対象は若手の研究者とされ、目標とするテーマを検討する「ミレニア・プログラム」の募集が行われた。これには一二九件の応募があり、二〇二一年一月の発表で二一チームに絞り込まれた。そのなかの一チームが提案したのが、本節でご紹介する「埋込サイボーグ技術」に関するプロジェクトである。

ミレニア・プログラムでは各チームによる半年間の調査研究が行われ、審査の結果、新たにふたつの目標がムーンショットのプロジェクトに追加された。そのなかに、サイボーグという言葉はなかった。なぜ選に漏れたのかについて、事務局の担当者に聞いてみたが、審査の具体的内容については答えられないという回答だった。

しかしその研究チームの報告書を読むと、埋込サイボーグの社会実装に関して、倫理的な側面、そして社会的な側面から、非常に興味深い議論が展開されていた。そこで本節では、ムーンショット型研究開発制度に選ばれたプロジェクトではないが、関連したムーンショット的な取り組みのひとつとして埋込サイボーグ・プロジェクトをご紹介したい。

サイボーグとは「人間―機械統合体」

その前に、サイボーグとは何かについて、確認しておこう。

サイボーグとはサイバネティック（人工頭脳の）とオーガニズム（組織）を合わせた造語で、小学館の『日本大百科全書』によれば、「人間と機械が一体となり、意識することなしに機械が自律的調節系として働く、人間―機械統合体のこと」とある。簡単にいえば人間と機械との融合だ。

その成り立ちを見てみると、アメリカの医学者であるマンフレッド・クラインズとネイザン・クラインが一九六〇年に発表した論文「サイボーグと宇宙空間」で、サイボーグという言葉が初めて登場する。論文のタイトルからわかるように、人間が宇宙探査する時代に備えて、厳しい環境に対応できるよう人間を変化させてはどうかという提案として考案されたものだ。平凡社の『世界大百科事典』によれば、「身体器官の一部を人工物に置きかえることにより、宇宙空間や深海底など異質の環境下で活動できるよう医学的に改造された生物」とあるように、通常の人間を超えた能力を持つことが期待されていた。

私がサイボーグという言葉で最初に連想するのは、サイボーグ戦士が活躍する『サイボーグ００９』や『仮面ライダー』といった石ノ森章太郎の作品だ。サイボーグ００９が発表されたのは一九六四年。

海外に取材旅行へ出かけた石ノ森が、飛行機の機内誌として置いてあったアメリカの雑誌『ライフ』を手に取り、たまたま掲載されていたサイボーグの記事を読んで、構想を得たということだ。

石ノ森のサイボーグは「世界の平和を守るため」、彼らの生みの親である「ブラックゴースト」や「ショッカー」と対決せざるを得ないという孤独な戦いを強いられる。こうした物語の背景には米ソ冷戦やベトナム戦争があった。サイボーグ戦士は組織の掟に反しても正義のために戦うという、人間以上にきわめて人間的な存在として描かれる。そこにあるのは苦悩であり、「超人」としての優越性は見られない。

近年では士郎正宗原作の人気SFアニメ『攻殻機動隊』シリーズで、人間の肉体を機械が補完する「義体」としてサイボーグが登場する。

海外に目を転じると、一九七〇年代に制作されたアメリカのテレビドラマ『600万ドルの男』や『バイオニック・ジェミー』が日本でも人気を呼んだ。事故で瀕死の重傷を負った主人公が改造手術を受けてサイボーグとなり、難事件を解決するという勧善懲悪のストーリーだ。

映画では殉職した警察官を蘇らせた一九八七年のポール・バーホーベン監督作品『ロボコップ』が大ヒットした。ちなみに一九八四年のジェームズ・キャメロン監督作品『ターミネーター』は、「近未来の地球から送り込まれた殺人サイボーグ」がキャッチコピーだ。培養した人間の皮膚をかぶせたことで、映画のなかではサイボーグと呼んでいるが、基本は人間の姿をしたロボットだからサイボーグではなく、「殺人アンドロイド」と呼ぶべきだろう。

ウィリアム・ギブスンは一九八四年のSF小説『ニューロマンサー』で「サイバースペース（電脳空間）」という言葉を用い、「サイバーパンク」というジャンルを切り拓いたが、このなかでもサイボーグが活躍する。

だがサイボーグが登場するのは、フィクションの世界だけではなくなりつつある。

「自分らしく生きる」ためのサイボーグ技術

「未来から来た人を紹介しましょう。〝ネオ・ヒューマン〟こと、未来の私です。私は日々進化するサイボーグです。これが進化した私です。こんにちは。ピーター2・0です。未来へようこそ」

二〇二一年一一月二四日にNHK総合テレビで放送された『クローズアップ現代』「ピーター2・0サイボーグとして生きる」の一コマだ。主人公のピーター・スコット・モーガンは二〇一七年、ALS（筋萎縮性側索硬化症）と診断され、余命二年と宣告された。ALSを今の医学で治すことはできない。これに対してロボット工学の博士号を持つピーターは、自らの身体をサイボーグ化すれば難病を克服できるのではと考え、世界的IT企業の協力を得て、「ピーター2・0」プロジェクトがスタートした。食物摂取と排泄を機械で行う手術を手始めに、気管には空気供給装置を接続した。事前に自分の声や表情をAIに学習させ、目線で文字を入力できるシステムと連動させて、アバターで自分らしく会話できるようにもした。

「もしあと二〇年私が生きたなら、AIは私の活動の大部分を担っているでしょう。認知症の私を助けてくれているかもしれない。私の肉体が死を迎えても、驚くほど小さな違いしかないと思います。残されたＡＩのピーターは、本物の人間と同じです。慈しむ心や、常識を打ち破ること、そして愛。これらがあれば、生物かＡＩかなんて、ささいな問題です」

残念ながら二〇二二年六月、ピーターの死去が発表された。六四歳だった。

ピーターは「人類初のサイボーグ博士」としてメディアで注目されたが、取り入れた技術はいずれもすでに開発済のものばかりである。ピーターが使った技術以外にも、人工心臓や人工肺、人工すい臓、人工血管などがすでに実用化されている。人工内耳は聴覚障害者の選択肢としてすでに定着し、人工視覚装置もフランスなど各国で開発が進められている。

人体に埋め込まず、装着して人間の能力を拡張するツールも発達が著しい。矯正用のメガネを使っても見えづらい人のため、神奈川県川崎市の「ＱＤレーザ」は、目の奥にある網膜にレーザー光を投影して見えるようにする技術を開発している。茨城県つくば市の「サイバーダイン」は、人の意思を反映した電極信号を読み取り、歩行や作業をアシストする装着型サイボーグＨＡＬを開発して、世界的に有名だ。

遠隔操作ロボット「ＯｒｉＨｉｍｅ《オリヒメ》」の開発者として知られる吉藤オリィは「サイボーグ化とは『これがやりたい』という人の意思に基づき、テクノロジーがその人の能力となり、生活、人生となめらかに融合すること」「『サイボーグ』という言葉を使うと、生身の体に機械を取りつけるようなものをイメージするかもしれないが、私が使う意味では、他者の知識や経験を取り入れて、〝自分の能力の一部化し、できることを増やす〟ことを指す」[*2]と述べている。

サイボーグの持つ意味も、能力の強化を志向した時代から、生き方の多様性を実現するためのツールのひとつへと変わりつつある。

身体にデバイスを埋め込む治療

ミレニア・プログラムで提案された「埋込サイボーグ技術」について述べる前に、チームリーダーの藤原幸一を紹介しよう。藤原は名古屋大学大学院工学研究科准教授で、医療ＡＩ研究の分野で日本の第一人者である。

医療ＡＩとは文字通り、医療分野で活用されるＡＩのことで、古くは一九七〇年代にアメリカのスタンフォード大学で、「マイシン」という名前の医療ＡＩが開発された。マイシンは伝染性血液疾患を診断し、適する抗生物質を推奨する機能があったが結局、臨床では使われなかった。藤原によれば「性能面の問題というよりも、むしろ倫理や法律の面で、ＡＩを使って間違った診断を下した場合に、誰が責任をとるのか不透明であるという問題が大きかった」という。この問題に関する日本の現状はというと、厚生労働省が二〇一八年に各都道府県の衛生主管部長に宛てて出した通知で、「人工知能（ＡＩ）を用いた診断・治療支援を行うプログラムを利用して診療を行う場合についても、診断、治療等を行う主体は医師であり、医師はその最終的な判断の責任を負う」として、注意を喚起している。

藤原が実用化を目指して開発を進めているのが、てんかんの発作を予知する医療ＡＩである。てんかんは脳の神経細胞が異常な活動を起こすことによるが、自律神経にも影響を与えるため、全身の発作を起こす直前、心拍に変化が生じる。そこで藤原は、ウェアラブルデバイスで心拍データを測定し、予知ＡＩアルゴリズムを組み込んだスマートフォンアプリで、発作が起きる前に患者に知らせるシステムの開発を進めている。近く治験に入る計画だ。

藤原がこの研究を始めたのは二〇一二年、京都市内でおきた乗用車の暴走事故で、原因はドライバーのてんかん発作だったというニュースがきっかけだった。データサイエンスを研究してきた藤原は、化学プラントや製鉄所のデータ解析に取り組んだり、大手自動車メーカーでエンジン開発に関わったりした経験がある。それまで医療とは無縁だったが、自分の技術で患者の不自由さを解消できるかもしれないと考え、研究を開始した。

てんかん以外にも、睡眠障害や認知症、熱中症などに対応した医療ＡＩの開発に取り組んでいる。

そんな藤原がなぜ、ミレニア・プログラムに応募したのだろうか。

「てんかん発作を抑止するため、脳にデバイスをあてて冷却し、活動を低下させる研究に医学部の研究者と共同で取り組んでいます。これを進めて、身体にデバイスを埋め込むことによって治療したり、能力を拡張したりできないかと、以前から考えていたのです」

マイナスをゼロへ　ゼロをプラスへ

藤原の提案したプロジェクト目標は「埋込サイボーグ技術の社会実装に係る技術・社会的課題および社会システムに及ぼす影響に関する調査研究」である。チームには医用工学や知能情報学、さらには医事法の専門家や弁護士など、多方面の専門家が集まった。その目的として、プロジェクトの報告書では以下のように述べている。

「インプランタブルデバイス、すなわち人と機械を融合させるサイボーグ技術の進化は、私たちの身体を強化し新たな能力を獲得できる未来をもたらします。このような社会の実現には、技術開発のみならず倫理的

名古屋大学大学院工学研究科　藤原幸一准教授
（提供：藤原准教授 以下同じ）

な課題についても社会的な議論が必要です」

ここで用語の説明をしておこう。藤原は「埋込サイボーグ技術」に加えて、自分たちで新しく作った「インプランタブルデバイス技術」という用語も使う。インプラントといえば歯の治療をイメージするが、言葉の本来の意味は「移植」である。つまり埋込サイボーグ技術とインプランタブルデバイス技術は同じ内容を意味する。しかし「サイボーグ」という言葉はすでに様々な意味で使われている。すでに紹介した事例以外にも、例えばスポーツ選手のドーピング疑惑について「常識はずれの〝サイボーグ〟[*3]」と書いた新聞記事のように、批判的な意味の比喩としても使われることがある。そこで藤原は、患者の治療や、研究者・技術者・医療者と専門的な議論を交わす場合にはインプランタブルデバイスを使い、人間の能力拡張に重点を置く場合には埋込サイボーグというように、使い分けている。

報告書が提示する二〇五〇年の社会像は、なかなか刺激的である。それによると「身体とデバイスの密な結合を実現するサイボーグ技術は、現在のウェアラブルデバイスの未来における非連続な飛躍である」としたうえで、「先天的・後天的な四肢や臓器の不自由を解決する。さらに、失ったものの回復のみならず、身体機能や認知機能の拡張や増強も実現する。これにより、筋力などのハードウェアからスキルのようなソフトウェアまで人間のケイパビリティは共有と選択が可能になる。人は自分を選べるようになる」と展望する。

藤原たちが目指す社会の具体例として、以下の事例をあげている。

・デバイスを埋め込むことで、視覚機能が絵画が描けるまで回復する
・下半身が不随となっても、神経を刺激することで体操ができるようになる

・寝たきりの人でも、心肺機能を強化することでマラソンに挑戦できる

埋込サイボーグの社会的意義については、以下の点を強調する。

・社会参加人口（労働人口）問題の人口増以外の方法による解決（健康寿命の長期化による社会活動への参加率の向上による解決）
・集団としての付加価値生産や創造性の増加（人口あたりＧＤＰの増進）
・先天的・後天的不自由の解消（総活躍社会の実現）
・雇用や社会参加における身体的性差の軽減（男女差の不利益の軽減）

なかでも、藤原が主張する最も大きな変化は労働人口の増加だ。高齢者、女性、何らかの身体的・精神的不自由のある人、つまり「マイノリティが何ら不自由なくマジョリティと溶け合うことができる」という。

ＡＩやロボットに対する懸念と同じように、仕事が奪われるのではないかという疑問に対しては、ＡＩやロボットは会社や組織に所属するが、インプランタブルデバイスは個人に帰属するので、雇用の問題は起き難いとする。

このプロジェクトで藤原が特に目指したいサイボーグについて聞いてみた。

「マイナスをゼロに近づける、医療としてのデバイス埋め込みはすでに行われています。しかし健常な人を対象に、拡張や強化するサイボーグは、少なくとも日本では実用化されていません。やはり我々

は、ゼロからプラス方向を目指したいですね」

それが、藤原の考える「なりたい自分になれる社会」だ。

では実際に、埋込サイボーグ技術の実現可能性について、藤原チームの調査結果を見てみよう。

埋込型の技術的課題

まずは技術的課題である。サイボーグ化するためには装具やデバイスを、身体を傷つけない形で装着する非侵襲型と、手術などで身体を傷つける行為を伴う侵襲型がある。埋込サイボーグ、インプランタブルデバイスという場合は、侵襲型となる。

次に、変化させる機能別では精神機能（メンタル）と、身体機能（フィジカル）に分けられる。侵襲型のデバイスで精神機能向けは、中枢神経系に介入するＢＭＩ（ブレイン・マシン・インターフェース）、身体機能向けはペースメーカーをはじめ人工内耳などすでに数多く存在する。これに対して藤原たちが新たな技術として提案するのは、運動機能、感覚機能、内臓機能を拡張させるため、中枢神経のみならず末梢神経系にまで介入し、全身の神経系にデバイスを接続するインターフェースの開発だ。これが実現すれば、全身の様々な部位とデバイスとの間で相互に情報のやりとりができるようになり、人間の機能の拡張が可能となる。

その実現可能性はどうだろうか。神経を刺激する技術は迷走神経刺激療法など、数多く開発されてきている。しかし神経との接続となると、かなり困難な技術であることには違いない。

「最初は個別の神経系を接続し、将来的には、そういうものを統合していけるだろうと考えています」

藤原チームの提案は最終的に、ムーンショットの目標として採択されなかった。その理由は何だったのだろうか。

「事務局の説明は、ビジョナリー会議の意見として『埋め込み以外の方法に関しての検討が足りない。埋め込みでなくても、人間拡張であればいいのでは』ということでした」

ビジョナリー会議は埋め込みでない形、つまり非侵襲型が望ましいと考えたわけだ。これに対して、藤原はどう考えるのか。

「デバイスを埋め込むことで、神経の信号を正しく解釈し、刺激の形で電気信号を与えることで、心身を直接的に制御できるようになります。外部からだとそれができません」

医療の場合、たとえ身体を傷つけたとしても、病気の発症を抑えたり、失われた機能を回復したりするなどメリットのほうが大きければ、侵襲型も医療行為として認められる。しかし、身体拡張の目的で健康な身体を傷つける行為は、これまで認められていない。それは倫理的検討課題となる。

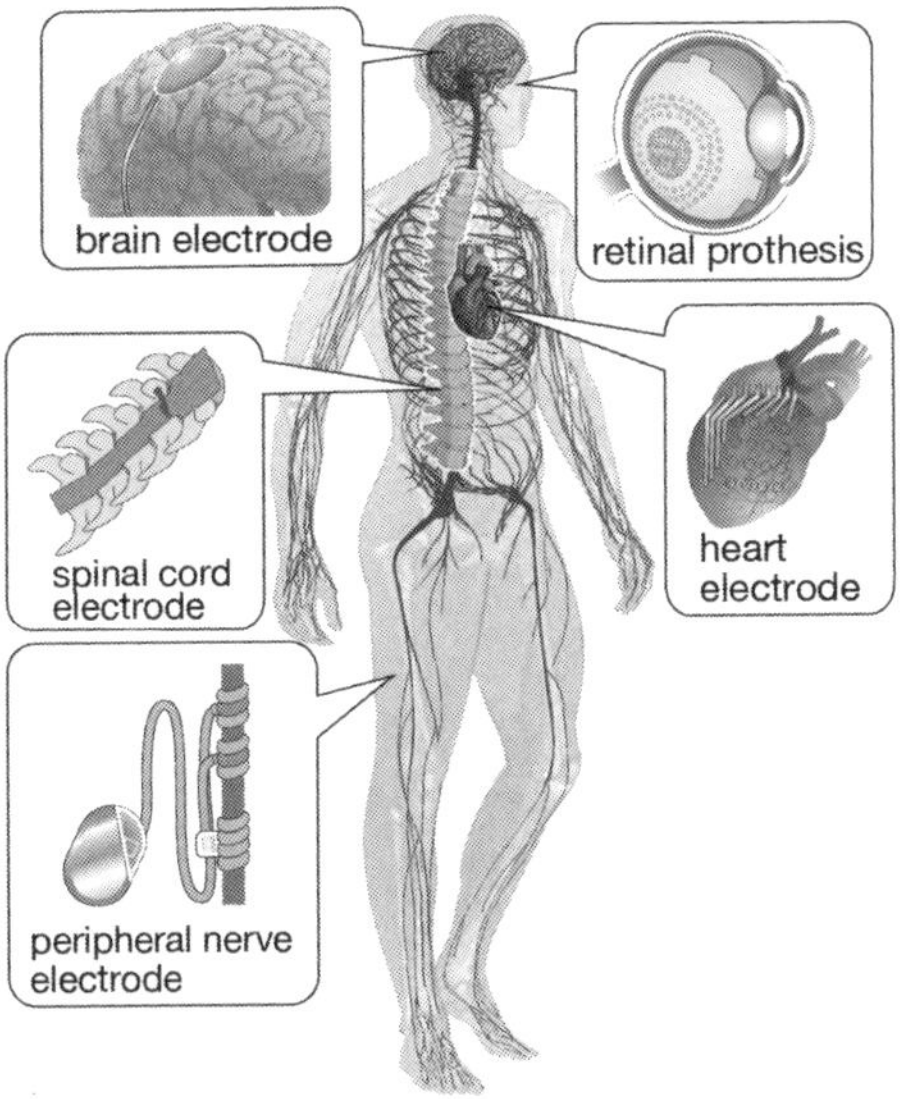

末梢神経をはじめ人体の様々な箇所に電極などを接続する埋込サイボーグのイメージ。

新興技術が超えてはならない一線は？

エマージングテクノロジー（新興技術）という言葉がある。ゲノム解析やゲノム編集、ＩＴやＡＩ、ナノテクノロジーをはじめ、様々な分野で研究開発が加速度的に進んでいる。こうした新興のジャンルは、従来の法律や規範では対応が難しいことがある。そこで重視されるようになってきたのがＥＬＳＩ（Ethical, Legal and Social Issues）だ。倫理的・法的・社会的課題の頭文字をとったもので、エルシーと読む。

ムーンショット型研究開発制度でもＥＬＳＩを重視することにしている。

藤原のチームでは、京都大学、それに大阪大学のＥＬＳＩ専門家と協議を重ねた。特に大阪大学に関しては、全国の大学で初めて開設されたＥＬＳＩセンター（社会技術共創研究センター）が主催し、藤原チームが共催する形で研究会を開いたりした。科学社会学が専門の准教授、標葉《しねは》隆馬《りゅうま》はＥＬＳＩセンター側の窓口となり、公式、非公式に藤原と協議を重ねた。そこで標葉に埋込サイボーグのＥＬＳＩに関する論点について聞いてみた。

その前に一般論として、ＥＬＳＩを検討する方法である。

「そもそも何が問題かがわからない場合がほとんどなので、最初は課題を整理し、似ている過去の事例を参考にしながら、どんな問題が起きそうか、論点を洗い出します」

開発を進めたい研究者に対し、どのようなスタンスで臨むのか。

「新しい知識が生まれてくることそのものについてはできうる形で貢献・支援をします。一方で差別を助長するなど、超えてはならない一線はあります」

埋込サイボーグについてマイナスからゼロ、つまり失われた機能を回復する部分についてはすでに現実のものとなっている。問題はゼロからプラスを目指す部分だ。これについては「エンハンスメント」、つまり人間拡張の文脈で、すでに議論が行われている。具体的には治療に用いられる技術を、一般の人の能力を高めるために用いることの是非である。これまで遺伝子操作によるデザイナーベビー、スポーツ選手のドーピングが代表的な例とされてきた。しかし例えば美容整形について、エンハンスメントと捉える一方で、ネガティブな心性をポジティブに変える治療の一環という考え方もある。抗うつ剤「プロザック」が積極的な性格に変える「奇跡の薬」として一時、アメリカで広く使われ、社会問題になったことがある。治療とエンハンスメントを区別できるか、できないかは個別のテーマや社会的な認知のあり方によっても変わってくる。

「エンハンスメントの場合、結果的に効果が出ず、侵襲的な害があるだけという可能性もあります。治療を超えているものを取り扱う場合には、かなり慎重にしなければなりません」

この文脈で、標葉が重視するのが「可逆性」である。

「なりたい自分になる場合だけでなく、自分では意思決定できない子どもの治療を親が決める場合でも、いざというときに引き返すことができる可逆性は重要です。さらに、元に戻すとして、それによって不利益を受けることが明らかなときでも、その要求を通していいのかといった、事後の意思決定に関する問題が必ず出てきます」

時計を進めて、仮に埋込サイボーグ技術が可能となった場合、サイボーグ化する人としない人との間に格差の問題が生じる恐れがある。資産のある人だけが能力を向上させれば、格差の拡大につながりかねない。その問題を回避するためには、埋込サイボーグ技術を保険適用するという方法もある。その場合、サイボーグ化を選択しないという人が必ず出てくる。

「選択しなかった人が標準から外れて、不平等や差別につながる恐れがあります。それを避けるための道具立てや規範の形成は必要不可欠になると思います」

この話の流れで藤原も指摘するのが「優生思想」だ。藤原は「役に立たない人間は要らないという発想につながりかねないところがあるので、常に意識しておかないといけない」と話す。標葉も「そういう問題を引き起こさない形にしないといけないという話は、繰り返し議論しました」と言う。

藤原の目指す「なりたい自分」はどうだろうか。

「選択肢を増やすという意味では、基本的に私も同意します。ただし、なりたい自分といっても流動的で、固定されているわけではないと思います。その意味でも、いざというときに引き返せるという可逆性が重要なキーワードになると思います」

最先端の研究は、軍事利用も懸念される。藤原の所属する名古屋大学は二〇一八年に「軍事的安全保障研究の取扱いに係る基本方針」を決定し、軍事利用を目的とする研究は行わないことを改めて確認した。この約三〇年前の一九八七年には「平和憲章」を制定し、「いかなる理由であれ、戦争を目的とする学問研究と教育には従わない」ことを誓っている。名古屋大学出身でノーベル物理学賞を受賞した益川敏英は、学生や教職員が熱い議論を戦わせて作りあげた平和憲章の意義を強調したうえで、「科学者同士、平和問題や社会問題に目を向ける努力を意識的にやらなきゃいけない。仲間同士で、何が今危険なのか、とことん議論することも必要。自分の研究だけ安泰ならいい、儲かればいいなどといっていると、簡単に取り込まれてしまいます」*4と警鐘を鳴らす。

しかし公表された技術の軍事利用を禁止する術はない。そこで標葉は、発想の転換を提案する。

「推奨事項を作って提案するという方向が、私たちのグループの考えです。使い方に関するアクセスを、より良い形に導く。例えば藤原先生の技術であれば、こういうふうに使ってもらえると差別も起きにくいし、むしろ解消する方法になるので推奨したいという使い方や活用のリストを作る。軍事利用だからダメと単純にいうだけではあまり意味はありません。論文などで一度公開された知識がどう使われていくか、どう転用されていくのかは、むしろ知識の使用者のアイデアに委ねられるところが大きいからです。発想を転換しないと知識の転用の問題は防ぎようがないというのが、私の基本スタンスです」

標榜にインタビューして気づいたのは、埋込サイボーグは最先端の技術である一方、倫理や社会的な問題として検討してみると、いずれも過去に一定の議論がなされていることだ。

一九八五年にアメリカの科学史研究者、ダナ・ハラウェイは雑誌に「サイボーグ宣言」[*5]を発表した。ハラウェイはフェミニズムの立場から、サイボーグは脱性差時代の産物であるとして、すでに現代人はサイボーグになっていると主張した。サイボーグとは、私たち人間の社会を映し出す鏡であるのかもしれない。

＊1　朝日新聞（二〇一九年八月一日付け）
＊2　吉藤オリィ『サイボーグ時代』（二〇一九年、きずな出版）
＊3　朝日新聞（一九八八年九月二七日付け）
＊4　益川敏英『科学者は戦争で何をしたか』（二〇一五年、集英社新書）
＊5　ダナ・ハラウェイ『猿と女とサイボーグ』（二〇〇〇年、青土社）

「幸福」について、お考えを教えてください。

名古屋大学大学院工学研究科准教授　藤原幸一氏

幸福とは

人は、自由であるべきだと思っています。具体的には機会の平等として、選択できることが大切です。その先の結果に関して言うと、もし失敗したとしても再度、挑戦できることが重要です。そのためには社会保障を含めた制度面の充実が必要です。公的な制度として、失敗した場合の保障があれば、技術的にも、社会的にも、常に選択し続けることができると思います。

阻害・邪魔するもの

本来自由であるべき人間の行動に対して、必要以上のレギュレーション（規則）をかけていくことだと思います。特に日本の場合、一回、強化されたレギュレーションはなかなか緩和されません。一方で『自由からの逃走』という言葉がありますが、選択することで責任を負うのは嫌だと思う人も結構いるわけです。それでは、どうすれば自ら選択して、その選択に関する責任を負うことができるようになるのか。これは教育の問題なのかなぁというふうには思うのですが、なかなか難しいですね。

社会の豊かさとは

精神的に豊かであれば、物質的には恵まれなくてもいいという清貧思想には反対です。やはり多くの人にとって、経済的、物質的な豊かさが精神的豊かさの前提だと思います。先ほどの選択の話をすれば、お金があると選択できるものが増えるわけです。そのうえで、精神的な豊かさを目指すべきだろうと思います。

貢献

我々はエンジニアなので、精神の部分、心の部分にまで踏み込むのはすごく難しい。そういうところの前提となるインフラとか、物質面に関して維持をし、拡大していくのが我々の仕事だと思っています。いまの日本で拡大はないのかも知れませんが、少なくともインフラのメンテナンスはしていかないといけないわけですから、そこの部分に関しては技術で、きちっとサポートしていきたいですね。それが豊かさの前提だろうと思います。

大阪大学社会技術共創研究センター准教授　標葉隆馬氏

幸福とは

社会に関しては、公平で人々のケイパビリティ（選択肢・可能性）がきちんと担保され、格差や差別が少ない状態です。

個人に関しては、ちゃんとご飯が食べられて、安心して寝ることができる。これがめちゃくちゃ大事だと思っています。

阻害・邪魔するもの

より新しい知識が出てくれれば、社会全体におけるベネフィット（利益）の総量は上がりますが（上がると信じていますが）、それがきちんと分配されなかったら、結果として不平等を拡大し、格差が開くことになります。それ以外の要因としては、歴史的な経緯としてすでにある格差や差別が本当にいろんなところでwell being的なものを阻害します。それは極めて社会構造的な問題だと思っています。

社会の豊かさとは

基本的に人生の選択肢が複数、担保されていて、それを選べるというところが指標だと思います。

貢献

選択肢を狭めたり、ケイパビリティを毀損したりするような方向に行くのはよくない。そうならないための道筋を考えるのがＥＬＳＩの議論です。規範の形成やガイドライン、政策など、社会的に取りうる仕掛けや仕組みはたくさんあります。それを特に科学技術のテーマで考えていくのがポイントだと思っています。

第4章

自ら学習・行動し人と共生するロボットの実現

イントロダクション　人間とロボットがともに作る未来

マンガとアニメは今や、日本を代表する文化となっている。そのなかの有力なジャンルのひとつが、ロボットの登場する未来社会を描いたSFものだ。そのロボットは、タイプによって大きくふたつに分けられる。ひとつは『鉄腕アトム』に代表される、人間のように自律的に活動するタイプのロボットだ。もうひとつは、人間が操縦するタイプだ。こちらは『鉄人28号』のように遠隔操縦するタイプと、『機動戦士ガンダム』のように、操縦者がロボットに乗り込むタイプがある。本章では前者のタイプをご紹介する。

目標3「AIとロボットの共進化により、自ら学習・行動し人と共生するロボットを実現」から、ふたつのプロジェクトを見てみたい。それは将来的に、自律的に活動することが期待されているロボットだ。少子高齢化が進む日本では、労働力不足を補う働き手として期待されている。もともと日本はロボット大国で、工場ではすでに多くのロボットが導入されている。これからの時代に期待されるのは、具体的な指示を待つことなく、与えられた任務を自ら判断して取り組むことのできるロボットだ。生産現場だけでなく、高齢化の急速な進展で人手不足が深刻な福祉や介護の現場でも、早期の導入が望まれている。

一方で、こうしたロボットの社会進出に対して不安に思ったり、警戒したりする人もいる。AIの研究で世界的権威とされるアメリカの未来学者レイ・カーツワイルは、AIが人類の知能を超える転換点を〝シンギュラリティ（技術的特異点）〟と定義した。カーツワイルは、シンギュラリティが二〇四五年に到来すると予言する。

ムーンショットで研究開発が進むＡＩロボットは、シンギュラリティへと導くのだろうか。ロボットが暴走するＳＦ映画や、監視社会を扱った海外のドキュメンタリー番組でロボットがいろいろ使われているのを見ると、知らないところでロボットが進化しているのではないかと疑心暗鬼にもなる。

そうならないためには、ロボットが得意なことと人が得意なこと、ロボットにしてほしいことと、人がやりたいことを明確にし、それをうまく調和させることが必要だ。

では人間とロボットがともに作る社会について、考えてみよう。

4-1 一人に一台一生寄り添う 究極のロボット

キッチンで料理する人型ロボット

早稲田大学は、東京都新宿区の大学キャンパスとその周辺がアメリカのシリコンバレーのような先端技術の拠点となることを目指して、二〇一八年から「早稲田オープン・イノベーション・バレー構想」を進めている。その中核的施設として二〇二〇年にオープンした研究開発拠点が、産学連携を掲げる「リサーチイノベーションセンター」だ。地上六階、地下二階建て、延床面積一万八五〇〇平方メートルの大型施設で、余裕を持った研究スペースはもちろん、最先端の実験機器や施設を備えており、大学内外の研究グループやベンチャー企業が「社会的価値創造」を目指して、様々な研究開発や新規事業に取り組んでいる。

私はその一階にある一室を訪ねた。厳重なセキュリティで守られたドアから室内に入ると、床はフローリング張りのバリアフリーで、リビングルームや浴室、広々としたトイレも備えられている。マンションのモデルルームのような雰囲気だ。そのキッチンで料理していたのが、今回の取材の目的である人型ロボット（ヒューマノイド）だ。身長一六六センチ、体重は一五〇キロ。頭部の両目部分にはカメラ、口にはスピーカー、耳にはマイクが備えられていて、会話が可能だ。人間そっくりに作られたアンドロイドとは違い、シンプルで機能的な、いかにもロボットという外観である。楕円形の頭部に長い首という輪郭は、アメリカのSF映画『E.T.』に出てくるエイリアンにちょっと似ていて、ユーモラスだ。これが「AIREC（AI-driven Robot for Embrace and Care）」（以下、アイレック）のプロトタイプなのだ。正式名称は、「AI駆動で優しく包み込み、ケアするロボット」という意味である。

アイレックは右手で木製のヘラを器用に持ち、鍋のなかをぐるぐるとかき混ぜている。AIが搭載され、学習を重ねた結果、鍋の中身をすくい上げて、隣のボウルに移すこともできるようになった。その行為がプログラミングされたものではなく、AIが学習を重ねた結果、道具を自分で選んで、作業ができるようになったというところがミソだ。ボディは青みがかった白色で、移動は二足歩行ではなく、四つの特殊な車輪「オムニホイール」で、真横も含めすべての方向へ自由自在に動くことができる。安定性や安全性、制御性や経済性を考慮し、二足歩行ではなく、車輪式を選択した。バッテリー内蔵のコードレスで、人混みが多いところでも、ぶつからないよう人をよけるのはもちろん、「ちょっと、すみません」と声をかけて道を開けてもらいながら移動することもできる。衝突を回避するだけの、これまでのロボットではとれなかった行動だ。室内では家事のほか、入浴介助など福祉や介護作業の実証実験が行えるようになっている。

開発の中心となっているのが早稲田大学理工学術院長で、創造理工学部教授の菅野重樹である。政府が進める「ムーンショット型研究開発事業」で菅野は、「目標3」の「自

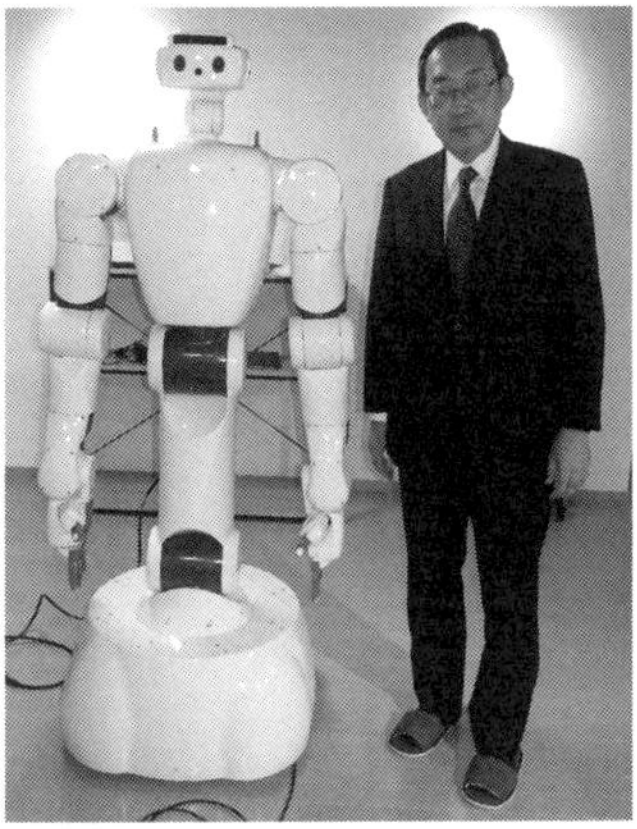
人型ロボット「アイレック」と、早稲田大学理工学術院長　菅野重樹教授

ら学習・行動し人と共生するＡＩロボット」に応募し、「一人に一台一生寄り添うスマートロボット」と題したプロジェクトが採択された。本節では、菅野が計画を主導する「究極のロボット」作りについて紹介したい。

スマホのようにロボットを持つ生活

「現代の私たちがスマートフォンを持っているような感覚で、二〇五〇年の社会では一人ひとりがパートナーＡＩロボットを持っているだろう。パートナーＡＩロボットは子どもの見守り、学習、仕事や家事、健康管理や介護まで、持ち主の個性と年齢に合わせて様々なサポートをしてくれる存在だ」

これはムーンショット型研究開発事業の目標3で示された、二〇五〇年のイメージの一節である。少子高齢化が急速に進むなかで、福祉や介護はもちろん、オフィスやサービス、工事など様々な労働現場をはじめ、生活のサポートまで、これまで人手に頼っていた社会のあらゆる場面でロボットの活用が期待されている。

とはいいながら、様々な場面に対応した専用の機械はすでに多く存在している。掃除は移動式自動掃除機、食器洗いは食洗機、洗濯はホームランドリー、アイロンは形状記憶で不必要。音声認識でコンピューターと会話もできる。

これに対して菅野が目指すのは、人に優しく、一台で何でもこなせる人型ロボットだ。家庭では炊事や洗濯などの家事、一般のビジネスの世界では様々な仕事、社会福祉では食事介助や歩行リハビリ支援、病気やケガをしたときには治療や看護、さらには手術まで、一台の同じロボットがあらゆる場面に対応する。菅野が挑むのは、そんな「人と共生できる汎用ロボット」だ。

ロボットと機械を区別する三つの要素

映画やアニメを見ていると、私たちはつい「なんでもこなすロボットなんて、簡単にできそう」と思ってしまいがちだ。特に最近はロボット技術の進化が著しい。二〇〇〇年に登場したホンダのアシモは、優れた歩行技術が世間をあっといわせた。

それから二〇年がたち、アメリカのボストン・ダイナミクス社が二〇二一年に公開した動画を見ると、身長約一五〇センチ、体重八〇キロの二足歩行ロボット「アトラス」が階段を素早く駆け上がったり、片手をついて障害物を飛び越えたり、さらには華麗なバク宙を二回連続で決めたりする。香港のハンソン・ロボティクスが開発した看護ヒューマノイド「グレース」は、患者の体温や脈拍を測ったり、英語と北京語で会話したりする。六〇パターン以上の表情を組み合わせて、自然な会話ができるという。産業技術総合研究所のヒューマノイド「ＨＲＰ‐５Ｐ」は身長が約一八〇センチあり、建設現場で大型の石膏ボードを軽々と持ち上げて、壁面でビス留めまですることができる。いずれも私たちを驚かせるロボットだ。

アメリカの大手電気自動車メーカー、テスラも自動運転技術で培ったセンサーやＡＩ技術を活用した「テスラボット」プロジェクトをスタートさせている。買物や家事など一般的な仕事をこなすことができる人型ロボット「テスラ・オプティマス」を最優先で開発すると表明している。

その一方、テレビやユーチューブで言及されないこともある。それは、それぞれのロボットが得意とする場面が、きわめて限られているということだ。菅野は開発者の立場から、次のように説明する。

「シチュエーションを決めて、場所や対象物を限定したうえで作業をやらせようと思えば、何でもできるのです。ロボットのデモンストレーションって、大体決まった動きなんです。そこだけ見てみなさん、『すごい』と思ってしまうので困るんですよ。『それでは他に何ができるんですか』という問いかけに、答えられない。普通の生活のなかで自然に、あらゆる場面に対応できるかといえば、明らかに限界があるのです」

ここでロボットとは何か、機械とはどう違うのかについて確認しておこう。経済産業省のロボット政策研究会は二〇〇五年に、「センサー、知能・制御系、駆動系の3つの要素を有する、知能化した機械システム」をロボットと定義した。人間でいえばそれぞれ感覚、脳、そして手足が該当する。三要素のうち、ひとつでも欠ければ、機械ということになる。とはいうものの、「検索ロボット」のようにコンピューター上のプログラムまでロボットという場合もあり、使う人によってロボットの定義は様々なのが現状だ。

次にロボットを用途別に見てみると、産業用ロボットとサービスロボットに分類できる。危険なところで作業したりする特殊環境用ロボットという区分もある。

というわけで、ロボットが人型である必要はない。ロボットの語源がチェコ語の「robota（強制労働）」といわれるように、第一の役割は労働の担い手である。日本ロボット工業会によれば、工場で働く産業用ロボットの生産は、国内では一九六〇年代後半から始まり、日本は現在、質量ともに世界トップの座を保っている。

もちろん人型ロボットもある。そもそもロボットはチェコの作家、チャペックが一九二〇年に発表した戯曲で、人型ロボットを登場させたのが最初である。アメリカではアシモフが一九五〇年にロボットもののSF小説を発表して以降、フィクションの世界では様々な人型ロボットが登場するようになり、アニメや映画で人型ロボットはおなじみである。そして菅野が目指すのも人型ロボット、それも一台ですべてをこなせる究極のロボットだ。

人工的に「人の役に立つ分身」を作る

菅野がなぜ、このようなロボット作りを目指すのかというと、菅野のロボット工学者としての思想、そして菅野の所属する早稲田大学におけるロボット開発の歴史がある。

一九五八年、千葉県市川市の銀行員の家庭に生まれた菅野にとって、最初に出会ったロボットは小学校低学年の頃にテレビで見た人気アニメ『鉄腕アトム』と『鉄人28号』だった。菅野は著書で次のように述べている。

「人間的でそして何でもできる機械であるロボットに憧れを持ちました。〝つくってみたい〟、まさにホモファーベルとしての私の出発点といえるでしょう」

ホモファーベルとは、フランスの哲学者ベルグソンの言葉で、日本語では「工作人」と訳される。『ブリタニカ国際大百科事典』によれば、「ベルグソンは人間の本質は物をつくりおのれを形成する創造活動であるとして、ホモファーベルと規定」した。

菅野はこう続ける。

「人間が工作するとき、そこにはふたつの目的があると私は考えています。ひとつは生きていくための役に立つ道具の工作です。そしてもうひとつは、人間自身を作りたい、自分の分身を作りたいという夢を目指した工作です。ロボットは、数ある人工物のなかで、この両方を満たしています」

日本におけるロボット工学でエポックとなる出来事を簡単に振り返ってみよう。一九六四年に加藤一郎（後に早稲田大学理工学部長）が人工の手「WH‐1」を開発する。一九六七年には森政弘（後に東京工業大学名誉教授）が六本足でどこでも歩くことのできるロボット「GAWALK」を開発。一九七三年には加藤を中心に機械工学や電子、電気、情報など学科を超えた学内共同研究で、世界で初めて二足歩行できる人型ロボット「WABOT‐1」（以下、WABOTはワボット）を完成させた。ワボット‐1は簡単な会話や、アームでものをつかむことができ、加藤はロボット博士として世界に知られることになる。早稲田大学は日本における人型ロボット開発の草分け的存在なのだ。菅野に少年時代の思い出を聞いてみた。

世界初の二足歩行人型ロボット「ワボット -1」。
（提供：早稲田大学）

「私が中学生のとき、科学技術に興味のある仲間が集まって、みんなでがやがや議論するのが好きでした。話題となったのは、ロボットに関する研究をリードされていた加藤先生と森先生でした。加藤先生は人間に近いロボットを作り、森先生はユニークな発想で、新しいロボットを作るというイメージでした。そんななかで加藤先生が世界初のヒューマノイドロボットを開発され、大きなニュースとなったのを今でもよく覚えています」

早稲田大学に入学した菅野は加藤の研究室に入り、やがて人型の鍵盤演奏ロボット「ワボット‐2」の開発に携わった。その完成版となる「ワスボット」は、一九八五年に現在の茨城県つくば市で開かれた国際科学技術博覧会の開会式で、バッハの「G線上のアリア」を電子オルガンで演奏し、プロさながらの腕前を披露した。

菅野は早稲田大学教授に就任後、世界で初めて両手で卵をきれいに割ることができるロボット「WENDY」（以下、ウェンディ）を一九九九年に開発した。

「人が卵を割るとき、同じ力でも指先の接する面積を変えて、圧力を変えています。人間の巧みさの根本を調べていくと、指の形と、その柔らかさにあるのです。それなら人間と同じような指先にしようと思いつきました」

菅野がロボットを開発する原点は、人間研究にあったのだ。ウェンディは高機能の半面、複雑化、大型化し、作業性の面からも課題が指摘された。そこで小型軽量化し、一方で高出力化、移動能力の拡大などを両立させた後継機として、二〇〇七年に「TWENDY‐ONE」（以下、トゥウェンディワン）が開発された。トゥウェンディワンは、ベッドから車椅子への移乗介助などの力仕事だけでなく、トングを使ったり、ストローをつまみ上げたりするような巧みさも兼ね備えている。

「トゥウェンディワンは制御で柔らかくするのではなく、バネをいろんな関節に入れて、生身の人間のような柔らかさを持たせました。それが巧みな作業をするときに活きてきます。硬いロボットはどんなに一生懸命、いろんな制御をしても、そういうしなやかさが得られないのです」

トゥウェンディワンは福祉の現場での移乗介助など、特定の分野でロボットに期待される作業が実

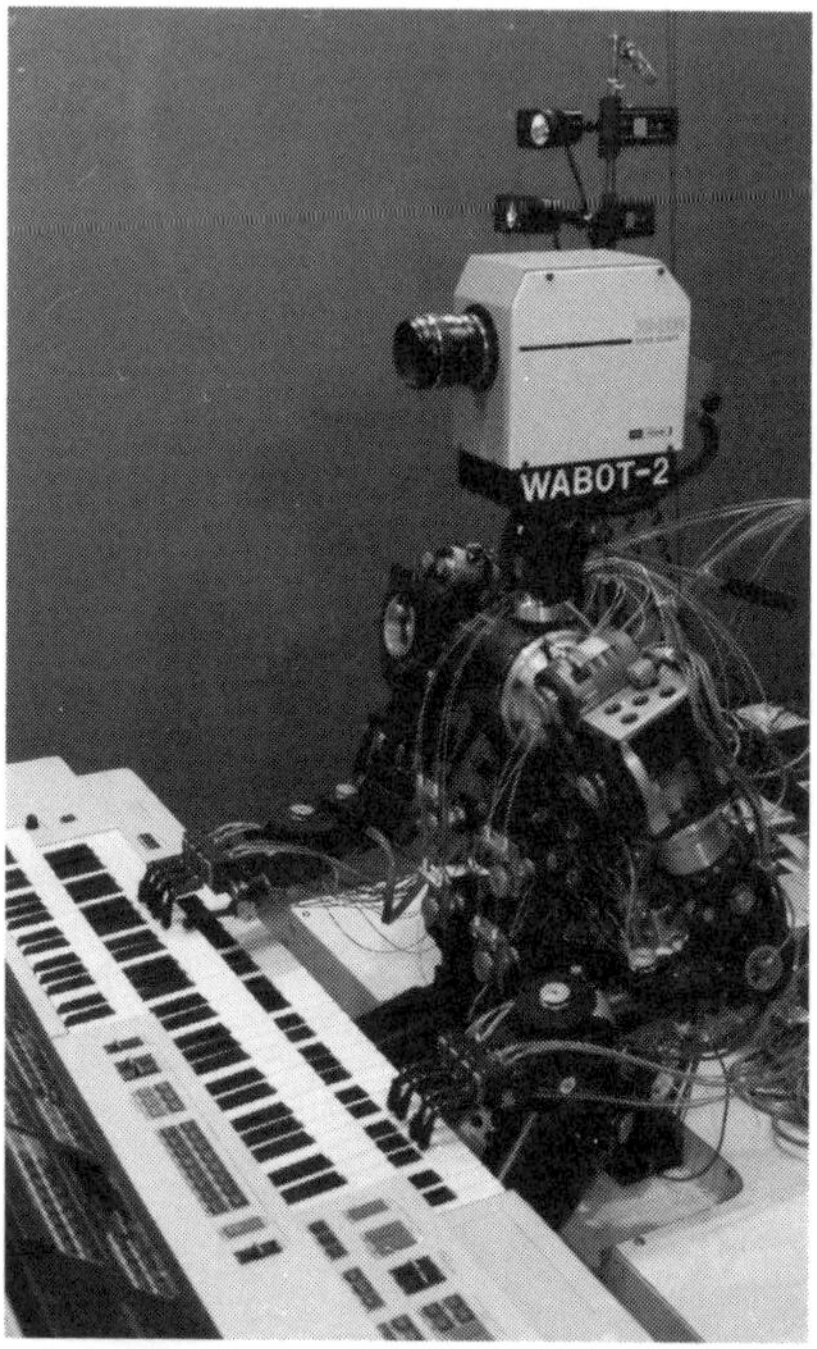

人型の鍵盤演奏ロボット「ワボット -2」。(提供：早稲田大学)

現できている。その動作を制御する基本は、事前に対応する場面を想定したプログラムがベースだ。

「センサー制御は使っていますが、いろんな場面に広く適用できるかというと、必ずしもそういうわけではありません。そこでムーンショットのプロジェクトでは二〇五〇年に向けて最終的には完全自律のロボットを実現すべく、スマートロボットの達成タスクレベルを設定して、研究を進めています」

スマートロボットの技術レベル五段階

今後の開発目標について菅野は、開発競争が激しさを増している自動車の自動運転になぞらえて説明する。

自動車の自動運転技術は通常、五段階のレベルで定義されている。このうちレベル一～二までは人が運転の主体である。障害物を感知すると自動的に作動する衝突被害軽減ブレーキの有無など、システムが関わる度合いによってレベルが異なっている。

レベル三で「条件付き運転自動化」となり、クルマが運転の主体となる「自動運転」の世界になってくる。自動運転中でも、緊急時にはドライバーが対応するのが条件だ。二〇二一年にホンダが世界で初めて、レベル三の自動運転システムを搭載した自動車を発売した。

レベル四は「高度運転自動化」で、速度や道路環境など一定の条件を前提としたうえで、すべての運転操作をシステムに任せることができる。ドイツではレベル四の車両を対象に、ドライバーが乗っていなくても公道走行を可能とする法案が連邦議会で二〇二〇年に可決されている。レベル五は「完全運転自動化」で、どのような場合でもドライバーを必要としない自動運転が可能となる。

「自動運転になぞらえて、スマートロボットもこういうレベルで考えていくべきであろうと思っています」

菅野は現状のロボットのタスクレベルをレベル一とし、「個別作業自律」と定義する。その内容は「個別ロボットが、特定の作業を実行可能」である。

次のレベル二は「定型自律」で二〇二五年が達成の目標だ。その内容は、一台のロボットが、事前に想定されたプログラムに従って人間と交流しながら、一部の接客や家事などをほぼ自律で実行可能とする。

レベル三は「協調自律」で、二〇三〇年が目標である。自動運転のレベル三で自動車が運転の主体となるように、「ロボットが、完全にはできないけれども、人と一緒ならそれなりにはできるという状態」となる。具体的には接客、調理や拭き掃除などの家事、歩行介助、清拭などの介護、看護、さらには超音波診断など一部の医療を可能とするスマートロボットを目指している。

レベル四は「半自律」で、目標は二〇四〇年。内容は、一台のロボットが接客、家事を自律的に実行可能で、介護、侵襲性の低い看護・治療を半自律で実行可能とする。「半自律」というと、何が足りないのだろうか。

「ロボットだけで判断できるものもあるけれど、できないものもまだある。人の手助けによって実現できるものもあるので、完全自律には到達できていない段階です」

内容的にレベル三とレベル四の一番大きな違いは何だろうか。

「注射を打つなど、人の体内に直接関わる医療行為ができるかどうかが、大きな違いですね。技術的に難しいだけではなく、法律的、倫理的に許されるかどうかという検討も必要です」

そうなると、一台のロボットで医療行為までこなせるようにするのは、オーバースペックのような気もする。だが菅野は、医療行為も含めるべきだと考える。

「スキーに行ってケガをして、手術の必要が出てきたら、そこに手術できるロボットがいたほうがいい。いつも医療が身近にあるとは限りません。なんでもできるロボットだったら、いざとなれば手術もできる。そんなイメージです」

二〇二〇年に新型コロナウイルス感染症のパンデミックが宣言されると、私たちは感染を避けるため外出を控えるようになった。外出先には、医療機関も含まれる。しかし、気をつけていても病気にかかってしまうことがある。病院に行くか、しばらく様子をみるか、悩むところだ。そんなとき、ずっと寄り添ってくれているロボットなら、診察室で数分間しか診ない医師より、その人の状態の変化をよくわかっているはずだ。ロボットに豊富な医療知識を持たせれば、ホームドクターとしての役割を果たすこともできる。市販の薬で治る程度ならそれでいいし、医師による治療や薬の処方を受けたほうがいいとロボットが判断すれば、ロボットの持つ情報を医師に伝えてオンラインで診察を受けられるようにすればいい。これなら現行の医師法でも問題ないだろう。人生百年時代を目前に控えて、ロボットのアドバイスによる早めの治療が本人の健康維持に役立つし、ひいては医療費の抑制にもつながるだろう。

最後のレベル五は目標が二〇五〇年以降で、自動車の完全自動運転に相当する。内容は一台のロボットが、人との「情緒交流」を含めて、接客、家事、福祉、侵襲を伴う医療などのマルチタスクを完全自律で実行可能とする。ここでいう情緒交流とは何なのか。

「AIとロボットのハードウェアの技術が進んでいくと、今の音声認識・合成の発展したコミュニケーションではなくて、ロボットにも感情的なものが芽生えるのではないかという仮説です。本当に自己の意識レベルに相当するような、情緒的なコミュニケーションが生まれるかもしれません」

この段階までくると、ロボットにも心のようなものが生まれるのかもしれない。本当に心があるかどうかはともかく、外面的にはそう見えるということだ。

「身体性」が「原始的感情」を作り出す

菅野が目指す目標はわかった。問題は、それをどう実現するかだ。

「最初のアプローチは、AIがハードウェアを含んだ『身体知』です」

これまでのAIは、ハードウェアを動かすためのソフトウェアでもあるが、ハードウェアそのものの特性は別問題だ。例えばディープラーニングで画像を解析し、何らかの認識を得て行動を決めると、ロボットがそれを実行する。その場合、ハードウェアの特性は特に考慮されない。しかし、何でもできる汎用型のロボットには、言語化することの難しい「巧みさ」が求められる。その巧みさはロボットの身体機能にかかっている。トゥウェンディワンに至る人型ロボット開発から学んだその仕組みを、菅野は身体知と呼ぶ。そこでアイレックに搭載するＡＩには、ロボットの身体機能を含めたリアルタイム予測と感覚、運動制御を深層予測学習し、身体知に基づくロボット独自の世界モデルを獲得させる。

もうひとつのポイントは、ハードウェアに「ドライ・ウェットハイブリッドメカニズム」を取り入れることだ。これまでのロボットは、動作はモーター、ボディは硬い素材で作られている。菅野はそれをドライメカニズムと呼ぶ。その内部は隙間だらけだ。これに対して生身の人間は、硬い骨格が内部にあるものの、基本的に柔らかい。内部の隙間は体液で満たされている。つまりウェットなメカニズムである。

「究極の、何でもできるロボットを目指すのであれば、人に近い柔らかさを持っているほうがいい。ドライではなく、ウェットになっていきます」

ロボットの構成要素を流体ベースに転換し、人工筋肉の動作は粘性流体アクチュエーター（駆動装置）、エネルギーは燃料電池、表面はゴム弾性を有するエラストマーでカバーして無数のセンサーを配置し、内側には流動性のあるゾルを充填する。構造的には生体のような「自己修復」も重要になってくる。しかしすべてをウェットなシステムにするのは技術的に難しく、骨格部分には金属素材を取り入れたドライメカニズムとのハイブリッド型を目指すことにしている。冒頭で紹介したアイレックのプロトタイプは、まだウェットメカニズムを取り入れておらず、ドライタイプだ。

「かなり生体に近いような構造のロボットを作ろうと考えています」

こうして人体に近い身体機能を持たせることで、ＡＩは生体器官の維持や環境適応のための身体変化も担うことになり、「原始的感情」を作り出すことになると菅野は予想する。

人間とロボットの調和に向けて

菅野の目指す汎用ロボットが広く社会に行き渡るようになれば、従来のロボットのイメージも大きく変わるだろう。

「ロボットが人と一緒にいろんなことをやることによって、生活や人生を豊かにできる可能性が、すごくあるはずです。便利さだけでなく、何でもできて知的なロボットは、私たち人間を高めるきっかけにもなると思います」

同時に新たな課題も出てくる。

「どこまでロボットの自律性を人間が許容できるのか。現時点でバラ色の夢を描くのは簡単ですが、現実にロボットが進化してきたとき、いろいろ問題が起きてもおかしくないと思います。世界的にロボットが受け入れられるかどうか、地域によっても違うでしょうし、宗教によっても違うでしょう。一方で産業化を考えると、自動車と同じように世界的に普及しないと、産業にはなり得ない。そこには非常に難しい問題があります」

そこで菅野は、社会的ニーズの把握と実用化戦略を準備している。二〇五〇年は、ジェネレーションＺと呼ばれる一九九〇年代後半から二〇一〇年代にかけて生まれた世代が、究極のロボットを使う時代になる。ビジネス展開をにらんだ市場では、日本国内だけでなく、文化や宗教の違う地域でも使ってもらえるようにする必要がある。そこで欧米やアジア八カ国のZ世代を対象に一万人規模で、ロボットのニーズを把握するための社会受容性調査を二〇二三年以降に実施する計画だ。

産業として社会に汎用ロボットを広く受け入れてもらうための戦略としては、新たに開発するロボットのOS（オペレーティングシステム）を誰でも自由に使ってもらえるようにするオープン化戦略を描いている。プログラムの設計図であるソースコードを無償で公開するのだ。これまでのオープンソースとしては、スマートフォンのアプリを動かすグーグルのOS「アンドロイド」、コンピューターOS「リナックス」、国産ではデジタル家電をはじめ、自動車やビル、工場など様々な場面で利用されているOS「トロン」が有名だ。オープンソース化することで、世界標準を狙うのだ。

蒸気の力で走る自動車が発明されて二五〇年以上が過ぎた。交通戦争と呼ばれるほどの事故被害者を出しながら、免許制度や保険、法律や道路整備などの対策がとられてきた。環境対策として電気自動車へのシフトが世界的に進む。このように様々な問題があっても、自動車そのものを廃止しようという話にはならない。それは自動車が便利だからだ。汎用の人型ロボットが同じように受け入れられる日も、そう遠いことではないだろう。

「幸福」について、お考えを教えてください。

早稲田大学理工学術院長　**菅野重樹氏**

幸福とは

生活でも仕事でも趣味でも、常に目標を持つことができ、その達成に向けて行動可能（自己努力可能）である状態。

阻害・邪魔するもの

阻害や邪魔が生じずに行動できる状態が幸福なので、幸福と感じるときは、阻害や邪魔が無い状態を意味します。

社会の豊かさとは

様々な社会の多様性の存在を理解・意識することができ、それらにアプローチするためのいろいろな手段が提供され、それらが常に有効であるときに、人は社会における自分の位置付けを意識することができ、社会の豊かを感じると思います。幸福と思う、それを意識できることが、社会の豊かさにつながります。

貢献

私が目指すスマートロボットは、人を理解しその自己実現を支援できること、様々な目標に対する行動・自己努力を支援できることを目指しています。スマートロボットが、個々人に合わせた物理的・心理的にプラス志向となるインタラクションを人間ととれれば、スマートロボットは前述した幸福、社会の豊かさを高めることに寄与できると考えています。

4-2 自ら「何をすればいいのか」を考える　自律型ロボット

科学実験を行うAIロボット科学者

「あの細胞に薬品を注入したら効果がありそうだけど、小さくて柔らかいし難しいのよね」

二〇五〇年のある日、科学者はそうつぶやきながら、試薬Aと試薬Bの入った試験管を手に取り、ロボットに問いかけた。

「AとBを混ぜて、少しずつ量や位置を変えながら注入できる？」

「やってみます。でも調整は苦手なので、ほかのロボットと一緒にやりますね」

ロボットは、人ができないような難しい作業も苦にしない。人では操作が難しい対象物に対しても、ロボットの性能を活かした操作や解析を行う。加えて自分の苦手な作業だと、ほかのロボットを頼ることもある。必要とされる機能をセルフオーガナイズするのだ。

「この試薬に一番反応します」

疲れを知らないロボットは粘り強く作業を進めた。

「この場所に同時に注入したらうまくいきました」

ロボットは工夫した結果やコツなど、新たな知見を科学者に報告した。

「面白いやり方ね。それならあの細胞に使えるかも」

東京大学大学院医学系研究科　原田香奈子准教授
（提供：東京大学 以下同じ）

ロボットからインスピレーションを得た科学者は、さらなるサイエンスの探究を行うことにした。

あたかも星新一のSF小説のような世界を紡ぎ出そうとしているのは、東京大学大学院医学系研究科准教授の原田香奈子だ。原田の思い描く物語は、AIロボットを活用することで、人間に秘められた可能性を最大限に引き出そうという未来ビジョンだ。

「AIロボット科学者と人間の科学者がともにサイエンスを探究することを目指します。AIロボット科学者が、人では思いつかないようなAIによる仮説、解釈あるいは、ロボットによる観察、操作を行うことで、人の創造性を刺激し、また人の創造性からAIロボットが刺激を受けるという相互作用によりサイエンスを探究してゆきます」

本節では、原田が計画を主導する「人とAIロボットの創造的共進化によるサイエンス開拓」プロジェクトについて紹介したい。

エラーが出ても、あきらめないロボット

原田は自らのプロジェクトの目標を「2050年までに、自ら思考・行動し、自動的に科学的原理・解法の発見を目指すAIロボットシステムを開発する」と設定する。その具体的内容として、以下を提示する。

科学者と対等に議論しながら、人では困難な環境におけるサイエンス実験を行うAIロボットを開発

する。ＡＩロボットは科学者とともに試行錯誤することで、未経験の対象物や環境にも対処する。それにより、サイエンス分野においてＡＩロボットによる科学的原理・解法の発見を実現する。

　これを一口で言えば「人とＡＩロボットの共進化」である。

「ＡＩロボット科学者が、人では思いつかないような仮説、解釈を提案し、あるいはＡＩロボットによる観察、操作を行うことで、人の創造性を刺激し、さらに人の創造性からＡＩロボットが刺激を受けるという相互作用によりサイエンスを探究してゆきます」

　これまでの人間とロボットの関係は、人が決めたことをロボットがやり、ロボットができないことを人がやってきた。これに対して原田の目指す世界は、ロボットが得意なところと、人が得意なところをうまく組み合わせて進化する。原田はそれを「共進化」と呼ぶのだ。

　ロボットは人間から指示されていない可能性を自ら探ることになる。

「これまでロボットが獲得した知識だったり、仲間のロボットが経験したことだったり、そういう過去の経験や知識を獲得しながら、探索していくイメージです」

　工場で働くロボットは、ひたすら同じ作業を速く、正確に行えるよう改良されてきた。その目的とする作業がしやすいよう、ロボットは設計されている。対象となる部品もロボットが扱うことのできる形や硬さに限られる。しかも決まった場所からはずれないよう、部品を置かなければならない。エラーが出たら作業はストップし、人間が対応しなければならない。

「手取り足取り、人間が面倒を見なければなりません。それは今のＡＩロボットがそのまま高度化しても解決できることではありません」

　自分のやっている仕事がうまくいかなかったとき、人間だったら自分で打開策を検討する。一方、これまでのＡＩやロボットだと「エラー」と認識して停止してしまう。原田の作り出そうとしているＡＩロボットは、予想外の事態に直面したとき、停止するのではなく、踏みとどまる。

「人からいわれてもいないようなことをロボットがやり出すというようなイメージではなくて、人から命じられたタスクをできなかったとき、あきらめないロボットです」

原田の目指すＡＩロボットは、自分で「何をすればいいのか」を理解し、そこでベストのパフォーマンスを発揮する。そのためにはまず、ロボットが自分の機能や構造と知識、過去の経験を踏まえて、自分で今、できることとできないことを判断する。そのうえで、自力で対処するためには、例えばロボットアームを自分で組み替える場合があるかもしれない。自分だけで対処できない場合、対処できそうな知識を持つ仲間のＡＩロボットに助けを求めることもあるかもしれない。こうした作業ができるよう、原田は独自のアルゴリズムを開発しようとしているのだ。

「例えばロボットが、あのロボットと一緒ならできるとか、人がここだけやってくれればあとは自分でできるとか、そんな双方向の関係性を実現したいと思っています」

プロジェクトでは「ＡＩロボット科学者」という呼び方をしているが、目指すのは人型ロボットなのだろうか。

「私はロボットを人に近づけたいという気持ちはありません。例えばペットの犬を見て、犬を人間に近づけたいとは思いませんが、犬と人間は共存しています。同じようにロボットはロボットらしく、ロボットとして発展してくれればいいと思っています。人型もあれば産業ロボットのような形、形がなくて音声だけなど、様々な形態のＡＩロボットが混在していいと思っています」

原田をリーダーとするこのプロジェクトには、東大や東北大、名古屋大など国内のみならず、オーストラリア国立大学の研究者も参加している。彼らはそれぞれの専門性を活かして「融合ＡＩ理論の研究」「次世代ＡＩロボットの開発」、そして「科学者によるサイエンスの探究」など理論と応用、実装の各テーマを同時進行的に研究し、革新的な技術開発につなげていくことにしている。

人では思いつかないような仮説・解釈を提案

プロジェクトで対象とするサイエンスの探究は、特定の領域に留まるものではない。しかし、コンセプトを具体化し、かつ早期に社会貢献を行うためとして、原田たちは植物と動物に対する理化学実験を対象として選んだ。

このうち植物の分野では、耐性のある植物を作るための「バイオスティミュラント」を開発する。植物の薬とも呼ばれ、近年注目が集まっているバイオスティミュラントは農薬でも肥料でもなく、土地改良でもない。日本語に直訳すると「生物刺激剤」であり、植物の能力と価値を高めるのが目的だ。具体的には高温や低温、乾燥や塩害など非生物的ストレスに対する耐性を強化し、肥料の吸収効率を高める。遺伝子に手を加えることなく植物を制御できる技術であり、農薬の代替として期待されている分野だ。特にヨーロッパで先進的に取り組まれている。日本でも農薬や肥料を補完するバイオスティミュラント製品がすでに商品化されて収穫量が増えるなどの成果を上げている。

しかし従来の研究方法では多大な労力がかかる割に、得られるものが少なかった。

「化学物質の候補は何百万もあり、それを一つひとつ調べるのはものすごく大変です。『この化合物が良さそう』と場当たり的にやってみて、やっぱり効果がなかったという場合が大半です。計測も人がしているので、値が違ったり、計測自体を失敗したりという不確かさもあります」

原田たちは何度も収穫できるような植物の再生力を研究することにしている。そこでAIロボットがどのように活躍するのだろうか。

「現状では似た化合物だけを探しているのですが、それは人間の探せる範囲が限られているからなのです。しかし化合物は無数にあるので、AIロボットがまったく違う領域を探して、人間の科学者が探したこともない化合物の集団から『もしかしたらいける』という化合物をピックアップできる可能性があります。さらに新しい候補についてAIロボットは『結合を変えると、さらに効果があります』という発見をもたらしてくれるかもしれません」

確かに創薬などの分野では、すでに一部でAIを使ったこうした取り組みが始まっている。これに対して原田たちは化合物の探索や計測だけでなく、すべての過程でAIロボットを組み合わせ、研究システムを最適化しようとしている。

動物の分野では、試験管内など生体外で作られるミニチュアの臓器「オルガノイド」を利用する科学実験を提案している。オルガノイドは構造学的に本物そっくりで、血流のある状態で観察や介入ができるため最近、特に注目を集めている新技術だ。具体的にはマウスに、ヒトのオルガノイドを移植し、これまでは不可能であった血流のある状態での変化を観察できるようにする。これにより新しい治療法や治療薬の開発などにつなげることができると期待されている。膨大な情報を関連付ける技術や精密な操作の技術、決められたタイミングや時間内で、柔軟かつ微細な組織を対象に操作するというAIロボットが得意とする能力が遺憾なく発揮されるテーマだ。

ＡＩロボットが特に活躍を期待される環境

原田たちの開発するＡＩロボットが活躍を特に期待される環境とは、どのような現場だろうか。

ひとつは人間が入りたくないような危険な環境だ。例えば毒のある材料を触るような危険な作業や細菌に汚染されたバイオハザードでの作業、低酸素環境での作業などである。逆に人間が対象物を汚染してしまうような非常にクリーンな環境も含まれる。宇宙や深海など人間が簡単に行けないところでも、自律的に活動できるＡＩロボットが期待されている。コロナ禍による社会変化に伴い、理化学実験を遠隔で行いたいというニーズも増えている。これはまさにＡＩロボットが最も得意とする対象でもあるといえるだろう。

別の側面から見てみよう。理化学実験では、対象物の個体差が非常に大きく、事前にすべての手順を設計することは困難であり、臨機応変な操作が必要だ。サンプルサイズも限られ、特に動物を対象とした実験におけるサンプル数は、倫理的問題とも直結する。

限られた時間で、あるいは決められたタイミングで実験を行うことが求められることも多く、非常に小さく、柔軟な対象物をウェットな環境で扱うことも重要なテーマだ。

実験がうまい、下手などの評価があるように、職人的な技術が求められる分野でもある。例えば人間が遠隔でロボットを操作して、実験動物の臓器を取り上げる場合、非熟練者はつかんで潰してしまうことがある。これに対して熟練者は、すくい上げるように持つことができる。具体的にいえば、臓器の下にツールを差し込み、臓器を壊さない程度の弱い力で持ち上げることができる。ツールを差し込む位置は、ほかの臓器との接続部という解剖学的知識が必要となる。

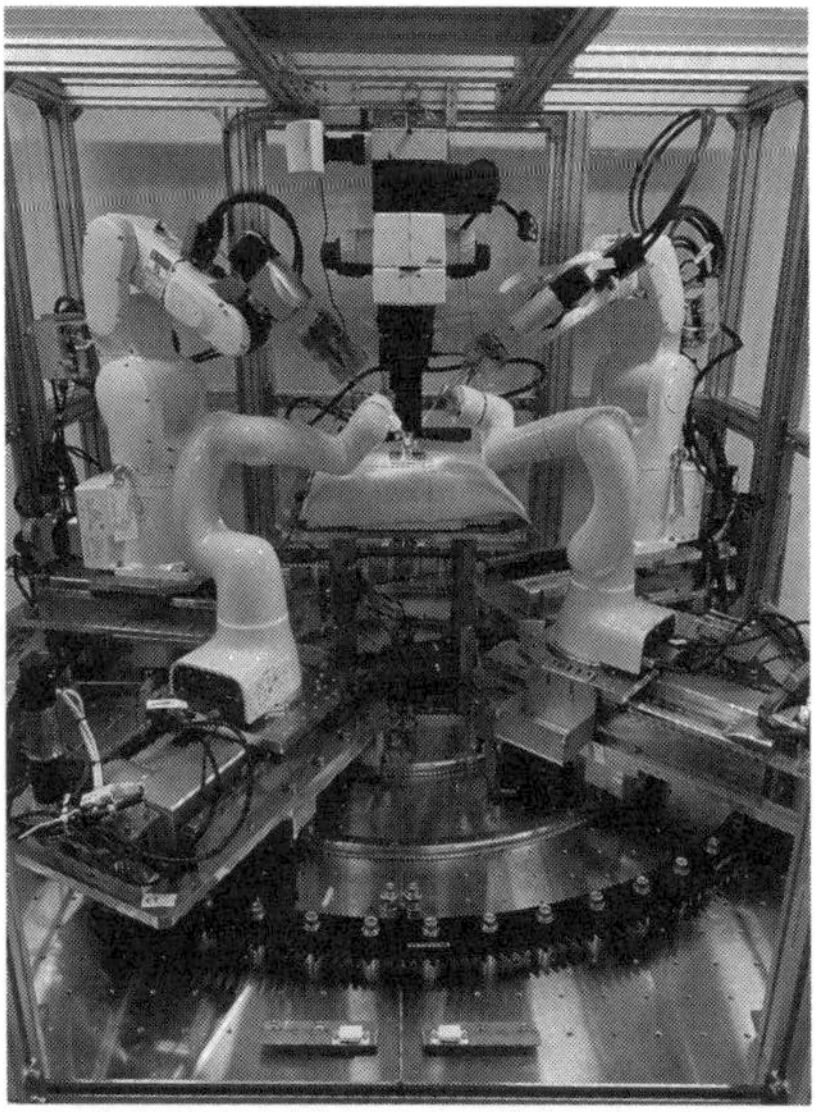

理化学実験の操作を支援するAIロボット（試作）。

別の例をあげると、特定の反応を起こす有機化合物を探索する場合、まず実験条件を設定するが、条件を変えても同じような結果しか出ないような場合がある。一方で、大きく反応が変わり、解決のヒントが得られる場合もある。このとき、勘に頼るのではなく、科学的に根拠のある仮説を立て、最短で解決に導くような実験条件を自律的に探索することで、効率的に研究を進めることが可能となる。

　このような場面に対応して、ＡＩロボットの知覚や運動を設計し、最終的に自律化することで、人間では知覚できない情報を使って、また人間では制御できない運動を行うことで、実験の成功率を向上させ、さらに実験を高速化することで、効率的なサイエンス探究につなげていく。

　こうした課題は手術ロボットなど、ほかのロボットにも共通しており、このプロジェクトの成果は、様々なＡＩロボット技術の発展にもつながるだろう。

「人の臓器は個体差があり、柔軟なため、ＡＩロボットの対象としてはとてもチャレンジングです。まずは理化学実験を対象として技術開発を行い、手術支援に転用していきたいと思っています」

人間の仕事がAIロボットに奪われる？

ロボットやＡＩの開発というと「人間の仕事が奪われるのではないか」とか、「暴走して人にケガをさせるのではないか」という恐怖心を抱く人も少なからずいる。ＡＩロボットの研究開発にあたっては、倫理的なスタンスも重要なポイントになってくる。

「現状では、みなさんが思っていらっしゃるロボットのレベルと、専門家が実感しているロボットのレベルが多分、ものすごく乖離があると思います。決まった作業は人より速く正確に、いくらでもできるのですが、例えば柔らかく壊れやすいものを触るとなった瞬間、何もできなくなるのです」

ロボットが暴走するＳＦ映画や、監視社会を扱った海外のドキュメンタリー番組でロボットがいろいろ使われているのを見ると、知らないところでロボットが進化しているのではないかと疑心暗鬼にもなる。

「残念ながらそうですね。そこでもうひとつ考えなくてはいけないのは、ＡＩやロボットが発達したとき、人は何をしたいのかというところがあまり議論されていないことです」

ＡＩロボットが得意なことと人が得意なこと、ＡＩロボットにしてほしいことと、人がやりたいことが明確であり、それがうまく調和できれば、問題はないはずだ。人間とＡＩロボットが常にお互いの特技を活かしながら、お互いの存在を認め合い、一緒に進んでいくことができるだろう。

「完全に自律したロボットであったとしても、ロボットは常に人間とともにあるというのが大前提だと、私は思っています」

「できないこと」をロボット自身が模索する

プロジェクトチームを率いる原田とは、どのような人物なのだろうか。

一九七六年生まれの原田は、子どもの頃は本が好きで、小学校の先生になりたかった。やがて、身近に医療従事者がいた影響で医療に関心を持ち始めた。

「テレビで義手の特集をやっていて、工学技術で医療に貢献するというテーマがピンときて、すごくいいなと思ったのです」

大学は工学部に進み、ロボットで医療に貢献する道を選んだ。

「私の専門は、医工連携で、医師や規制当局、ロボット、材料などの様々な分野の横断的研究を得意とします。今回のムーンショットでは、数理科学、ＡＩ、ロボット、植物学、動物学の専門家たちでチームを構成しました。抽象度の高い学問から具体的な実践までを数珠つなぎのように連携させることで、課題が解決できると考えています」

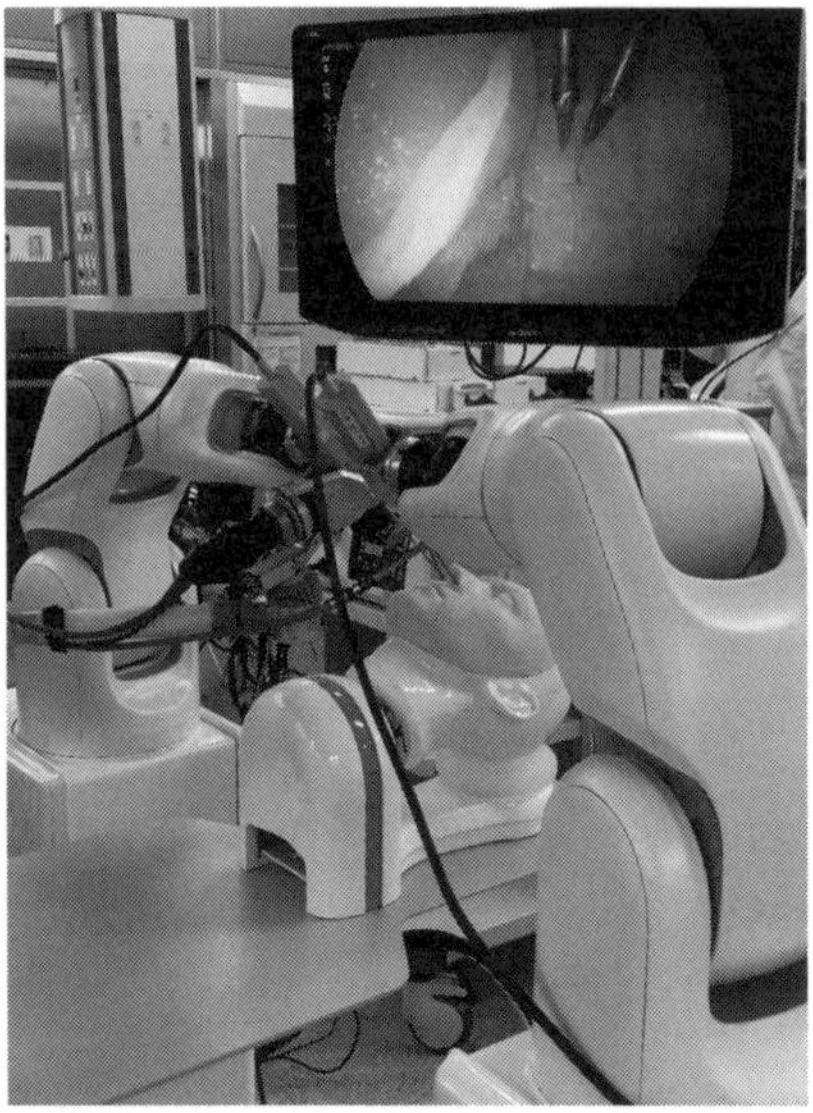
内閣府 ImPACT プロジェクトで開発した評価用患者モデルと、手術ロボット。

原田の専門とする医工連携の大変さを聞いてみた。

「背景となる知識や価値観が違うので『当然相手はこう思っているはず』ということを誤解し

たまま話が進むことが多いことです。互いの専門を尊重しつつ、互いの意図を翻訳しながら研究を進めていくことが重要となります」

ひとつの分野の専門家であるだけでなく、分野横断的な研究では全体に目配りできるかどうかがポイントだ。

原田は、内閣府が二〇一八年度まで実施した「革新的研究開発推進プログラム（ＩｍＰＡＣＴ）」（以下、インパクト）というプロジェクトで、やはりプログラム・マネージャーを務めた経験がある。原田たちはインパクトで、センサー付きの精巧な人体モデル「バイオニックヒューマノイド」を開発し、すでに実用化されている。手術ロボットの「スマートアーム」の開発にも取り組んだ。

「医師のやりたいことを精度よく実現するのが手術ロボットの役割ですが、これからのロボットは自分ができないこともロボット自身で模索していくような能力が必要ではないかと考え、このプロジェクトにつながりました」

ムーンショットで開発するロボットの初期版はスマートアームとほぼ同じシステム構成になり、インパクトの成果が活かされることになっている。

二〇四五年　シンギュラリティとならない道

原田は、科学者とＡＩロボットの関わり合い方について、ともに試行錯誤することで未経験の対象物や環境にも対処できるようになるという。このプロジェクトが「ムーンショット」たる所以について、改めて聞いてみた。

「今のＡＩやロボットは、決められた問題に対して解を求めます。これに対して私たちは、ＡＩロボットが決められたことをやるだけでなく、人間から指示されていない様々な可能性を自ら探ることができるようになることを目指しています。例えば、あるＡＩロボットができないことは、ほかの能力を持つＡＩロボットを呼んでくる、ＡＩロボットでは到底できないことは人間を頼る、などが考えられます。ＡＩロボットどうしやＡＩロボットと人間との関係が双方向、かつ動的に変化することが期待されます」

原田たちの研究は、高度化するロボットと人間との関係のあり方を考える契機ともなるだろう。

「自ら問題を探求するという能力は、人間を機械と区別する特徴のひとつです。今回、これをＡＩロボットに実装しようとする提案は大きなチャレンジであるとともに、何が人間の本質で、人間は何をやりたいか、やるべきか、などを考えるきっかけになると考えています」

脳科学や認知科学とＡＩ研究の強みを次世代ロボットに取り入れる研究は、世界的にも競争が激しさを増している。類似の研究として、理化学研究所は二〇一九年に「ガーディアンロボットプロジェクト」を立ち上げている。研究概要によると「従来のロボットは人間の詳細な命令に基づいて限られたタスクのみをこなすものが殆どでしたが、このプロジェクトでは自律して置かれた環境や支援すべき人間の状態を認識し、適切なやり取りのもと、人間の自主性を損ねず、さりげない支援を実現するロボットを目指しています」。

ＡＩの研究で世界的権威とされるアメリカの未来学者レイ・カーツワイルは、シンギュラリティが、二〇四五年に到来すると予言する。原田の言う「自ら思考・行動し、自動的に科学的原理・解法の発展を目指すＡＩロボットシステム」は、シンギュラリティへと導くのだろうか。

「そうならない方向に進めていきます。人とＡＩロボットが役割を分担して協働しながら発見していくイメージを持っています」

ＡＩロボットが進化する以上に、人間が才能を発揮すればよいのだ。それが原田たちの考える「誰でも科学者になれる未来」だろう。専門知識はＡＩロボットが担ってくれる。人が作業できない難環境や人の操作が難しい対象物に対してはＡＩロボットの性能を活かした操作や解析を行い、トップレベルの科学者は、さらに未知なる世界へと挑戦する。人とＡＩ、そしてロボットとの関係は、新たな段階を迎えようとしている。

「幸福」について、お考えを教えてください。

東京大学大学院医学系研究科准教授　原田香奈子氏

幸福とは

多様性や変化が尊重される社会。

阻害・邪魔するもの

マジョリティによる勧善懲悪的な価値観、自身が信じるものと違うものは悪という価値観。

ムラ社会である日本において、マイノリティが社会に受け入れられるためには、マジョリティと同じような振る舞いをすることが必要でした。近年、ＳＤＧｓの基盤となる「多様性のあるインクルーシブな社会」という言葉が日本でも聞かれるようになりました。しかし、本来の意味の「多様性のあるインクルーシブな社会」では、マジョリティが自ら変わることで多様性をあるがまま受け入れることが大前提にもかかわらず、日本ではマジョリティは変わることなく、マイノリティが「もっと頑張って」マジョリティに溶け込むことが求められます。

「自分の考えとは違うけれど、そういう考え方も大事だよね」と言えるようになることが必要です。

社会の豊かさとは

様々な危機に直面しましたが、同時にそこから得た教訓があり、新しい社会の価値観も生まれています。例えば、コロナ禍でのリモートワークは多様な働き方を実現するための社会の変化でしたし、遠隔医療も新しい変化として受け入れられていくでしょう。このような新しい価値は危機的状況になって初めて生まれたものではなく、マジョリティではない多様な価値のひとつであったものが危機的状況で急速に発展したものです。言い換えると、多様性の許容は危機的状況に備えるリスクマネジメントになります。「選択と集中」と「多様性と変化」という一見すると相反するものをいかに両立していくかが重要です。

貢献

ムーンショットの研究では、科学者である人間とＡＩロボットがそれぞれの得意なところと苦手なところを相補的に発展させることを提案しています。ＡＩロボット科学者は、人間の科学者の再現ではなく、お互いを頼るパートナーの科学者として提案しています。

人間とは違う多様性のひとつの形としてＡＩロボットをとらえ、異種の存在とどう共存していくか考えることは、未来社会の多様性を築く一歩になります。プロジェクトにおいて、異種の存在との共存が科学的探究に寄与することを具現化して示したいと思っています。

第5章
気候制御と地球資源・環境の維持

イントロダクション　人間が地球上で安全に活動するために

本章では目標4「地球環境再生に向けた持続可能な資源循環を実現」と、目標5「未利用の生物機能等のフル活用により、地球規模でムリ・ムダのない持続的な食料供給産業を創出」、それに目標8「激甚化しつつある台風や豪雨を制御し極端風水害の脅威から解放された安全安心な社会を実現」からそれぞれひとつずつ、プロジェクトを紹介する。

共通するテーマは、温室効果ガスで温暖化の進む地球の環境である。第一節では台風被害を軽減する方策、第二節と第三節では農地由来それに、ウシのゲップによる温室効果ガス対策である。

「レジームシフト」という言葉がある。世界史の授業でフランス革命以前の古い体制を「アンシャンレジーム」と習ったように、レジームとは、歴史や政治の分野では政治体制、統治機構などの意味で使われる。これが、地球環境の文脈では生態系の基本的な構造という意味になる。東北大学名誉教授の川崎健が、レジームシフト理論を一九八〇年代に提唱したことで知られるようになった。具体的には気温が数十年間隔で急激に変化したり、海や陸上の生態系がやはり数十年間隔で大きく変わったりすることをいう。気候ジャンプとも呼ばれる。

さらに最近よく見る指標に「プラネタリーバウンダリー」がある。円グラフのような形で気候変動や土地利用の変化、オゾン層の破壊など、九つのプロセスごとに、限界点を超えていないかどうかが示される。人間が地球上で安全に活動できる限界点を超えると、レジームシフトが起きるとされる。

すでに生物圏の一体性（絶滅の速度）と生物地球化学的循環で限界を超えたといわれる。これらへの対策は、待ったなしなのである。

5-1 台風を恵みに　タイフーンショット

「気象上の観測術進歩して天災来らんとすることは一ヶ月以前に予測するを得べく、天災中の最も恐るべき暴風起こらんとすれば大砲を空中に放ちて変じて雨となすを得べし」

※旧字体は新字体に変え、読点は筆者がつけた。

台風を制御する研究

明治から大正にかけての有力紙「報知新聞」は二〇世紀になったばかりの一九〇一（明治三四）年一月二日から三日にかけて、「二十世紀の予言」と題する長文のコラムを掲載した。このなかで、これから百年のうちに現実のものとなるであろう画期的な発明や変化として、二三項目を予言している。

その一〇四年後、二〇〇五年版の『科学技術白書』が予言の答え合わせをした。それによるとすべて、または一部が現実となったものは一七項目に及ぶ。例えば「写真電話」としてテレビ電話、「買物便法」はネットショッピング、「暑寒知らず」はエアコン、東京神戸間二時間半という「鉄道の速力」は新幹線、当時は少なくとも八〇日間が必要な世界一周を「七日間世界一周」、馬車は廃せられ自動車を廉価に購入できるという「自動車の世」は現代のモータリゼーション社会として、いずれも予言通りになっている。

一方、予言が外れたり、実現したりしていないものは六項目ある。犬や猫と自由に話ができる「人と獣の会話自在」、アフリカの「野獣の滅亡」など、自然や動物、環境に関するものが多い。そのうちのひとつが、冒頭にあげた「暴風を防ぐ」だ。

台風の中心気圧や最大風速の予報は二〇一九年、スーパーコンピューターによる計算能力の向上などの結果、三日先までだったのが五日先までに延長された。しかし台風の襲来を一カ月前に予測したり、大砲で阻止したりすることはまだ、できていない。

「台風に昔から苦しめられていたのが、ここから読み取れます。台風を制御したい、という研究はほぼくらが初めて考えたことではなく、前々からこういう期待があったのです」

そう語るのは、ムーンショットのプロジェクト「安全で豊かな社会を目指す台風制御研究」を率いる横浜国立大学教育学部教授の筆保弘徳《ふでやす》だ。筆保は台風研究の第一人者で、台風に特化した研究機関としては全国で唯一、横浜国立大学先端科学高等研究院に設置されたＴＲＣ（台風科学技術研究センター）のセンター長も務めている。

筆保たちはムーンショットのプロジェクトにＴＲＣとして応募し、採択された。この節では「百年前からの夢を受けた取り組み」を紹介しよう。

台風被害による経済的損失

気象庁によると、熱帯の海上で発生する熱帯低気圧のうち、北西太平洋または南シナ海に存在し、なおかつ低気圧域内の最大風速が毎秒一七・二メートル以上のものを「台風」と呼ぶ。ここで過去の台風による被害を確認しておこう。

歴史をさかのぼると、「安政三年の大風災」と呼ばれる一八五六（安政三）年の台風被害で、関東地方を中心に約一〇万人が犠牲となり、日本の風水害としては史上最悪の被害とされる。

近年で見ると、一九五九年に伊勢湾台風が、中心気圧九二九ヘクトパスカルで和歌山県に上陸した。この台風で名古屋港では最大潮位五・三一メートルを観測する記録的な高潮が発生し、死者行方不明者は五〇九八人に上った。

一九四五年の枕崎台風は九一六ヘクトパスカルで鹿児島県に上陸後、中国地方を通過し、多数の原爆被災者が収容されていた大野陸軍病院を土石流が直撃するなど、全国で死者行方不明者は三七五六人とされている。

このほかにも一九三四年の室戸台風、一九四二年の周防灘台風、一九四七年のカスリーン台風、一九五四年の洞爺丸台風、一九五八年の狩野川台風と、一九五〇年代までは犠牲者が千人以上の台風災害がたびたび起きていた。

これに対して一九六四年には気象庁の富士山レーダーが新設され、治水対策としてハード面では防潮堤の整備や河川の改修、ソフト面では水防管理体制の強化などが行われた。その後、集中豪雨や雪害など大規模な水の災害は全国でたびたび起きているが、台風災害による犠牲者は減少し、一九七九年の台風二〇号を最後に、百人以上の犠牲者を出す台風はいったん、姿を消した。

しかし台風を見続けてきた筆保は、最近の傾向に危機感を募らせている。

「二〇一〇年ごろから、上陸したときの台風の強さがどんどん増してきているという印象があります」

人的被害については、かつてと比べればかなり減ってきているものの、逆に経済的損失が巨額になってきている。

日本損害保険協会が公表している風水害被害の保険支払額を見てみると、第一位は二〇一八年の台風二一号による一兆六七八億円（二〇二二年三月末現在）だ。関西地方は強風に襲われて、関西国際空港の連絡橋にタンカーが衝突し、空港内の約八千人が長期間にわたり孤立した。大阪湾では高潮で、過去最高の三・二九メートルという潮位を記録した。壊れた家は九万軒以上に上り、犠牲者は一四人だった。

第二位は、関東地方と東北地方に大きな被害をもたらした二〇一九年の台風一九号による五八二六億円（二〇二二年三月末現在）だ。広範囲に強い雨が断続的に降ったため、北陸新幹線の車両基地が水没したり、福島県や宮城県にまたがる阿武隈川流域で大規模な決壊が起きたりした。この台風による死者行方不明者は一〇八人に上った。

実際の被害額は、保険支払額の数倍以上に上る。国土交通省のまとめで、この台風一九号による水害の被害額は約一兆八八〇〇億円（二〇二一年三月末現在）で、統計を取り始めて以降、津波以外の単一の水害による被害額としては過去最大となった。

日本の土地利用を考えてみると、東京、大阪など大都市は、都心部が埋立地で海抜〇メートル地帯となっていることが多い。このため巨大な洪水が起きれば、深刻な被害が発生する恐れがあるのだ。

土木学会は二〇一八年、『「国難」をもたらす巨大災害対策についての技術検討報告書』を公表した。このなかで、過去に日本に上陸した台風では中心気圧が九一一ヘクトパスカルと最も低い、一九三四年の室戸台風級で、東京湾での高潮による最悪の被害を想定した。それによれば、死者は八千人、浸水域内人口は一四〇万人、直接的な資産被害は六四兆円、浸水によるＧＤＰに対する影響が一四カ月続いたと仮定した被害額が四六兆円、それに税収の縮小額五兆円を加えると、被害額の総額は一一五兆円に上ることになる。これは国の予算として過去最大となった二〇二三年度一般会計当初予算の一〇七・六兆円を上回る、壮絶な被害規模となる。

世界的に見ると、中心気圧が九〇〇ヘクトパスカルを下回るスーパー台風がある。二〇一三年にフィリピンを襲った台風三〇号は中心気圧が八九五ヘクトパスカル、最大瞬間風速が毎秒九〇メートルで、上陸した台風としては世界の観測史上例を見ないほど猛烈なものとなった。死者行方不明者は約八千人に上り、高潮の水位は六メートルまで上昇した。

国連の専門機関であるＷＭＯ（世界気象機関）が二〇二一年に発表したレポートによれば、一九七〇年から二〇一九年の五〇年間で、世界の気象災害は五倍に増え、この間に報告された一万一千件を超える気象災害で二〇〇万人以上が死亡し、経済的な損失は三兆六四〇〇億ドル（約四〇〇兆円）に上ったとしている。

集中豪雨や熱波、干ばつや熱帯低気圧の増加など、世界的に異常気象が続いている。一八世紀後半の産業革命以降、人間が大量の化石燃料を消費し、これに伴い大量の温室効果ガスが排出された結果であることは「疑う余地がない」（気象庁暫定訳）と、ＩＰＣＣ（国連気候変動に関する政府間パネル）は二〇二一年四月に公表した報告書で指摘している。

このように、台風対策は緊急の課題となっている。地球温暖化の影響で海水面の温度が上昇し、さらに水位も上昇すると、これまで積み上げてきたハード面、ソフト面の防御対策では不十分で、さらに対策を積み上げていく必要がある。

そこで注目されるのが、筆保たちのプロジェクトだ。筆保たちは台風の上陸をゼロにしようというのではない。台風制御の技術で、巨大化した台風を、地球温暖化が深刻さを増す以前の、二〇年前のレベルに抑えられるようにすれば、既存の防災インフラや従来の対策でかなりの防災効果が得られるかもしれない。タイフーンショットは台風の防災対策に、オルタナティブを提供してくれる可能性がある。

台風専門家が生まれるまで

ここで台風制御というユニークな取り組みに挑戦している筆保を紹介しておこう。

一九七五年生まれの筆保は、少年時代を岡山市で過ごした。地元の大学の理学部に進み、「直観的に、この先生がいいな」と思って入ったのが気象学の研究室だった。やがて四年生となり就職を目前に控えた一九九七年、教授から「チベットに行かないか?」と声をかけられた。チベットで大きな観測プロジェクトがあり、手伝わないかと誘われたのだ。筆保はすでに就職が内定していたが、「行きます!」と即答した。筆保は大学院に進学し、翌年にチベットへ渡った。

「チベットで気象観測をしている先生方とお会いして、こういう仕事はいいなあと憧れました。将来は『観測屋』になりたいと思ったのです」

横浜国立大学TRCセンター長　筆保弘徳教授
（提供：横浜国立大学）

岡山県北東部にある那岐山の南麓で「広戸風」が吹くことがある。山形県の「清川だし」、愛媛県の「やまじ風」と並んで日本三大局地風と呼ばれ、昔から住宅や農作物に大きな被害を与えてきたが、その詳しい仕組みは解明されていなかった。チベットから帰国して気象観測に燃えていた筆保は、広戸風の観測に挑むことにした。広戸風は台風や発達した低気圧が四国南沖や紀伊半島を北東に進んだときに吹く。

一九九八年一〇月、筆保は広戸風の通り道に観測機器を設置し、安全のためにその場を離れた。広戸風は台風が岡山を直撃したら、吹くことはない。岡山は台風被害のあまりない地域なのだが、そのときは台風が直撃した。広戸風のデータは得られなかったと思いながら観測機器を回収すると、機器は無事で、しかも広戸風と台風のデータを観測できていた。

「台風のなかにもうひとつ、別の低圧部ができているという珍しい現象を偶然、観測することができました。それがきっかけで台風の研究にのめり込みました」

このデータをまとめた研究で、岡山県から表彰も受けた。偶然の積み重ねで、台風の専門家の道を歩むことになった。

筆保は台風研究のどこに惹かれたのだろうか。

「台風にはいろんな要素が詰まっていて、『ミニ地球』って呼んだりしています。世界規模の大きな現象から、積乱雲というひとつの雲まで、いろんなスケールのものが全部、複雑に絡み合っていて、しかも台風一つひとつの個性が全部違っていて、興味が尽きません」

しかし筆保が台風の道に進むきっかけとなった台風では激甚災害に指定されるほどの被害が出て、祖父の所有する田畑も被害に遭った。被災した人たちの姿を目のあたりにするたび、「進路が予測できても、どうしても被害が出てしまう」と悩んだ。理学部というと基礎研究のイメージがあるが、筆保は人の役に立つ道の模索を始めた。

気象制御技術の費用対効果と責任

筆保は、国立研究開発法人の防災科学技術研究所や、台風や気候変動を研究しているハワイ大学の研究センターで研究員を務め、台風に関する知識と経験を積んでいった。

二〇一〇年、横浜国立大学の准教授に着任した筆保は、これまで予測を中心に取り組んできた気象研究から脱却し、被害の軽減と予防を実現するための気象制御に取り組みたいと考えるようになった。その背景には、日本も巻き込もうとした、半世紀前のアメリカのプロジェクトがあった。

アメリカ政府は半世紀以上も前から、ハリケーンの勢力を弱めるプロジェクトを計画してきた。有名なのは一九六二年から実施された「ストームフューリー」だ。この計画に関連して、筆保は当時を知る気象学者から聞き取り調査をした。それによれば、日本の気象学者はアメリカ政府の関係者から「プロジェクトを一緒にやらないか」と内々に打診を受けたという。アメリカは実験を自国でやるより、日本でやりたかった。理由はふたつある。

第一は発生数の違いだ。ハリケーンは発生すれば規模が大きいが、発生する件数でいえば、日本を含む北西太平洋のほうがかなり多い。ということは、データの収集や実験もしやすくなる。第二は、日本という国の地理的条件である。日本は周囲を海に囲まれている。北西太平洋での実験を考えた場合、日本をベースに制御実験ができれば、他国に対する影響は比較的少ないと考えられたのだ。

しかし日本側は、要請を断った。

「ご存命の方々に理由を伺ったのですが、当時はコンピューターによる解析技術が不十分だったことや、そもそも台風が発生し発達するメカニズムもよくわかっていなかったことがあります。加えて、社会にどう説明するのか、もし予想外の被害が他国を含めて出たらどうするのかという、倫理的、法的、さらには国際的な問題がありました」

結局アメリカは、自国による単独のプロジェクトとしてストームフューリーを実施した。具体的には、四つのハリケーンを対象に、航空機でヨウ化銀が散布された。台風の目の外側の対流を活性化させれば台風の目が大きくなり、台風全体のエネルギー量が一定であるとすれば、エネルギーが拡散して風が弱まるという仮説に基づいている。

ヨウ化銀は大気中に散布されると、それを凝結核にして雲が発生するため、人工的に雨を降らせる人工降雨を起こす際に使われる。WMOによると、人工降雨は、現在、世界五〇カ国以上で取り組まれている。降水量の少ない地域では干ばつ対策として、また雨の多い地域では洪水対策として取り組まれている。しかし複雑で巨大な台風制御の難しさは、人工降雨の比ではない。

実験の終了後、風が一〇%から三〇%弱まったという測定成果が得られた。しかしそれが人為的な介入の結果なのか、それともハリケーンの自然現象なのか、区別ができず、成果もあやふやなままプロジェクトは一九八三年に終了した。

ここから得られた教訓は、第一に気象制御の効果を判定することがとても困難だということだ。

第二に、仮に台風を制御する方法がわかったとしても、それを実現するための技術を確立しなければならない。

第三に、「台風を制御したとき、思いもよらなかった影響が地球上で発生することはないか?」「制御できたとして、どのくらい被害が減少し、費用対効果でメリットはあるのか?」などの問いかけに対して、明確な回答を示さなければならない。

台風制御は世界でもまだ実現されていない技術であり、台風制御を想定した法律やルールは策定されていない。台風は地球規模の現象であるため、国内の法律整備だけでなく、国際的なルール形成や合意が必要となる。

例えば、自動車の自動運転を例に考えてみたい。自動車事故の原因のほとんどは人為的なミスによるもので、自動運転が実現されれば事故の大半は起こらなくなると期待されている。そうだとしても、自動運転中に起きた少数の事故の責任を自動車メーカーが負うのか、それともドライバーが負うのかで意見が分かれるため、自動運転に向けた法律の整備が進まない状況がある。これと同じように、台風制御の技術が仮にできたとしても、進路がそれて別の地域に被害をもたらした場合、誰が責任を負うのかが問題となる。

イギリスＢＢＣが、ＮＨＫやアメリカのディスカバリーチャンネルなど世界の放送局と共同制作し、二〇〇七年に放送した『スーパーストーム』という連続ドラマをビデオで観た。アメリカ南部を襲おうとした過去最大級の巨大ハリケーンに対し、台風制御を研究してきた科学者と政治家はヨウ化銀の散布で進路を変更させた。その結果、台風はニューヨークを直撃することになるという、近未来ＳＦパニック巨編だ。番組スタッフが台風制御に実現可能性を感じたからこそ制作されたドラマだと思うが、だからこそ、物語では人智を超えた課題がクローズアップされるのだ。

上空から装置を落として直接観測

こうした経緯や課題を踏まえ、タイフーンショットでは、複数の専門家がそれぞれの立場からアプローチを行っている。

このうち観測面では、船舶や航空機を用いて海洋表層から海上大気まで、シームレスに実地の観測を行う。航空機による観測を担当しているのは、名古屋大学宇宙地球環境研究所教授で、ＴＲＣ副センター長を兼任する坪木和久だ。

ＴＲＣはタイフーンショットの意義を広く国民に理解してもらうため、対面やオンラインで、プロジェクトに関するシンポジウムや、「世界一聞きたい台風の授業」などのプログラムを一般に公開する形でたびたび開いている。二〇二一年五月のシンポジウムに登壇した坪木は、それまでの研究成果を発表した。

坪木は、台風のなかに投下して直接調べる「ドロップゾンデ」を新たに開発した。大きさはフランスパンのバゲットより小さいくらいで、重さは一一〇グラムだ。観測用の小型ジェット機にゾンデの投入装置を備え付け、二〇一七年から観測を開始している。台風の上空からゾンデを落とすと、リアルタイムで様々な情報が伝送されるのだ。ゾンデの本体はトウモロコシからできていて、環境に配慮したものとなっている。

気象庁の現在の台風観測では、中心付近の風速や気圧、雲の粒子や水蒸気の状態といった基礎的なデータが正確に取得できていない。気象衛星の画像から推定しているため、どうしても一定の誤差が生まれてしまうのだ。これに対して坪木は台風を実測し、正確なデータを収集する。

「気象庁の推定値と比べると、最大で一五ヘクトパスカルぐらいの差があることがわかりました」

タイフーンショットの気象学的アプローチとして、理化学研究所の富岳などのスーパーコンピューターを活用し、数値実験で台風への介入に関する模擬実験を行う。しかし衛星観測による誤差を含ん

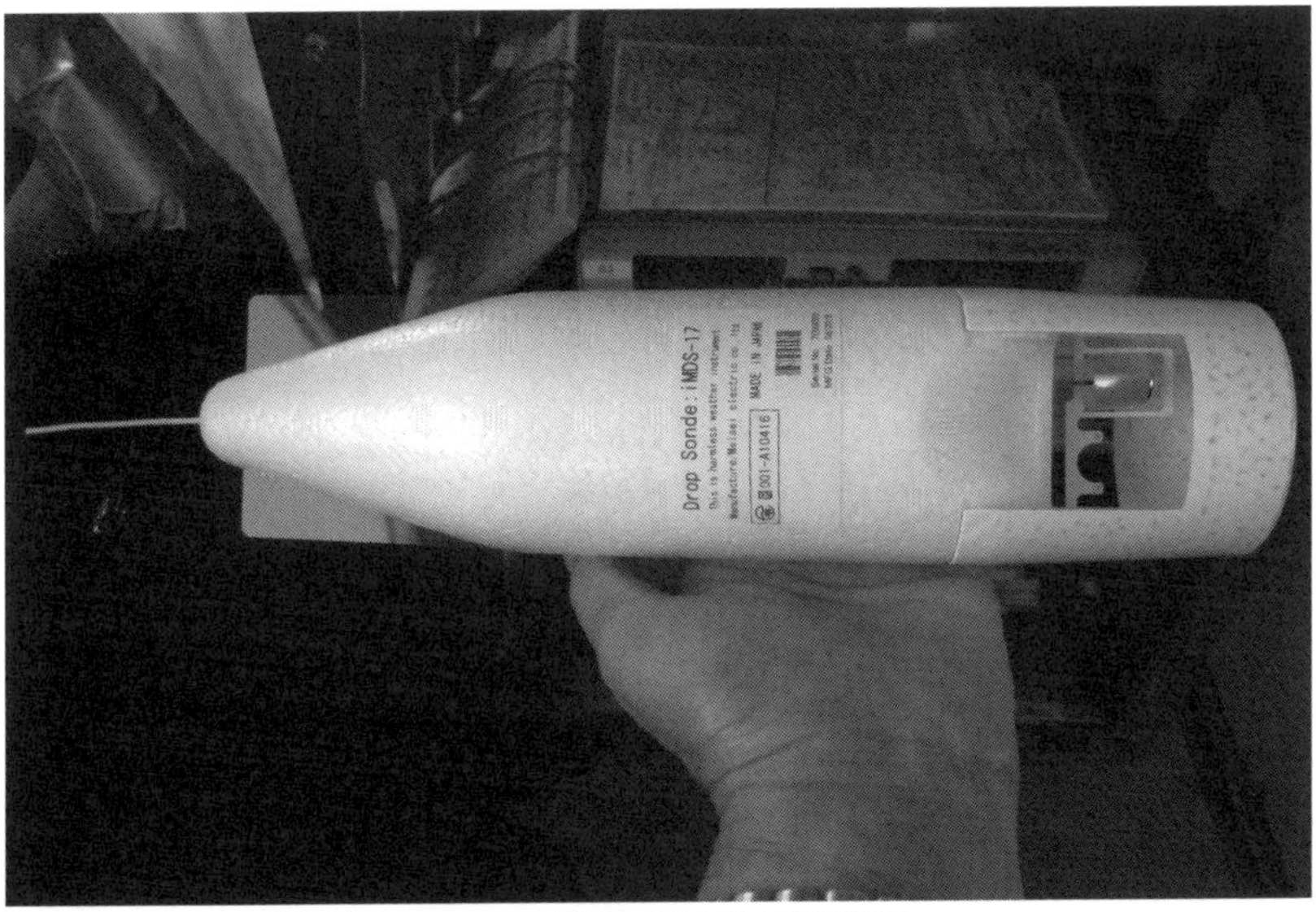

新たに開発されたドロップゾンデ。（提供：名古屋大学／横浜国立大学 坪木和久教授 以下同じ）

だデータを使うと、シミュレーションの結果は必然的に、誤差がさらに大きなものとなる。そこで航空機による観測が威力を発揮するのだ。実測値をインプットすることで、より高精度な予測を行うことが可能となる。

地球科学の分野では「データ同化」という作業が重視される。数値モデルに実際の観測値を入力して、より実際に近いデータが出るよう再現性を高めるのだ。最近流行りの言葉でいえば、デジタルツインの一種である。坪木は観測の高精度化をさらに進めたい考えだ。

「将来的にはより高度な観測、例えば雲レーダーを積んだ航空機観測も発展させていきたいと考えています」

台風制御に対する影響評価としては、コンピューターによる地球規模の環境影響評価や、台風制御をした場合と、しない場合の被害軽減効果に関するシミュレーションを行う。その際、自然現象と制御効果を切り分けて評価検討しな

台風観測用航空機主翼近くの胴体に設置されたドロップゾンデの射出口。

ければならない。スーパーコンピューターによる計算能力の劇的な向上に加え、前述したデータ同化の進歩で、飛躍的な発展が期待されている。

そのうえで、国内における法整備の構築や、国際的な協力関係の構築も不可欠だ。科学技術的には可能であっても、実際に行ってよいかどうかという倫理的、法的、社会的課題がある。これについては特にオープンサイエンスを重視し、広く国民の声を聞いて理解を得ながら、研究開発を進めることにしている。

台風の勢力を弱める方法

台風がどのように発生するかというと、暖かい海面から上昇する水蒸気が上空で凝結して積乱雲が発生する。そのとき熱が放出されて「暖気核」と呼ばれる暖かい領域を作り、そこに水蒸気がさらに流れ込んで暖気核の温度はさらに上昇する。水蒸気の流れは強い風となり、巨大な雲の渦巻きができる。そこで遠心力が働き、雲は外側に引っ張られる。その結果、中心部は雲が少ない部分ができてくる。それが台風の目だ。台風の目の周りには厚い壁雲ができる。海上からさらに水蒸気が流れ込むと、台風は発達していく。つまり台風のエネルギー源である水蒸気をどうコントロールするかが、台風を制御する際のポイントとなる。

そこでTRCでは台風制御を可能なものとするための工学的アプローチとして、無人航空機の利用技術を開発したり、台風に刺激を与えるインパクト物質で大気を制御する方法を開発したり、さらには船舶や海洋構造物を利用した制御法などを研究している。

台風制御の具体的な方法として、筆保は次のふたつの方法を検討している。

ひとつは、台風内部に流れ込む水蒸気の量を減らす方法だ。台風の目を形づくっている壁雲の外に、飛行機から雲の種となる物質をまいて、新たな雲を壁雲の外側に作る。そうすると、それまで台風の目の壁雲に集まっていた水蒸気が分散され、台風の勢力が弱まるという仕組みだ。

「すごく適用しやすい方法ですが、台風の構造を少し変えてしまいます。そうなると、台風の進路が少し変わってしまう恐れがあります」

もうひとつは、海水面の温度を下げる方法だ。進路予報の正確性向上が条件で、船舶を先回りさせた海水面で海水をかき混ぜたりして、少し海水温を下げる。すると台風への水蒸気補給が減り、勢力が弱まったり、勢力が大きく拡大しなかったりするはずだ。

「強度を抑えることだけを考えれば、なかなか良い作戦なんですが、サカナやプランクトンなど海の生態系に何らかの影響を与える恐れがあります。我々としてはなるべく環境破壊をせず、なるべく台風の進路を変えず、なるべく小さな力で、できるだけ台風被害を抑える方策を検討しています」

次にコンピューターで台風制御をシミュレーションしてみた結果を紹介しよう。筆保が対象に選んだのは、二〇一九年九月に三浦半島から東京湾を進み、千葉市付近に上陸して茨城県沖に抜けた「令和元年房総半島台風」である。関東地方を襲った台風としては、観測史上最強クラスで、九人が死亡、重軽傷者一五〇人、住宅被害は九万戸以上、停電は九三万戸以上、損害保険の支払額は台風のなかで史上四位という猛烈な被害を出した。

この台風についてコンピューターで台風制御のシミュレーションを行った。まず現実の台風をコンピューター上で再現する。そのうえで、飛行機で台風の目のなかに入り、多量の氷を六時間ごとに四回まいた。台風の目のなかは乾燥した領域で、まいた氷はすぐに蒸発し、そのときに周りの熱を奪う。その結果、暖かい空気は部分的に冷やされ、進路はまったく変わらないまま、中心気圧が五ヘクトパスカル上昇し、最大風速は毎秒約三メートル減少した。

「人工制御しても『たった三メートルの減少か』と思われるかもしれません。しかし被害を大きく抑えることができるのです」

物体に働く風の力は、風速の二乗に比例する。コンピューターで台風制御した場合についてシミュレーションしたところ、制御しなかった場合に比べて、被災した建物が千葉県と神奈川県ではいずれもマイナス二七%、東京都ではマイナス四三%、合計ではマイナス三一%と算定された。

「風が非常に強いところでは、勢力が少し落ちただけでも、建物被害はかなり抑えられるのです」

令和元年房総半島台風による経済損失は一兆二千億円と算定されている。暴風による家屋被害が多かったことなどから、仮に損失額の半分を建物被害と想定した場合、その三〇%が軽減されれば、一八〇〇億円分の被害を免れることができる計算になる。

「私たちはもうけ話をしたいわけではなくて、失いたくないものを失わずに済むのであれば、あきらめたくないというモチベーションで取り組んでいます」

アメリカの気象学者、エドワード・ローレンツが唱えた理論に「バタフライ効果」がある。「チョウが羽ばたけば、遠くの気象に影響を与えるか」という問いかけが語源となっている。気象はわずかな誤差が時間とともに指数関数的に拡大するため、長期的な予測には限界が伴う。一方で、小さな力で大きな気象を制御できる可能性も出てくる。

タイフーンショットもバタフライ効果を利用できるようになれば、わずかな力で台風の勢力を大きく削ぐことができるようになるかもしれない。

ムーンショットのマイルストーンとしては、二〇三〇年までに現実的な操作を前提に、台風制御で被害を軽減することが可能なことをコンピューター上で実証するとともに、広く社会との対話や協調を図りつつ、操作に関わる屋外実験を開始する。

二〇四〇年までに効果的な制御手法を特定して小規模な気象実験を実施し、効果と安全性を検証する。

そして二〇五〇年までに大規模な気象制御実験を実施し、コストの最適化を図りながら、台風の脅威から解放された社会を実現するのが目標だ。

台風警報が過去のものとなる社会

筆保たちは二〇二一年四月、一般市民を対象にアンケートを実施した。年代、性別、調査地域に偏りがないよう配慮し、一万一四一人から回答を得た。このなかで「あなたは台風の強さを人為的に調節できる可能性があるとしたら、どう思いますか」と、直球の質問を投げかけた。回答は、「ぜひ台風を調節してほしい」三三・七%、「どちらかといえば調節してほしい」二八・七%で、あわせると賛成が六二・四%に上った。逆に「どちらかといえば調節してほしくない」四・〇%、「調節を望まない」七・二%で、否定的な回答は一一・二%にとどまった。一方で、「よくわからない」という回答も、二五・七%ある。

「今後さらに、開発が必要だという機運を高めることも課題です」

京都大学防災研究所教授でTRC副センター長を兼ねる森信人は海岸工学が専門で、タイフーンショットのメンバーのひとりだ。森は台風制御が実現する社会を想定した準備も必要だと、ムーンショットのシンポジウムで述べている。

「台風制御が可能となれば、『台風制御庁』のような組織を作り、『今年の台風は五個ぐらい上陸が予想されますが、そのうち特に強い四個を制御します』というようなことができるのではないかと、考え始めています」

台風警報が過去のものとなる社会も、そう遠いことではないかもしれない。

台風イノベーション事業の創造へ

筆保たちがタイフーンショットとして取り組んでいる、もうひとつの挑戦がある。それが「台風発電」だ。

想像してみよう。海上では無人で動く専用の帆船が、台風に向かって進んでいく。台風の風を帆に受けて、推進力にしているが、風力発電をしているわけではない。海中にあるスクリューで発電しているのだ。台風の進路方向の後ろ側で、少し離れたところだと、台風の目の方向に吹き込む風を受けて、台風と同じ速度で並走することができる。風力は台風の最大風速に比べれば弱いが、台風についていけば持続的に発電ができるので、船の遠隔操縦や自律帆走の研究が進んでいる。

電力をどのように供給するかについては、蓄電池で電力を貯める方法や、近くの離島や基地へマイクロ波送電する方法、さらに台風発電の電力で海水を電気分解し、エネルギー源として水素を持ち帰る方法などが検討されている。

「発電した電力は国民のみなさんに届けます。二〇五〇年の未来では、台風は脅威の存在ではなく、恵みの存在にしていきたいと思っています」

台風のエネルギーは莫大だ。典型的なひとつの熱帯低気圧が、世界中の発電所が一日に発電するすべての量をあわせたよりも多くのエネルギーを放出するともいわれる。

「どうせなら、そのエネルギーを少しでも利用しようというのが台風発電のコンセプトです」

先述のアンケートでは、台風発電についても聞いている。「台風発電をどう思うか」という質問に対し、六〇%が「魅力的に感じる」と答えている。年代別で見ると、一〇代の若い人たちが七五%と、特に高い期待を寄せていることに、筆保は注目する。

「タイフーンショット計画は、台風制御を目指しながら、同時に副産物として、今までなかった台風イノベーション事業を新たに作っていくこともできるのです」

タイフーンショットは台風被害の歴史に、パラダイムシフトを起こそうとしている。

5-2 地球を冷やす魔法の土で温暖化を防ぐ　クールアース

「土は生きている」理由

「旬を喰うこととはつまり土を喰うことだろう」

小説家の水上勉は少年時代、徒弟に出された禅寺で精進料理の作り方を覚えさせられた。貧乏な寺で、ぜいたくなものは買えない。献立は「畑と相談して」決める。つまり、旬を迎えた野菜やたけのこ、豆類、梅や山椒の実などである。文を引用した本のタイトルは『土を喰う日々』[*1]だ。

旬とは、実にいい言葉だ。旬に収穫された作物は、野菜でも果物でも魚介類でも、旬でない季節と比べて栄養価がとても高く、味わいも深くなる。

賞味する側にとっても意味がある。旬の作物は、そのときに私たちの身体が求めているものだからだ。暑い夏はトマトやレタス、キュウリなど水分量の多い夏野菜が、私たちのほてった身体を鎮めてくれる。実りの秋はサンマやサバなどの魚介類に脂が乗り、寒さに対する備えをしてくれる。冬は大根や白菜をじっくり煮込んだ鍋物が、私たちの身体を温めてくれる。冬の間に栄養を蓄えた春野菜は、柔らかくて甘みも強く、冬を無事に過ごすことができた喜びを感じさせてくれる。

しかも旬の食材は、収穫量が多いから値段も安い。魚介類は別にして、そんな自然の恵みをもたらしてくれるのが、土だ。私も庭いじりをしていて土を手に取ると、春から夏にかけてのふんわりと柔らかくて温かい土は生命力にあふれ、反対に寒い冬の土は眠っているようで、土の不思議さを思うことがある。

森林総合研究所主任研究員の藤井一至《かずみち》は「土は地球にしか存在せず、月や火星にはない[*2]」と書いている。土壌学の立場から見ると、岩石が砕け散って粒子となっただけでは、土とはいわない。動物や植物の死骸が微生物により分解され、有機物を含んだ粘土もあわせ、気の遠くなるような長い年月をかけてようやく土となる。わずか一グラムの土のなかにも数十億から数百億の微生物が生きている。土は微生物や動植物の生命活動の一部として切り離すことができない。そんなすべてを含めて、土は生きているのだ。

東北大学大学院生命科学研究科　南澤究特任教授
（提供：南澤教授 以下同じ）

藤井は二〇二二年五月にNHKで放送された『サイエンスZERO』「魅惑の土ワールド！」で、世界の土が抱える問題の現状や課題を解説した。同じ番組内で「地球を冷やす魔法の土」をテーマに最新の研究成果を紹介したのが、東北大学大学院生命科学研究科特任教授の南澤究《みなみさわきわむ》だ。南澤はムーンショットのプロジェクトで、農地に由来する温室効果ガスの排出削減を目指している。ちなみに藤井もプロジェクトのメンバーである。

地球温暖化に歯止めがかからない

一九九二年に調印された「地球温暖化防止条約」に基づき、一九九七年には「京都議定書」、二〇一五年にはその後継として「パリ協定」が採択され、産業革命以降の気温上昇を二度より十分低く保ち、一・五度以下に抑えるよう努力することが長期目標として掲げられた。

しかしIPCCの二〇一八年の発表では産業革命以前と比べて〇・八七度上昇（二〇〇六—二〇一五年平均）だったのが、二〇二一年の発表では一・〇九度の上昇（二〇一一—二〇二〇年平均）で、急激な地球温暖化に歯止めがかかっていない。

わずか一度くらいのことと思われる方もいるかもしれないが、世界的に農作物や水産物の収穫に変化が見られるという報告がすでに相次いでいる。日本の近海ではサンマやイワシの不漁や、農産物でも野菜や果物で高温による発育不良などが報じられている。日本は四季という豊かな自然が旬の食べ物を育んできたが、亜熱帯化しつつある気候の影響で旬という言葉も死語になってしまうかもしれない。気候が大きく変化する「レジームシフト」が起きていると体感せざるを得ない状況だ。

こうした危機感を背景に、温室効果ガスの排出量から、植林や森林管理などによる吸収量を差し引いて、合計を実質的にゼロにするカーボンニュートラル、脱炭素社会に向けた取り組みが、地球規模で進んでいる。

日本政府は中期目標として、二〇三〇年度の温室効果ガスの総排出量を二〇一三年度の水準から二六％削減することを、二〇一五年に表明した。二〇二一年には、その目標を四六％削減に上方修正した。削減を達成した結果としての総排出量の目標は七億六〇〇〇万トンである。

二〇二二年の『環境白書・循環型社会白書・生物多様性白書』によれば、日本で排出される温室効果ガスは、排出量を算定している一九九〇年以降、二〇一三年度の総排出量一四億九〇〇〇万トンをピークに、二〇一四年度以降、七年連続で減少している。最新データである二〇二〇年度の温室効果ガスの総排出量は、一一億五〇〇〇万トンで、前年度と比べて、五・一％減少した。新型コロナウイルス感染症の感染拡大に伴うエネルギー消費量の減少もその要因のひとつと推定されている。ということは、コロナ禍がある程度おさまれば、そのリバウンドも十分に考えられる。

農林水産省によれば、日本の温室効果ガスの総排出量のうち、農林水産分野の占める割合は二〇二〇年度のデータで全体の四・四％となっている。これは世界の農業・林業・その他土地利用における排出量の平均値である二三％と比べれば、かなり低い数値だ。

ところで気象庁によれば、主な温室効果ガスは七種類あり、二〇一〇年のデータで石油や石炭、土地利用の変化などによる二酸化炭素（CO_2）が世界全体の七六・〇％を占め、温室効果ガスの代名詞となっている。次いでメタン（以下、CH_4）が一五・八％、一酸化二窒素（以下、N_2O）が六・二％と続いている。ちなみに同一重量で比較すると、環境省のデータでは、CH_4はCO_2の約二五倍、N_2Oは二九八倍の温室効果があるとされていて、前述したガスの排出量と割合はすべて、CO_2に換算した数値によるものだ。

CO_2に換算した温室効果ガスの排出割合（二〇二〇年度）を農林水産分野で見てみると、最も多いのがCH_4の四三・五％、CO_2の三七・三％、N_2Oの一九・二％と続いている。

それらがどこから排出されているかというと、CH_4は稲作、それに家畜の消化管内発酵、わかりやすくいえばウシのゲップである。ウシのゲップについては次節で詳しく取り上げる。そしてN_2Oは農用地の土壌、それに家畜の排泄物からだ。

政府は、二〇五〇年までに温室効果ガスの排出を八〇％削減し、全体としてカーボンニュートラルを目指すことを宣言している。しかし現状のペースでは、目標達成はかなり厳しいと言わざるを得ない。そこで各分野での温室効果ガス削減に向けた取り組みが、緊急の課題となっているのだ。

温室効果ガスを除去する微生物

ここで南澤に登場してもらおう。彼の主導するプロジェクトのテーマは「資源循環の最適化による農地由来の温室効果ガスの排出削減」だ。

南澤を含む世界の科学者が協力して調べたデータによると、人間の行為が原因となって排出されるN_2Oの約六〇%が農業によるものだ。なぜ農業からN_2Oが大量に出るかという大きな理由のひとつは、窒素肥料にある。

窒素は、リン、カリウムと並ぶ「肥料の三要素」のひとつで、植物が成長するために不可欠な植物栄養素である。大気中には体積割合で七八%も含まれているが、植物はCO_2のように取り込むことができない。

そこで一九世紀には鳥の排泄物が数万年もかかって化石化した「グアノ」が窒素肥料として南米や太平洋の島から欧米諸国に輸出され、各地で疲弊した農地を再生した。その際アメリカは、アメリカ人がグアノを発見した島は他国政府の管理下になければアメリカが領有するという「グアノ島法」まで制定してグアノを探し、場合によっては軍事力も使って資源の確保を図った。しかし限られた資源は急速に枯渇した。次にチリ硝石が発見され、窒素肥料の原料とされたが、鉱石に依存していては急激な人口増加をまかなえないと考えられた。

その窮地を救ったのが、ハーバー・ボッシュ法である。ドイツ人化学者のハーバーは高温高圧で窒素ガスと水素を反応させてアンモニアを作ることに成功した。ハーバーは大手化学メーカー、BASF社と共同研究の契約を結び、同社の技術者だったボッシュが一九一三年に工場で大量生産することに成功した。アンモニアを酸で中和すると窒素を含んだ化学肥料となる。

やがて化学肥料の大量使用時代が到来する。一九五〇年代から一九六〇年代にかけて、世界各地で「緑の革命」と称される新しい品種の導入が始まった。フィリピンの国際稲研究所では穂の重さに耐えられるよう茎の短いイネが開発され、大量の化学肥料を投入することで米の収穫量が大幅に増えた。緑の革命はメキシコやインドなど世界各地で品種改良されたトウモロコシや小麦などを使って行われ、世界の穀物生産量は一九七〇年とその四〇年後を比べると、約二倍に増えている。確かに多くの人びとを飢餓から救ったという面では評価される。一方で大量の化学肥料や化学農薬への依存体質を作り出した。

ＦＡＯ（国連食糧農業機関）のデータを見ると、窒素肥料の使用量は一九六〇年には世界で〇・一億トンだったのが、二〇一〇年には一〇倍の一億トン以上になっている。特にアジアでは約三〇倍、中国では約六〇倍というすさまじい伸びだ。

「窒素化合物を土壌に大量に入れると、土壌の微生物がいろいろな変化をしてN_2Oを発生してしまいます。農業が大きなN_2Oの排出源である理由です」

南澤の専門は土壌に生息する微生物の研究だ。

「土壌にはきわめて少数ですが、N_2Oを消去する微生物がいます。彼らはN_2O還元酵素を作り出すための特定の遺伝子を必ず持っています。私たちはN_2O消去能力の高い微生物を追い求めており、これを地球環境保全のために利用できないかということを考えているのです」

まず南澤のこれまでの研究を紹介しよう。

目には見えない微生物の巨大な能力

南澤は一九五四年、東京都内で会社員の長男として生まれた。手先が器用で、ものを作るのが得意な少年だった。中学生のときにはアマチュア無線の免許をとった。勉強は理系が得意で、大学は化学と生物の融合分野である農学部の農芸化学科に進んだ。

大学院では「目に見えないけれど、我々の周りの大事な生き物で、巨大な物質変換能力を持っている」微生物の研究に惹かれた。その頃、微生物を利用した有効な新薬が開発されたりしたこともあり、微生物関連の研究室が一番人気だった。残念ながら南澤の希望は叶わなかったが、運も実力のうちである。別の研究室に入ったところ、ダイズ根粒菌という微生物に関する研究を割り当てられたのだ。

ダイズを土から抜いてみると、根の周りに数ミリの瘤のようなものがたくさん付いている。これが根粒と呼ばれる植物の器官のひとつで、そのなかに根粒菌と呼ばれる土壌微生物が棲んでいる。千分の一ミリを一ミクロンというが、その大きさはわずか二ミクロンほどしかない。根粒菌は大気中の窒素をアンモニアに変換し、宿主であるダイズに提供して共生する。これを窒素固定という。窒素固定細菌にはダイズ根粒菌のような共生型のほかに、単独で生きることができる単生型がある。

ハーバー・ボッシュ法ではセッ氏数百度と数百気圧という超高温、超高圧が必要で、天然ガスなどを使った莫大な量のエネルギーを必要とする。一方、窒素固定菌は常温常圧でアンモニアを作り出すことができる。ダイズ以外にもクローバーやエンドウマメ、ソラマメ、アルファルファなどマメ科の植物はこうした能力を持っている。農家がレンゲやシロツメクサを育ててからトラクターで耕して地中に埋めるのは、「緑肥」と呼ばれる地力回復の方法だ。

ダイズの根。丸い部分が根粒。

南澤が担当した研究は、窒素固定の過程で排出される水素を回収する酵素の働きである。微生物の実験ができることを喜んだ南澤だったが、実験室での結果について雑談していたとき、教授が思わぬ指示をした。

「窒素固定の効率が上昇すると主張するのなら、圃場試験をやってみなさい」

研究は当時も今も、実験室など室内が中心で、野外のフィールドで実験をする研究者は誰もいなかった。

「実際に自然界で試すのは何十年ぶりといわれました」

東京生まれの東京育ちで、ダイズと枝豆の違いもわからなかった（見た目は違うが、同じ種類の種子で、収穫時期が違うだけである）。そんな学生がいきなり、圃場試験をさせられたのだ。

「壮絶な失敗をしました。無惨な結果に終わりました」

別に教授に嫌われたり、いじわるされたりしたわけではない。「現場から問題を見出し、農業技術に持ち込むのが研究者の役割」と教えてくれた教授に南澤は感謝している。

「実験室ではなく、圃場で試すにはどうしたらいいかがわかったという意味で、ものすごく貴重な体験でした。私の研究スタイルの原点です。それが今回のムーンショットにもつながってきているのです」

失敗の原因は、既存の土壌微生物の力が強かったためだった。この経験がムーンショットにも役立つのである。

南澤はダイズ根粒菌の研究を続けた。テーマにしたのは、ダイズ根粒菌のN_2Oを除去する能力の源である「N_2O還元酵素」の活性を高める取り組みだ。突然変異率を高めるため、DNA複製時の校正機能を低下させる「進化加速法」を使い、酵素の活性を元株の七〜一一倍に高めた強化株を作ることに成功した。実験室レベルを経て圃場で強化株を用いた試験を実施したところ、収穫後のN_2Oの発生を四七%削減することに成功した。この研究成果は微生物を利用した世界で初めての生物学的N_2O削減法として注目され、二〇一二年に、気候変動に関する最先端の研究を掲載するイギリスの科学誌『ネイチャー・クライメート・チェンジ』に掲載された。

一方で、進化加速法に関する課題もあった。微生物の持っている複製エラーの修復機能を働かなくさせたもので、ゲノム編集技術は使っていないが、それでも人為的に操作した強化株を農業現場で使うには、環境に与える影響について詳細な確認が必要で、また特殊な手法を用いることから開発コストが高いという問題があった。

そこで南澤たちのグループが考えたのは、土着の根粒菌を全国から採集し、これらの混合株をダイズ種子に接種する手法だ。

日本全国三二カ所の農耕地に生息している土着の根粒菌一二五株から、N_2O還元酵素を持つ根粒菌六三株を分離した。その混合株をダイズにまぶして屋外の試験場で栽培することにより、収穫期のダイズ畑におけるN_2Oの発生量を約三〇%削減することに成功した。人為的な突然変異を利用していないため環境への影響も少ない、土壌や気象条件が異なる日本の多様な農耕地に適応できる可能性が示された。この成果は二〇一六年にイギリスの科学誌『サイエンティフィック・リポーツ』オンライン版で発表された。

この間、南澤は東北大学で「遺伝生態研究センター」教授や「大学院生命科学研究科」教授、学界では「日本微生物生態学会」会長などを歴任した。微生物を使う「マイクロバイオーム農業」分野を切り拓く業績が高く評価され、二〇二〇年には日本の農学者で最高の栄誉とされる「日本農学賞・読売農学賞」を受賞した。

取り組む五つの課題

南澤の主導するムーンショットのプロジェクトではこれまでの研究成果を踏まえ、二〇三〇年までに農地における温室効果ガスに関係する循環技術を確立して実証し、二〇五〇年までに農地由来温室効果ガスの八〇%削減を実現することを目的としている。

南澤をはじめとする国内の研究者はN_2OとCH_4を減少させる共生細菌により、土壌からの温室効果ガスを削減できることをすでに明らかにしている。そうした効果のある微生物を外部から接種しようとしても、既存の土壌微生物群が新しい微生物の働きを阻止して、有用な機能を発揮できない場合が多いという問題があった。しかも土壌微生物を調べようにも、その九九％は現状では培養が困難だ。

「確かにブラックボックスでよくわかっていません。しかしそのなかに、ものすごい宝があるはずです」

そこで南澤が立ち上げたのが「ｄＳＯＩＬプロジェクト」だ。soilとは土のことだが、名前の由来はdesigned Super Organisms In Landの頭文字をとった造語で「土壌のなかで人工的にデザインを施した超個体」、わかりやすくいうと、「ある目的を持ってまるでひとつの個体のように働く生き物」という意味になる。

南澤は国内の大学や研究所など一八機関の三一研究室から専門家一一〇人の参加を得て学際プロジェクトを組織した。ｄＳＯＩＬプロジェクトが、南澤のムーンショットプロジェクトそのものということだ。

南澤はプロジェクトで取り組む五つの課題を設定し、それぞれ並行して研究を進めている。

その課題の第一は「土壌構造と微生物生存の解明」である。炭素代謝や窒素代謝を行う土壌微生物の多くは「団粒《だんりゅう》」と呼ばれる微細な土壌粒子を骨格とする多孔質構造体を棲み家にしている。異なる土壌で温室効果ガスの発生や吸収が異なる大きな理由は、団粒内の微生物叢が異なるためと見られている。そこでＣＴ（コンピューター断層撮影）や微小電極技術などを用いて可視化し、土壌微生物が団粒内で安定的に維持され、機能を発現するメカニズムの解明を目指す。そのうえで、自然に存在する鉱物や有機物を用いた人工団粒を作り、微生物の定着や機能に及ぼす影響を評価する。

第二は「N_2O循環」だ。根粒、土壌、根圏、根内という様々な土壌生態系を対象に、N_2O還元酵素遺伝子群と、高いN_2O還元活性を保有する菌株の大規模な探索を行い、N_2O還元活性強化株の基盤材料を獲得する。

第三は「微生物最適利用技術の確立」だ。新たに探索して分離した微生物のN_2O還元酵素を最新のゲノム編集技術などにより改良し、高活性N_2O無害化微生物を作り出す。またN_2O無害化微生物の能力を最大限に引き出せるよう、ゲノム情報に基づき土壌中でのN_2O生成速度を制御する物質を創薬する。さらにN_2O無害化微生物が安定的に土壌中に生存し、その機能を発現することができるよう、微生物安定化材料を用いて土壌微細構造を模倣した構造体を作り、微生物が安定的に生存して機能を発揮できる技術を確立する。

第四は「水田のCH_4排出削減」である。これまではN_2O対策を紹介してきたが、南澤はCH_4対策も研究を進めている。実は水田は、主要なCH_4排出源のひとつだ。水田に張る水によって大気から酸素の供給が絶たれる水田の土のなかは、嫌気的な有機物分解に適しており、微生物によるCH_4生成が盛んに行われている。一方で、イネの根の周辺では、CH_4を酸化してCO_2にすることでエネルギーを得ている微生物も活動している。そこでイネの地下部への酸素運搬能力を遺伝的に高めてCH_4酸化菌の働きを活性化する技術を開発し、現在栽培されている主要なイネ品種を低CH_4化する。「CH_4を削減しても、新たにCO_2を作り出すのでは意味がない」と思われるかもしれないが、水田の有機物はもともと大気中のCO_2が固定されたものなので、CH_4をCO_2にすることで、正味の温暖化効果はゼロとなる。つまりカーボンニュートラルだ。

さらにこれまでの南澤の研究で、イネの内部にもCH_4酸化菌が生息し、さらにその菌は大気中の窒素をイネが利用できる形に還元する窒素固定の能力を持っていることがわかっている。

「環境中のCH$_4$酸化菌の大部分が窒素固定遺伝子を持っていることが、最近の我々の研究で明らかになりました。CH$_4$酸化菌も実は根粒菌の仲間なんです」

そこでCH$_4$酸化窒素固定菌のイネとの共生メカニズムを解明し、その働きを活性化する手法を開発することにしている。

第五は「温室効果ガス発生削減技術の実証と評価」だ。圃場での実証実験はもちろん、範囲を広げて東アジア、さらには全地球レベルまでの評価を行う。時間的には植物のライフサイクル全域にわたっての評価、さらに倫理面や法律面、社会的影響への対応など、幅広い観点からの評価が必要だ。

地球冷却微生物を探せ

dSOILプロジェクトでは、前述したように、高いN$_2$O還元活性を保有する菌株の探索を行うことにしている。しかしこれはかなり困難な事業だ。一番の理由は、探索する範囲が日本全国で、あまりに広いことだ。

そこで南澤がまた考えた。その結果生まれたのが、市民参加型の研究プロジェクト「地球冷却微生物を探せ」だ。参加は簡単で、プロジェクトのウェブページに名前や住所などを書き込むだけだ。すると培養瓶や注射器のようなシリンジなど採取用の器具一式が送られてくる。あとはマニュアルに従って土と空気を採取し、事務局に送るだけだ。ラボではガス分析や微生物叢の解析を行う。協力者はサンプルを送っておしまいではなく、ちゃんとラボから解析結果のレポートを送ってもらえる。

それにしても素人が採取して、成果が得られるものなのだろうか。採取する場所は、事務局が指定

市民科学プロジェクトで集まった土壌サンプル。(2022年4月)

するのか。

「どこのサンプルを選ぶかは、市民それぞれのお考えでやっていただきます。専門家の我々が行うと、サンプリングするサイトとか方法が偏るのです。いろんなところで採っていただきたいので、おまかせしているのです」

これまで約三〇〇人が登録し、北は札幌から南は北大東島まで、約五〇〇試料が送られてきている。多くのサンプルでは、時間の経過とともにN_2Oが排出されていた。しかし少数ながら、N_2Oが減っていくサンプルがあった。

「高校生のアイデアで採取した土壌のサンプルですが、排水処理場で回収したリン化合物を入れた場所は、入れないところと比べて、N_2Oが減っている場所がありました」

予想もしなかった場所から、新たな発見が生まれるものだ。そういえばノーベル生理学・医学賞を受賞した大村智・北里大学特別栄誉教授が抗寄生虫薬につながる微生物を発見したのは、ゴルフ場の土だった。

コロナ禍で人混みのなかへの外出を控えなければならないときでも、自宅近くの歩いていける場所で採取してもらうのなら、戸外でもあり、感染症対策にまったく問題はない。最先端の科学に協力してもらうことで、多くの市民に関心を持ってもらうという意味もある。

地下の「ダークマター」解明へ

伝統的な農林水産業の文化や農村、漁村、里山の風景などを未来に継承し、地域の活性化につなげようという世界的な取り組みがある。ＦＡＯが認定する「世界農業遺産」だ。似た制度に「世界遺産」があるが、世界遺産は有形不動産の厳正な保護を目的とするのに対し、世界農業遺産は地域環境に適応した新たな技術を取り入れることも可能で、伝統文化の保存と技術の進化を共存させるのが特徴だ。

二〇二二年二月時点で世界では二三カ国の七二地域が指定されている。このうち日本を見てみると、国指定特別天然記念物のトキと共生する新潟県佐渡市や、日本最大級の草原を維持しながら長年をかけて火山性土壌を改良した熊本県の阿蘇地域など、一三地域が指定されている。これは中国の一九カ所に次いで、世界でも二番目に多い国となっている。

指定されている地域の多くは資源循環型の土づくりが特徴的で、南澤のプロジェクトの背景には、こうした国土の豊かさが存在している。

一方で、土壌微生物は目に見えず、何の働きをどのようにしているのか、これまでほとんどわかっていなかった。南澤によれば、専門家の間で冗談交じりに「ダークマター」と呼ばれていたという。

「微生物も、温室効果ガスも、目には見えません。その意味で、世界農業遺産などと結びつけて可視化できるようになれば、市民の理解も進むと思います」

穀物や野菜が成長したり、花が咲いたりする地上部は、よく見える。しかし地下はまったく見えない。

時代を超えて愛され続けている童謡詩人・金子みすゞの詩「星とたんぽぽ」に「見えぬけれどもあるんだよ／見えぬものでもあるんだよ」という一節がある。私たちも、見えないものを見る努力を続けていきたい。

＊1　水上勉『土を喰う日々―わが精進十二ヵ月―』（一九八二年、新潮文庫）
＊2　藤井一至『土　地球最後のナゾ　100億人を養う土壌を求めて』（二〇一八年、光文社新書）

「幸福」について、お考えを教えてください。

東北大学大学院生命科学研究科特任教授　南澤究氏

幸福とは

社会との接点をもって毎日を生き生きと過ごせることです。私は研究者ですので、研究でわくわくする時が一番充実して幸せと感じます。

また、人とのふれあい、毎日の食事、日常の風景などの些細なことでも幸福感を得られます。

阻害・邪魔するもの

研究で言えば、時間でしょうか。研究時間が分断され、少なくなることは阻害要因です。また、時間に追われると日常生活から色が消えていきます。私の言う「時間」は人によっては貧困やストレスなどと考えても良いと思います。

人のネットワークも重要です。他人から評価されれば誰も嬉しく幸福感を得られますが、今はそれが分断されている気がします。

現在の日本や世界の行方には危惧しています。最大の問題は、人類の営みが地球の限界を超えていることと、人のネットワークが薄くなってきており、文字通り持続的な社会のあり方を政治、経済、科学の総力をあげて粘り強く着地点を見つけていく必要があると思います。

社会の豊かさとは

持続的な社会のあり方を人類の英知で粘り強く着地点を見つけていくことだと思います。どんな技術でも完璧ではありませんし、人類も生物である以上、色々な微生物感染症によるパンデミックは避けられません。その着地点は、おそらくグローバルからローカルに軸足を移した個性のある豊かな社会であると感じています。日本もそういった成熟社会の世界のお手本になれれば素晴らしいのですが、まだまだ道は険しいと言わざるを得ません。

貢献

人為的温室効果ガス排出による地球温暖化を防止する科学や技術を通じて、持続的な社会のあり方を見つけていくことに貢献できると思います。

これまで世界に同じ専門分野の研究者仲間をアジア・北南米、ＥＵで作って来ました。そのネットワークは財産です。こうした国内外の研究者や市民を巻込んでさらに広範なネットワークを作り、行動変容や社会変容の波を作っていければ、その過程でも人間の幸福に貢献できるのではないかと思います。

5-3 家畜「ウシ」を見つめ直す 生産性向上と温室効果ガス抑制

ウシのゲップを無視できない理由

地球温暖化が問題視されるにつれて、大量のゲップを出すウシが注目されている。ウシのゲップには温室効果ガスのメタンが大量に含まれているからだ。元ビートルズでベジタリアンのポール・マッカートニーは少しでもウシ由来のメタンを減らそうと、月曜日だけ肉食を控える「ミートフリーマンデー」を提唱するほどだ。世界的に「ミートレス」「ノーミート」運動が広がっている。本節では、牛のゲップから出るメタンを八〇%削減しようというプロジェクトをご紹介しよう。

焼肉屋さんに行くと、カルビやロースなど肉の部分以外にも、様々な内臓が独特の名前でメニューに載っている。特に慣れないと戸惑うのは胃袋だ。ブタの場合はガツと呼ばれる一種類だけなのだが、ウシの場合は肉厚で弾力のあるミノ、蜂の巣状のハチノス、内壁がヒダ状のセンマイ、脂ののったギアラと、四種類もある。それぞれ第一から第四までの胃の別称である。お店や地域で別の呼び方になることもある。煮込むと柔らかくなるハチノスは、イタリア料理ではトリッパと呼ばれる。

ではなぜウシに胃が四つあるのだろうか。ウシは口をもぐもぐさせながら、エサを噛み砕いて唾液と混ぜる。エサはやがて食道を通って、生物学では「ルーメン」と呼ばれる第一の胃に入る。ルーメンは、成牛では約二〇〇リットルの容量があり、そこに細菌や古細菌などの微生物が約二〇〇〇兆個も生息し、ウシの食べたものを発酵させてエネルギーを得ている。ウシは微生物なしでは硬い草の食物繊維（セルロース）を分解できない。ウシが草食動物でありえるのは、大量の微生物が植物の葉や茎を分解してくれるからなのだ。

そのとき酢酸や酪酸などの有機酸が生まれ、吸収されてウシの主な栄養源になる。さらにこれら微生物はアミノ酸などを合成する。このあとエサは再び口に戻され、第一の胃、第二の胃へと数十回も行ったり来たりを繰り返すうちに植物の繊維質を微生物がおおかた分解する。これが反芻《はんすう》である。このように一度食べたエサを再び口に戻して咀嚼する動物を反芻動物と呼ぶ。これがウシの草食の仕組みだ。

最後の第四の胃では、人間の胃と同じように胃液が出て微生物を消化する。これが腸で吸収されて、ウシの肉やミルクとなるタンパク質を作っていくのである。

問題は、分解・発酵の過程でできる水素と二酸化炭素を材料に、ルーメン内に生息する「メタン生成古細菌」が、大量のメタンガスを生産することだ。ウシはたまったガスを一分間に一回くらいの割合で、口から大気中に吐き出す。人間のように音が出るわけではないので気づきにくいが、これがウシのゲップだ。成牛一日あたり、平均で約二〇〇リットルから六〇〇リットルものメタンガスを排出する。

ウシは地球上に約一五億頭いる

前節で詳細に紹介したように、温室効果ガスの排出量を実質的にゼロにするカーボンニュートラルの取り組みが、地球規模で進んでいる。

日本で飼育される乳用牛の 99%がホルスタイン種。
（撮影協力：東京農工大学農学部附属広域都市圏フィールドサイエンス教育研究センター）

農林水産省によれば、日本の温室効果ガスの総排出量のうち、農林水産分野の占める割合は四・四%。畜産業で見れば一・二%となっている（二〇二〇年度、二酸化炭素換算値）。

この内訳を家畜の種類別で見ると、乳用牛由来が四四・五%、肉用牛由来が三四・九%を占め、ウシ由来が全体の八割を占めている。ちなみにブタ由来が一三・九%、採卵鶏由来が四・一%、ブロイラー由来が二・二%となっている。

メタンはウシの排泄物からも発生する。これについては、バイオガス発電の燃料として利用し、新たなエネルギー源とする取り組みも、各地で行われている。

トータルで考えると、日本国内で排出される温室効果ガス全体の〇・九%はウシのゲップということになる。

私たちは、都会に住んでいればウシを見る機会はほとんどない。このため日本の農業といえば、やはり米作りをイメージする人が多いだろう。しかし農林水産省が二〇二三年一月に発表した「畜産・酪農をめぐる情勢」を見ると、二〇二一年の農業産出額で最も多いのは畜産の三兆四〇四八億円で、全体の三九％を占める。ちなみに野菜が二四％、米が一六％、果実が一〇％と続いている。

一〇年前と比べると畜産の産出額は三二ポイントも増え、農業産出額に占めるシェアも八ポイント増えている。日本人の食生活が洋風化してきたのに伴って肉を食べる機会が増え、日本の農業は畜産がかなりの部分を占めるようになってきているのだ。

ウシは地球上に一五億頭いるといわれる。ウシ以外にもヒツジやヤギ、キリンなどが反芻動物である。オーストラリアやニュージーランドでは、ヒツジのゲップが問題となっている。ヒツジが人口の五倍以上いるというニュージーランドでは、ゲップメタンが同国の温室効果ガスの三一％にも達するというデータもある。地球全体では家畜のゲップに含まれるメタンが二酸化炭素換算で年間約二〇億トン、温室効果ガスの約四％を占めると推定されている。

家畜生産性の向上にもつながる

こうした状況を背景として、ムーンショットのプロジェクトのひとつとして採択されたのが「牛ルーメンマイクロバイオーム完全制御によるメタン八〇％削減に向けた新たな家畜生産システムの実現」だ。前述した通り、ルーメンとはウシの第一の胃、マイクロバイオームとは、細菌や真菌（カビ）など胃のなかで共生している微生物群のことである。

二〇二〇年にスタートしたこのプロジェクトには、農研機構や東京大学など国内五つの研究機関が

北海道大学大学院農学研究院　小林泰男教授
（提供：小林教授）

参加している。全体を束ねるＰＭ（プロジェクトマネージャー）は、北海道大学大学院農学研究院教授の小林泰男である。

プロジェクトの目標を一言でまとめれば、「ウシからのメタンを最小化する個体別飼養管理システムの開発」だ。ポイントは、微生物発酵で生じるメタンは温暖化ガスとなるだけでなく、ウシに与える飼料エネルギーの損失でもあるということだ。つまり発酵を制御してメタンを最小化すれば、その分のエネルギーはウシの成長や乳生産に振り向けられ、温室効果ガス削減と同時に家畜生産性の向上にもつながるのである。

そのためにプロジェクトでは三つのアプローチを用意している。その第一は、ルーメン内でメタン最小化に導く微生物を特定し、制御する方策である。

ウシ一頭をまるごと収容する測定装置

茨城県つくば市に本部を置く国立研究開発法人の農業・食品産業技術総合研究機構（農研機構）は、農業と食品産業に関する日本最大級の研究機関だ。高級ブドウの「シャインマスカット」やナシの「豊水」「幸水」、イチゴの「さちのか」、それにジャガイモの「インカのめざめ」など、農研機構の開発した身近な農産物は多い。

その農研機構は、ウシ一頭をまるごと収容して飼料の消化性を正確に測定できる「開放型呼吸試験装置」を日本で唯一、一九八〇年代から運用している。地球温暖化が大きな社会問題になる前である。

農研機構の畜産研究部門で主任研究員を務める真貝拓三は、その目的を次のように説明する。

「建設した一番大きな目的は、ウシのエネルギー要求量の測定です。ウシがどれぐらいのエネルギーを要求し、それに対してどれぐらいの飼料を与えればいいかを正確に測定する目的で作られました」

様々なウシで調べていくうちに、繊維を含むエサを食べれば食べるほど、メタンガスが多く出るという事実が明らかになった。つまり穀物よりも牧草を多く食べさせたウシのほうが、メタンガス排出量が多いのだ。

さらに調べを進めた二〇一〇年ごろ、興味深い事実が明らかになった。同じ品種で体重も変わらず、同じエサを食べているウシでも、排出するメタンの量が明らかに少ないウシが確認されたのだ。

「あくまで相対的なものですが、およそ二割くらい少ないと思っていただいたらいいと思います」

先述したように、ルーメンに生息する大量の微生物が植物の葉や茎を分解し、その細菌による発酵過程で、二酸化炭素と水素が大量に発生する。ルーメン内には「メタン生成古細菌」も生息していて、水素をメタンに変えてゆく。これがゲップとして大気中に放出されるのだ。

しかしすべての水素がメタンになるわけではない。別の細菌によって水素がプロピオン酸などの短鎖脂肪酸の産生に利用されると、胃壁などから吸収され、ウシの主要なエネルギー源となる。特にプロピオン酸は、ウシの肝臓でブドウ糖に変換されるため、ウシの活動エネルギーとして、重要な意味を持つ。

農研機構　真貝拓三主任研究員（提供：農研機構）

これを踏まえて、一部のウシが低メタンとなる理由について、真貝は以下のように説明する。

第一に、ルーメン内の水素イオン濃度（pH）が六を下回って酸性が強くなると、メタン生成古細菌の活性が下がって、メタンが減少する。ただしこの状態は、病態ではないが生産性の良くない状態である。

第二は、バクテリアに対するメタン生成古細菌の割合が低いとき。

そして第三は、プロピオン酸の産生が多いとき、メタンが少なくなる。

「このように、低メタン牛になる要因は、いくつかあるのです。どれかひとつ、これがあれば必ず低メタン牛になるとは、なかなか言いにくいのです」

動物相手の実験ならではの困難

農研機構は、ムーンショット型プロジェクトなどの一環として進めていた研究の成果として二〇二一年に「乳用牛の胃から、メタン産生抑制効果が期待される新規の細菌種を発見」と発表し、注目された。それが「プレボテラ属」の細菌だ。すでに見つかっているプレボテラとは遺伝子などが異なる新種の細菌である。

「相対的にメタンの多いウシとメタンの少ないウシを比較したとき、低メタン牛に特徴的に生息している微生物がいる。それを調べていったら、新しいプレボテラが浮かび上がってきたのです。すべての低メタン牛で見つかっているわけではありませんが、メタンが少なく、かつプロピオン酸が多い。この組み合わせのとき、かなりの頻度で見つかっています」

その結果、この微生物がプロピオン酸になる前の物質を作っていることがわかった。農研機構では今後、新たに発見された細菌を通常のウシに投与し、メタン削減に効果があるかどうか、実証実験を

装置室内に外気を導入する「開放型呼吸試験装置」。（提供：農研機構）

進めることにしている。

　真貝は研究の難しさについて「動物が相手ということですね」と語る。

「ウシという生体に対して何らかの劇的な処理をするのはなかなか難しい。さらに、投入したものが排泄されたときには無害化していなければならない。加えて特殊な膜構造を持っているメタン生成古細菌を相手にしなければいけないのがやっかいな点です」

　代表的なルーメン内細菌は約二四〇〇種が知られているが、実験室で培養可能なものは二割程度にとどまり、機能のよくわかっていない細菌がいまだに多いのが現状なのだ。

メタンを抑制するウシの飼料の開発

　第二の方策は、メタンの発生を抑制する飼料の開発だ。そもそも北大の小林がこの研究に乗り出したのは、二〇〇七年に石油元売会社である出光興産が「ウシのエサに使えませんか？」と、ある材料を持ち込んできたのがきっかけだった。「『機能性の測定ぐらいはできますよ』と、軽いノリでお引き受けして試験管でウシのルーメン液を使って培養実験をしたところ、すごい結果が出たのです」

メタンガスが九〇％以上抑制されたのだ。生体では試験管ほどの効果は出なかったものの、メタン抑制効果は約二〇％得られ、二〇一一年に商品化された。注目の、その物質とは、カシューナッツの殻を絞って出た油だ。そのメカニズムはメタン菌に直接効くのではなく、メタンの材料となる水素を作る菌に作用する。

こうしたメタン抑制飼料の研究は、各国で進められている。オーストラリアで見つかった赤い海藻の一種の「カギケノリ」は、エサに混ぜると五〇％、最大で八五％の抑制効果が報告されている。その機序は、メタン菌がメタンを作る最終ステップの酵素の阻害だ。今はカギケノリ養殖の取り組みが始まったところだ。

化学物質ではフマル酸や脂肪酸カルシウムなどで効果が認められていたが、オランダの化学企業はメタンを抑制する飼料添加物として３ＮＯＰ（３‐ニトロオキシプロパノール）という化学物質を開発した。メタン削減率は最大で四〇％という。

小林たちのムーンショットのプロジェクトでも、新たなメタン抑制飼料の開発を進めている。すでに二〇種類以上の候補を集めてスクリーニングにかけた結果、「これは使えそう」という材料が数種類見つかっている。

「メタン抑制飼料は複数持っていないといけません。なぜかというと、安全保障なんです。例えば自然災害で海藻が大打撃を受けたり、生産国で政治的に大きな問題が起きたりした場合、海外から供給停止になるリスクがあります。特定の国からの輸入に依存するのではなく、世界各国でいいものが出てきたら、それを共有しましょうということですね」

ウシ用スマートピルの開発がもたらす価値

第三の方策が、ルーメン内の発酵状況をリアルタイムで体外に発信する新たなデバイス「スマートピル」の開発だ。受信したウシの個体別発酵データはＡＩ（人工知能）解析され、精密給餌プログラムで活用する。スマートピルの大きさは長さ一〇センチほどの円筒形で、スティックのり程度の大きさだ。ウシに飲み込ませて、ルーメン内に留置する。スマートピルには、微生物による発酵産物の短鎖脂肪酸を検出するセンサーを搭載する。さらに発信機と、ウシの生産寿命である五～六年程度は電力を供給できるバッテリーも必要だ。

ウシのルーメン内で発酵産物がどれくらいできているかを、スマートピルはリアルタイムで発信する。すると母屋にいる生産者のパソコン、もしくは連携企業のサービス部門が、それを受信して、メタン削減飼料をどのタイミングで与えるのか、自動給餌機に指令を出す。

「ウシのメタンは常時、同じ速さで出るわけではなくて、個体ごとに違います。エサをやって二時間後に最大になるウシもいれば、三時間、四時間後にピークとなるウシもいます。メタン抑制飼料の成分を無駄にしないためにも、メタンがピークになる少し前ぐらいに、メタン抑制飼料をピンポイントでやれば、最大の効果が得られるのです」

トータルでメタン削減に取り組むこのシステムは、世界初の試みとなる。実現すればなんとも便利そうだが、あまり高価になると農家も導入をためらうかもしれない。

「スマートピルは一個五百円から千円ぐらいを想定しています。受信は、すでにあるタブレットで対応できます」

すでに農研機構はウシの胃内に留置し、pHや温度の測定などを行う胃内センサーを開発している。

「pHだけではメタンはわかりません。メタンがわかる測定機器を搭載したピルを開発するというのが、世界初の取り組みです」

日本の大手農機具メーカーも、自動給餌装置の開発に関心を示しているという。

「そんなに高度な技術ではないですよ。値段が高くなると使ってもらえませんから」

小林は、ムーンショットが掲げる目標のひとつとして、乳肉生産効率の一〇%向上を掲げている。少ないエサで同じだけミルクが出るということだ。例えば、一日一頭あたり一〇キロの飼料を与えているウシを想定すると、九キロで済むようになる。一〇〇頭規模でウシを飼っている農家の場合、一日で一〇〇キロ、年間で三万六五〇〇キロのエサ代が浮くことになる。

「ということは、所得がアップします。スマートピルの一個五百円とか千円とか、取るに足らない額ですよね」

こうした多角的な取り組みで、小林たちはウシのゲップから出るメタンの八〇%削減にチャレンジしている。

人間とウシが今後も共生するために

海外の牛肉は赤身が多いのに対し、細かな霜降りの入った和牛は世界的にも評価が高く、日本の誇る食文化のひとつである。しかしそれは草食動物であるウシに、野生では食べない高カロリーの穀物を与えて肥育した結果である。

そこで小林たちは、高カロリーの牧草開発にも注目している。

「人間のエゴで、ミルクの生産量を増やしたり、肉を霜降りにしたりするために穀物をやり始めてから、人間とウシとの関係がちょっとおかしくなってきた。穀物はなるべく人の食料に回し、ウシは消化性の高い牧草で育ててメタンさえ減らしてやれば、今後も人間と共生できます」

人間がウシを家畜化して、これまで八千年もの歳月が過ぎた。その歴史が今、危機に瀕している。その将来を決めるのは、私たちである。

「幸福」について、お考えを教えてください。

北海道大学大学院農学研究院教授　小林泰男氏

幸福とは

自然の恵みをほどほどな量、享受できる暮らしが世代を超えて可能なこと。日々開発される新技術がこの幸福を脅かすことなく、世に行き渡ること。

阻害・邪魔するもの

地球温暖化（と、おそらくそれに関連する新興病原体の蔓延）。

社会の豊かさとは

環境負荷を最小化した農業・林業・水産業などにもとづく食料供給と電子産業によるそれらの高度化。

貢献

従来の食生活（食文化）のある程度の保証と存続のための提案。

農研機構主任研究員　真貝拓三氏

幸福とは

私にとっての幸福は心の健康と安寧です。具体的には、空が青い、食べ物が美味しい、家族が健康だ、自分が必要とされていると感じる、ぐっすり寝られた、そして子供が暮らす未来が明るい、これらを感じることができれば幸福と感じます。

阻害・邪魔するもの

自らの感情の起伏に由来する場合と、他者による言動の場合の二種類があります。現在は後者のうち、世界情勢の不安定さが安寧の前提条件を大きく阻害していると感じます。

貢献

環境負荷を低減しながら美味しい食べ物を生産する、その持続性を高めるための貢献につながると考えます。

第6章
ムリ・ムダのない食料供給産業の創出

イントロダクション　新しい食文化づくりから始める

第二次世界大戦終結後、公衆衛生対策の普及などもあって、世界人口の増加に拍車がかかった。しかし農地を拡大する余地は少なく、農産物の収穫量は停滞していた。結果として導き出されるのは食料不足の危機である。それを救ったとされるのが、前章でも言及した「緑の革命」だった。収穫量が大幅にアップした穀物の新しい品種を導入し、加えて化学肥料を大量投入するものだった。

緑の革命を主導したアメリカ人農学者ノーマン・ボーローグは一九七〇年、ノーベル平和賞を受賞した。ではボーローグはどのように新品種を導入したのか。それは日本の敗戦にさかのぼる。

戦後の日本を統治したGHQは、日本各地で各種遺伝子資源の収集を行った。その結果、アメリカ農業省の担当者が、これまで見たこともない品種の麦を見つけた。それが岩手県農事試験場で開発された小麦農林一〇号だった。従来の麦は背が高いため風水害に弱く、収穫も少ない。これに対して農林一〇号は茎が短く背が低いため、たわわに実っても倒れない。背が低いのは、コンバインによる収穫作業にも適している。ボーローグは農林一〇号を親として品種改良を進めた結果、茎が短くて収量の多い品種群の育種に成功した。新品種は世界各国で栽培され、収量の大幅な増加に成功した。メキシコでは小麦の収量が三倍に増えたといわれる。このように半世紀前の食料危機を救った影の立役者として、日本の農業技術があったのだ。農林一〇号を開発した稲塚権次郎の生涯は、仲代達矢の主演で映画にもなったからご覧になった方もいるかもしれない。

そして今、地球の人口はさらなる増加を続け、近い将来には深刻な食料危機の到来が懸念されている。そこでムーンショットでは目標5「未利用の生物機能等のフル活用により、地球規模でムリ・ムダのない持続的な食料供給産業を創出」を設定したのだ。ムーンショットでは第二の緑の革命を目指すのだろうか。

目標5のPD（プログラムディレクター）を務める東京農工大学学長の千葉一裕は、緑の革命はマイナス面も大きかったとしつつ、「ゴールを明確に描いて技術開発に取り組みます」と強調する。

「緑の革命により、人口の増加と完全にリンクする形で食料供給ができるようになりました。ただし課題も多く残しました。経済的に優位に立った国が肥料や農薬を輸出し、生産地の農業のあり方を、抜本的に変えてしまったのです。その結果、失われたものが多くあります。これに対して私たちの取り組みは地球全体を考え、それから地域の特性も考え、食料生産のあるべき姿をビジョンとしてしっかり描いたうえで、それを実現するための技術を開発します」

目標5のキャッチフレーズを聞いてみると「すべての人が満足する食べ物を供給する」という答えが返ってきた。今の世界は富や技術の一極集中が行き過ぎている。そもそもアグリカルチャーは、畑を意味するアグリと、耕すを意味するカルチャーをあわせた言葉だ。カルチャーは文化という意味にもなっている。食料を生産する農業は、人間の生きる基本であり、食べることも含めて、それぞれの土地に応じた文化そのものでもある。つまり単に飢えを防ぐというだけでなく、人間としての営みを理解したうえで、新しい時代の文化をともに育てていくという意気込みが必要だ。

本章では昆虫食、シロアリの利用、画期的な害虫駆除、そして未来型食品の四つのテーマをご紹介しながら、農業と食と文化について考えてみたい。

6-1 昆虫食が世界を救う！ 昆虫の食料化と飼料化

渋谷ＰＡＲＣＯの昆虫食レストラン

〝渋谷カルチャー〟の代名詞的存在として、新しいライフスタイルを発信し続けている東京都渋谷区の「渋谷ＰＡＲＣＯ」。そのレストラン街にある鳥獣虫居酒屋「米とサーカス」では、様々な昆虫料理を味わうことができる。

お店を訪れてまず、私がいただいてみたのが同店イチオシの「六種の昆虫食べ比べセット」だ。季節により内容が変わるが、このなかの「イナゴ」と「カイコ」、それに「蜂の子」は、日本でも特に内陸部でのタンパク源として、古くから食べられてきた。それぞれ佃煮と素揚げ、それに甘露煮で調理されていて、白いご飯によく合う味だ。そしてこのあとが、多くの日本人にとって、未知の味覚だろう。指先ほどの長さの細長い「ミールワーム」はゴミムシダマシという甲虫の幼虫で、農家にとっては穀物を食べる害虫だが、素揚げはチーズのような香りとコクがある。歯ごたえがサクサクしていて、スナック感覚で食べられる。小さくて細長い「マゴット」はなんと、イエバエの幼虫を茹でたものだ。おっかなびっくりしながら箸でつまんで食べてみると、ほのかな甘みがあり、コリコリした食感は、サメの軟骨のようでもある。このマゴットはおからをエサに養殖されている。素揚げの「コオロギ」は、日本でよく見かける「エンマコオロギ」より一回り小さく、色も白っぽい「ヨーロッパイ

羽を広げたタガメが目を引く「MUSHI パフェ」。
（撮影協力：米とサーカス渋谷 PARCO 店）

エコオロギ」という種類だ。パリパリとしたクリスピーな食感で、香ばしい。

デザートでいただいた「MUSHIパフェ」は、乾燥させたコオロギとミールワームをコーンフレークに見立て、サクサクとした食感を出している。トッピングは塩漬けの「タガメ」だ。小さな解剖バサミで腹の部分の殻を切って開くと、熟れた洋梨のような、フルーティで甘い匂いがする。これはメスを惹きつけるため、オスだけが持っているフェロモンの香りだという。大きな羽があり、いかにもムシという外見からはまったく想像できない味覚である。

高田馬場の本店ではPARCO店に先立ち二〇一五年から昆虫食を提供している。同店はもともとジビエのお店だが、今では半数以上の客が何らかの昆虫メニューをオーダーするほど、昆虫食は人気があるという。昆虫の入手先は日本内外を問わないが、衛生管理のしっかりした業者を選んでいる。PRスタッフの宮下慧《せい》は「いろんな食材を食べてみたいというお客様の要望に応えて出してみたら反響が大きく、徐々に種類を増やしてきました。先入観を捨てておいしく楽しく、多様な食文化に触れてください」と話す。ただし甲殻類アレルギーの人は控えてほしいとのことである。

コオロギとミズアブの家畜化を目指す

ムーンショット目標5は「二〇五〇年までに、未利用の生物機能等のフル活用により、地球規模でムリ・ムダのない持続的な食料供給産業を創出」である。そのプロジェクトのひとつとして採択されたのが「地球規模の食料問題の解決と人類の宇宙進出に向けた昆虫が支える循環型食料生産システムの開発」だ。参加した研究機関を束ねるPM（プロジェクトマネージャー）は、お茶の水女子大学基幹研究院教授の由良敬《ゆらけい》である。

由良の専門は昆虫ではなく、生命情報学だ。様々な生物の持つ生命の共通性と特殊性、そして多様性を分子レベルで明らかにする学問である。具体的には高性能な汎用コンピューターを使って生物の遺伝情報、つまりゲノムを解析する。ゲノム解析は医学や生物工学など幅広い分野で応用されている最先端の技術である。その成果として、新型コロナウイルスのゲノム解析を踏まえ、新しいタイプのワクチンが約一年という驚異的なスピードで開発されたのは記憶に新しい。

お茶の水女子大学基幹研究院　由良敬教授

由良に、昆虫をテーマにしたプロジェクトを提案した経緯を聞いてみた。由良は、早稲田大学理工学術院教授も兼務している。今はプロジェクトの副PMを務める早稲田大教授の朝日透から、コオロギのゲノム解析を依頼されたのがきっかけだった。

「実は、昆虫のゲノム解析が非常に難しいということは以前から知っていたので、挑戦的で面白いという素朴な気持ちから、関わるようになったのです」

脱皮ごとに次第に発達する不完全変態の昆虫はゲノムが長いこと、また反復配列の多いことが、ゲノム解析の難しさの原因と考えられている。
由良のプロジェクトでは、昆虫のなかでも特に生産性に優れたコオロギとミズアブの家畜化を目指している。

エコで安上がりな未来の栄養食

フランス人のファーブルは『昆虫記』で、古代ローマ時代の昆虫食を家族と一緒に試してみたときの経験を、次のように記している。

「証言は衆口一致だ。焼き肉は汁気が多く、柔らかで、よい味を持っていると。そこには何かヴァニラみたいな香りを持つ焼き杏《あんず》の風味が認められた。要するに裸虫料理はちっとも厭《いや》なものではないと判定され、うまいということさえできようということになった[*1]」

裸虫とは、羽や毛のないムシを指す。ファーブルが食べたのは「ヒロムネウスバカミキリ」の幼虫で、彼は昆虫食を「うまい」と評したが、美食の国のフランスをはじめ欧米諸国で、昆虫食は普及しなかった。

日本では大正時代の著名な昆虫学者で、農商務省農事試験場昆虫部主任の三宅恒方《みやけつねかた》が全国の昆虫を調査した結果、食用昆虫は五五種類、薬用昆虫は一二三種類と報告している。三宅の報告書には昆虫の種類ごとに、食べられている都道府県も記載されており、かつては地域に偏りなく、様々な昆虫が食用とされていたのがわかる。しかし生活文化の欧米化が進むと、日本でも昆虫食は長野など一部地域に残るにとどまった。

そんな状況が大きく変わったのが二〇一三年五月のことだ。「昆虫食が世界を救う」「エコで安上がりな未来の栄養食」、こんな見出しの記事が新聞各紙に大きく掲載された。ＦＡＯ（国連食糧農業機関）が同年五月に「食用昆虫――食料および飼料の安全保障に向けた将来の展望」と題した報告書を発表し、このなかで昆虫を食用としたり家畜のエサとしたりすることを推奨したのだ。

当時の世界人口は約七一億六二〇〇万人。それが二〇二一年では約七八億七五〇〇万人となり、八年間で七億人以上の増加となっている。そして二〇五〇年には九八億人を超えると予想されている。急激な人口の増加に伴う食料の大幅な増産が不可欠である。しかしＩＰＣＣ（国連気候変動に関する政府間パネル）の二〇一九年の報告書によれば、人間の活動と密接に関係する温室効果ガスのうち、世界の食料システムから出るものが二一～三七％を占めていると推計されている。従来型の食料生産を続けていたのでは、地球環境に対する負荷がさらに拡大し、地球温暖化などの問題がさらに深刻化するのは明らかだ。

そこで注目されているのが、動物細胞を培養して生産する培養肉や植物性の代替肉、そして昆虫だ。このうち昆虫が優れている点はいくつもある。

第一に、栄養価が高いことだ。高タンパクで低脂肪。昆虫の種類にもよるが、必須アミノ酸やミネラル、鉄分なども豊富に含んでいる。

第二に環境に対する負荷が少ない。生まれてから出荷までの期間を家畜と比べてみると、家畜の品種や飼料の種類によってかなり変わるため、大まかな比較となるが、ウシは約二年、ブタは約半年、ブロイラーは約二カ月なのに対し、コオロギは約一・五カ月。加えて一年間に生まれる一頭、一匹あたりの子どもの数も、ウシは約一頭、ブタは約三〇頭、ニワトリは約三〇〇羽なのに対し、コオロギは数百匹。食べられる部分を可食部というが、ウシは約四〇%、ブタやニワトリは約五五%なのに対し、コオロギはパウダー状にすれば一〇〇%となる。飼育期間は短く、逆に繁殖数と可食部は多いほど、エサ代と人件費の両面から効率性が高くなる。

施設面から見ても、昆虫を養殖するための土地や施設で、家畜のような大規模な投資は必要ない。飼育も容易で、事業に参入しやすい。

さらに昆虫は変温動物で、体温維持にエネルギーを使わないため、好適な温度であればエサを効率よくタンパク質に変えることができる。その結果、温室効果ガスの排出量も従来の家畜に比べて大幅に少なくなり、昆虫が環境に優しいことがわかる。

コオロギに注目するベンチャー「エココロギー」

家畜のエサに多く使われる濃厚飼料は、穀物を主な原料とする。養殖魚のエサとなる魚粉も、有限な天然資源であるカタクチイワシなどから作られる。それらを人間の食料として活用すれば、より効率的だ。その代わりに、昆虫を直接食用にするだけでなく、家畜やサカナのエサとして現在の食料供給網に組み込めれば、家畜のエサを栽培する農地のため、大規模な土地改良を行ったり、広大な森林を伐採したりする必要性も減少する。

培養肉や植物肉も将来のタンパク源として期待されているが、人間が食料としてきたものを新たな食料として利用している点は従来の家畜と同様だ。

特に由良たちのプロジェクトはコオロギに注目しているのだが、その理由はコオロギの雑食性だ。例えばバッタは、草しか食べない。これに対してコオロギに与えるエサとして、食品工場の廃棄物や、農作物から食用の部分を取り出したあとの残りカスである残渣《ざんさ》、レストランなどから出る売れ残りや食べ残し、賞味期限切れなどのフードロスを有効活用することができる。さらにフンは、農業用の肥料として活用可能だ。つまり未利用の資源を有効活用する資源循環型にできるため、環境にあまり負荷をかけることなく、新たな食料源として期待できるのだ。

早大の朝日研究室でコオロギの養殖や活用方法を研究した葦苅晟矢《あしかりせいや》は、早稲田大学発ベンチャーとして「エコロギー」を二〇一七年に起業し、カンボジアで現地の農家と協力してコオロギの養殖に取り組んでいる。

二〇二一年一二月、ムーンショットでコオロギのプロジェクトに関係するメンバーが一堂に会して、東京でシンポジウムが開かれた。その席で葦苅は次のように述べた。

「カンボジアにはもともと、コオロギを食べる文化があり、気候も温暖で、コオロギを量産することができます。そこで私たちは、月産で数トンレベルのコオロギ粉末を供給できる体制をとっています。現地の農家さんがコオロギを作ってくれれば、私たちが買い取る仕組みを作ることによって、農家さんの所得向上を図る。アジア地域における貧困問題に、コオロギでアプローチすることができるのです」

エコロギーは現地の食品工場と連携して、工場から出た不良品や残渣を引き取り、コオロギのエサとして有効活用している。

朝日はエコロギーを支援する意味も込めて由良にコオロギのゲノム解析を依頼し、由良と朝日との共同研究が数年前から始まった。その過程で由良は昆虫食の秘めた可能性と重要性を理解し、昆虫食を研究開発するムーンショットのプロジェクトを率いることになったのである。

昆虫の家畜化は進展していない

昆虫食の有用性はわかった。FAOによれば、アジアとアフリカ諸国を中心に世界で今、約二〇億人が一九〇〇種類以上の昆虫を食べている。日本でも、冒頭で紹介したように昆虫料理がレストランで提供されている。コオロギパウダーを使った製品としては、無印良品を展開する良品計画がコオロギせんべいやコオロギチョコ、Ｐａｓｃｏブランドで知られる敷島製パンはコオロギパンや焼き菓子を販売して、いずれも人気を呼んでいる。

それならなぜ、人類の未来を展望するムーンショットのプログラムに、わざわざ昆虫食を取り入れる必要があるのだろうか。由良が示した答えは〝家畜化〟だ。

「カイコとミツバチ以外、家畜化できた昆虫はないんですよ」

動物を捕らえ、食用や皮革の利用などのために一時的に飼育するだけでは家畜とは呼ばない。日本語で家畜というとウシやブタなどを指す場合が多いが、生物学的には、人間が利用する目的で遺伝的に改良され、繁殖を含めたすべての生命維持活動を人間が管理する動物を指す。この場合、カイコやミツバチも家畜に含まれる。ちなみにこれが植物の場合は、栽培植物と呼ばれる。これまでの家畜は何千年という長い年月をかけて改良されてきた。

「その結果として肉用牛や乳用牛、ニワトリがいて、我々の生活が支えられています。しかし同じ手法で、コオロギを改良するわけにはいきません。千年かかったら、将来のタンパク質不足に間に合わない。そこで、生物の設計図であるゲノムが重要になるわけです」

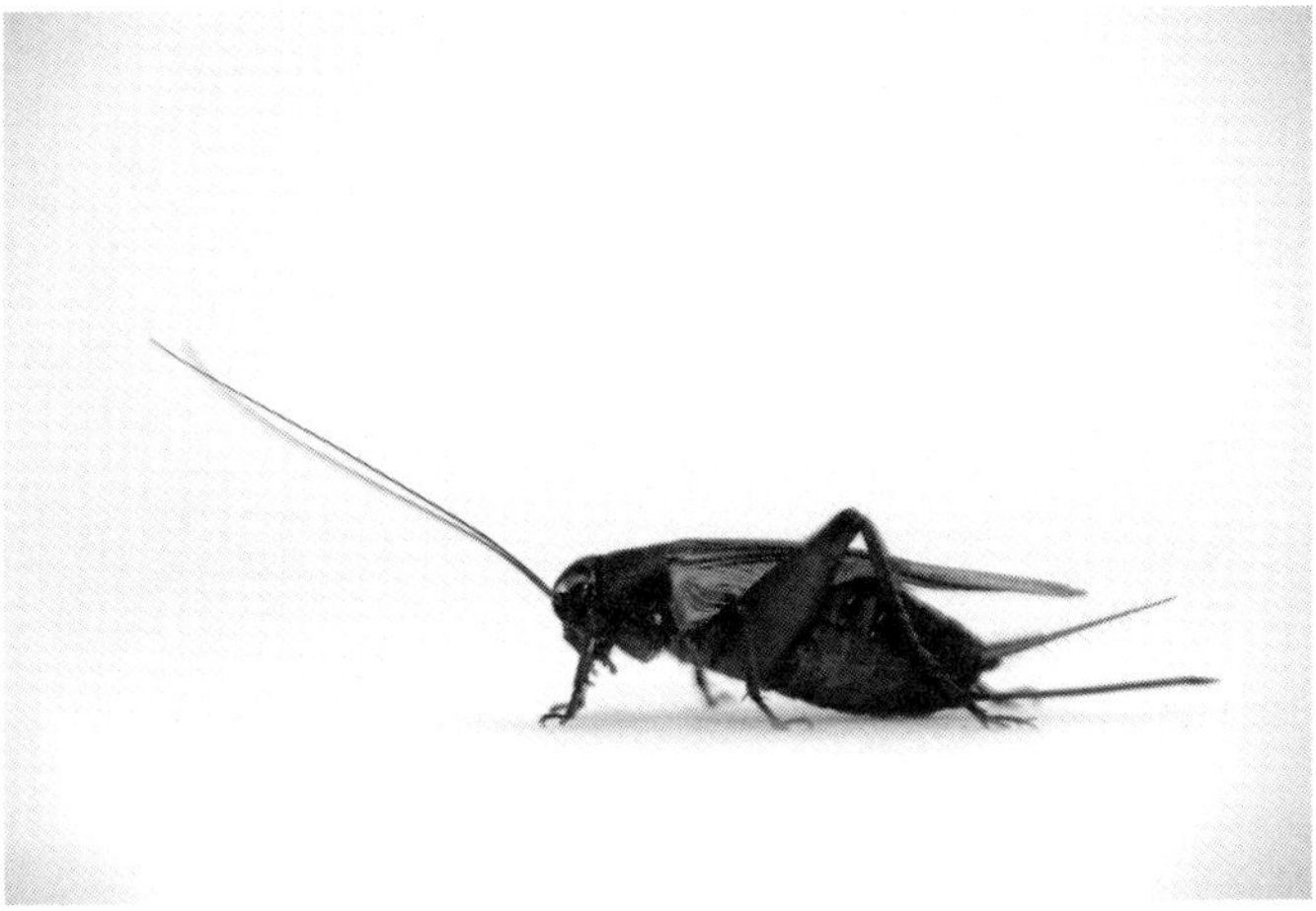
プロジェクトで品種改良を研究している「タイワンエンマコオロギ」。体長は約３センチ。「エンマコオロギ」と異なり卵の休眠性がなく、通年で飼育が可能。（提供：東京農工大学 鈴木准教授）

ゲノムとは、遺伝情報の集合体という意味の造語である。生物の形や性質を決める遺伝情報は、四種類の塩基が二重らせん構造でつながっているＤＮＡ（デオキシリボ核酸）の配列に保存されている。それを解読するのがゲノム解析だ。

一九八八年、アメリカでヒトゲノムプロジェクトが発足し、やがて日本や西欧諸国も加わったヒトゲノム解析機構によるビッグプロジェクトとなった。

一九九五年にあらゆる生物で初めて、インフルエンザ菌で全ゲノム配列が発表された。様々な細菌のゲノムを比較することで、細菌の系統や進化、発現様式の違いがなぜ生まれてきたかがわかるようになってきた。

二〇〇〇年には「ドラフト」と呼ばれるヒトゲノムの下書き版、二〇〇三年には完成版が公開された。その後も様々な生物のゲノム配列情報が急速に蓄積されることにより、以前より少ない情報でより速くゲノム配列を解明することができるようになってきている。それでも、かなりの年月がかかるのが実情だ。

「タイワンエンマコオロギのゲノム解析を三〜四年前から始めましたが、現状のコンピューターだと完成するのに一〇年はかかると思います。そこで富岳をゲノム解析に使えないかと、検討を始めています。富岳を利用できれば、完成は間違いなく早まります」

理化学研究所の富岳は二〇二一年に本格稼働し、性能ランキングで世界一位を獲得した、日本が世界に誇るスーパーコンピューターである。

前述したように、雑食のコオロギは、将来のタンパク質危機を救う有望株として、世界でも注目されている。徳島大学で食料資源としてのコオロギの研究を続け、徳島大発ベンチャーとしてコオロギの生産から自社製品の販売まで手掛ける「グリラス」CEOも務めている渡邉崇人《たかひと》は、世界の研究の現状について、二〇二一年のシンポジウムで次のように語っている。

「FAOの報告を受けて、昆虫を食用にした場合の人体に対する影響や機能性などについての研究者は一気に増えました。学会もできています。一方、品種改良の研究はまだまだで、そのなかでも一番進んでいるのは、日本のムーンショットのグループだと思います」

プロジェクトでは「アイ・エフ・キューブ」という名前のグループを立ち上げ、一一の研究機関と五〇以上の各種団体が参加して、昆虫利用型食料生産の分野でオールジャパン体制の構築を目指している。さらに海外との連携も構築していくことにしている。

由良たちのプロジェクトのほかにも、国内で大学や企業が参加するグループとして「昆虫ビジネス研究開発プラットフォーム」や「ネオアクシス」などがあり、アメリカや中国をはじめとする海外との競争も激しさを増している。

コオロギの品種改良に立ちはだかる壁

由良は、コオロギのゲノムをどのように扱おうとしているのだろうか。

「例えば感染症に弱いコオロギと、感染症に強いコオロギのゲノムを比較する。そうすることで感染症に強いことを示すDNAマーカーを明らかにし、その部分だけ遺伝子の詳しいDNA配列を解明する。全部となると大変ですが、その部分だけなら比較的簡単にできるわけです。このような手法で、コオロギのサイズや寿命、色などを決めている重要な遺伝子を突き止めていきます」

それを利用して、有用なコオロギを作り出す。早く成長して大量生産でき、病気に強く、安全で栄養価が高く、味が良ければいうことがない。寒冷地に向くようなコオロギもあれば、熱帯に向くコオロギもある。コオロギの体の大きさもポイントだ。今は小さな個体が多いが、食べ応えのある大きなコオロギができれば、料理メニューの幅も広がるだろう。

これまでは限定された個体群のコオロギが交配を重ねると、劣性遺伝子による成長抑制が起こる場合があり、現状では農家が外部から購入した卵を飼育系統に導入し、雑種化する必要があった。すぐに新しいコオロギが入手できればよいが、砂漠や極地、さらに宇宙などの環境では、そうはいかない。雑種化で、せっかく作った特性が失われる恐れもある。何代でも連続飼育でき、環境ストレスに耐性を持つコオロギも必要だ。

以前なら根気よく交配を繰り返し、突然変異が起きるのを待った。世界中で飼われている様々な種類の犬はこうして生まれてきた。植物に対しては紫外線や放射線の照射、化学薬品による処理などを利用して人為的に突然変異を起こさせる手法が開発された。黒斑病に弱い二十世紀梨を品種改良するためガンマ線照射し、開発されたのが「ゴールド二十世紀」だ。このように人間にとって利用価値の高い遺伝的性質を引き出し、新品種を人為的に作り出す品種改良を育種と呼ぶ。ポイントは、あくまでその生物が持っている遺伝子を活かすということだ。

最近ニュースでよく聞くようになったゲノム編集は、ハサミの役目をする特殊なツールを使い、DNA上の特定の場所を狙って切断し、突然変異を起こさせることで性質を変化させる。偶然性を待つしかなかった従来と比べて改良の精度が非常に高まり、育種を猛烈にスピードアップできることになる。その性質は、自身がもともと持っている遺伝子の働きによるものであり、日本では環境の変化による従来の品種改良と差がないとされて、厚生労働省が二〇一九年に新設した届出制度のみで流通できることになった。これを踏まえて二〇二〇年にゲノム編集食品として、血圧降下作用のあるGABA含有量が大幅に高められた「GABA高蓄積トマト」が承認された。ゲノム編集で肉厚にしたマダイやフグも、すでに市場に流通している。

ゲノム編集技術を使うと、もともとは持っていない別の遺伝子を外部から入れることも可能となる。これが「遺伝子組換え」だ。すでに市販されている遺伝子組換え作物としては、特定の除草剤で枯れないダイズやトウモロコシ、害虫や病気に強いジャガイモなどがある。

「遺伝子組換えでない形のコオロギの育種は行います。遺伝子組換えは、欧州諸国では依然として風当たりが強く、これからの検討課題です。そのリスクを十分に検討したうえで研究開発を進めると同時に、社会に向けて適切な情報発信をする必要があると思います」

センシティブなテーマだけに、由良の口調は慎重だ。

品種改良と安全性のはざまで

遺伝子組換え作物（GMO）は、除草剤耐性のダイズや害虫抵抗性のトウモロコシなど、従来型の育種では不可能な特徴を持つ農作物を作ることができる。しかし、自然では交配しない遺伝子を組み込むことになるため、生物多様性に関する国際条約を踏まえた日本の国内法である「遺伝子組換え生物等の使用等の規制による生物の多様性の確保に関する法律」（カルタヘナ法）の規制対象となり、安全性や環境に対する影響の厳格な審査が行われ、表示義務がある。その一方、遺伝子組換えを伴わないゲノム編集は前述したように法律の対象としておらず、安全性の審査や表示義務はない。これに対してEU（欧州連合）は日本とは異なり、ゲノム編集も遺伝子組換えと同じ扱いで規制の対象としている。さらにアメリカはそもそも条約を批准しておらず、国によって対応が分かれているのが現状だ。

ゲノム編集に対する問題点としては、生命のあり方や、野生種と交雑して環境に影響を及ぼすデメリットが懸念されている。生命は多くの遺伝子による調和のうえに成り立っているのに、機能が相反する遺伝子のうちの片方だけを意図的に壊すことで、生命の絶妙なバランスに変化が生じる恐れがある。例えば筋肉だけ肥大すれば、従来の骨格では支えきれなくなることもある。加えて、ひとつの遺伝子は複数の機能を担っているとされており、予想外の変異が起こる可能性がある。さらに現在のゲノム編集技術はまだ完成されたものではなく、類似した配列を誤って切断することがある。これを、ターゲットとしていなかった遺伝子の切断という意味で「オフターゲット変異」という。さらに切断部分で予想以上の大規模な破壊が起きたりするかもしれない。この結果、例えばタンパク質の構造が変わって新たなアレルゲンとなったり、毒性が出てきたりするなど、思ってもみなかった変化が生まれる危険性もゼロではない。

安全性を検証する専門家の立場も様々で、科学技術社会論に詳しい名古屋大学名誉教授の池内了らは「遺伝子の改変は世代を越えて継続するため、一度改変すると人間を含む自然界にどのような影響が及ぶのか現在の科学では予測がつきません」として、政府に対してゲノム編集に関する規制を求める「ゲノム編集技術の拙速な推進を憂慮する学者声明」を二〇一九年に発表している。

一方、生命倫理が専門で北海道大学安全衛生本部教授の石井哲也は、農学部出身ということもあって、食に関するバイオテクノロジーについても詳しい。石井はゲノム編集について、目的が妥当で、使い方を誤らなければ「良い技術だ」として、ゲノム編集自体は否定しない。

「以前の研究者は『今日も変わりなかったよ』と毎日つぶやきながら、数カ月とか年単位でずっと遺伝子組換え実験を続けていました。それがゲノム編集の登場で、一カ月とか、早ければ数日で狙った遺伝子改変ができるようになったのです」

確かに科学者にとって画期的な技術だ。その点を評価したうえで石井は、安全と安心の問題に対する検討と対策が現状では不十分だとして、国や一部の科学者に苦言を呈する。

「ゲノム編集の最大の問題点は、遺伝子組換えでない遺伝子改変が売り物であるにもかかわらず、実は遺伝子組換えを見逃した可能性があることです」

アメリカの企業がゲノム編集で「角なしウシ」を開発したと発表したことがある。ウシの角はそのまま放置すれば飼育する人にとって危険なだけでなく、ほかのウシを傷つけたりする恐れがある。そこで畜産事業者は角を切ったり、角が生えないよう焼きごてを当てたりするのだが、ウシにとっては大きなストレスとなる。そこで開発されたのが角なしウシだった。しかし、専門家の指摘で問題が発覚した。実はこのウシにはゲノム編集の過程で、微生物に由来する抗生物質耐性の遺伝子が入っていたにもかかわらず、ブラジル規制当局が外来ＤＮＡを見逃して「非組換え」と誤って判断してしまったのだ。

「ゲノム編集は遺伝子組換えをすることなく狙った変異を起こすことができるといわれているのですが、その主張の足元が揺らいでいます」

日本では遺伝子組換えの場合、事前審査が行われるが、ゲノム編集として届ければ事前審査は必要ない。このため角なしウシのような問題が起きる可能性が指摘されている。

ゲノム編集を推進する科学者はそのリスクについて、「従来の育種と変わらない」と主張するが、これについて石井はどう考えているのだろうか。

「従来行われている育種は、選抜を丁寧にやります。その帰結に関するリスクについては『確からしさ』がわかっています。一方、ゲノム編集のリスクは不確実という違いがあります。科学的に、例えば『オフターゲット変異がない』などの安全性を一定の確からしさで科学的に判定する評価体系が必要です。しかし現状ではそれが確立されていないのです」

「不確かなものは食べたくない」という消費者に対して、〝安心〟を提供する必要がある。そこで石井は、原理の異なるＤＮＡ解析法を補完的に組み合わせて、外来ＤＮＡの有無を慎重に確認することが必要だと主張する。

「学者で多いのは、上から目線で『普通の育種と変わらない』と一言で片付けてしまったり、一般の人びとの目線に合わせて話そうとせずに、一方的な講義調で決めつけたりする。それでは需要は広まらないと思います」

そのうえで石井が訴えるのは「ゲノム編集は私たちに、どのような恩恵をもたらしてくれるのか」という視点だ。

「ゲノム編集をどのように使ったらいいのか、国も研究者も、もう少し考えるべきです。成長スピードが速くなっても、生産者にとっては意味があるでしょうが、消費者には響きません。論文になりにくいといった問題があるかもしれませんが、おいしさや栄養成分の追求などにもっと力を入れるべきです」

ゲノム編集された生物や作物が放出された場合の環境に与える影響も、「日本には交雑可能な種はいないから影響はない」などとは一概には言えないと警鐘を鳴らす。

「科学者もいろんな専門性があって、環境の意味合いを狭く捉えている方が、けっこういます。しかし例えば北海道の道東の池で以前、何者かが持ち込んだ熱帯魚のグッピーが大量に繁殖していたケースがありました。これはまさしく、誰もが想定していなかった事態です。原因は温泉水が底から湧き出ていたからでした。私たちは環境について、マクロで捉えています。しかしニッチな部分では例外もあります。一般論で『問題ない』という見解は、拙速な結論だと思います」

生命の仕組みは複雑なのだ。

技術的に、より精緻な方法の確立や、統一された評価基準が求められると同時に、社会がどこまでゲノム編集を受け入れることができるのか、一般市民の意見も広く取り入れたうえでの検討が必要だろう。

過去にはゲノム編集したコオロギがすでに食品原料に使われていると読み取れる報道がなされ、消費者団体がメーカーに質問状を出す事態となったが、のちに記事の版元が「誤りでした」として訂正記事を掲載したこともある。

優れた品種の昆虫を安定供給すると同時に、人体と環境に対する安全性の確保を両立させなければならない。

宇宙や超高齢社会にも活用

別の面からゲノム編集の課題を指摘するのがプロジェクトのメンバーで、滋賀県にある長浜バイオ大学教授の小倉淳《あつし》だ。

「ゲノム編集はすばらしい技術ですが、ひとつだけ欠点があると思っています。ゲノム編集が入った個体は最初は一個体で、それをどんどん増やしていくと、何らかのタイミングで疫病が出たとき、あっという間に全滅してしまう危険性があります。そこで、なるべく遺伝的多様性を確保しながら、有用なコオロギを育種していこうというのが、我々のアプローチです」

集団の多様性、個体の遺伝的多様性を尊重しながら、育種していこうとする。では小倉たちは具体的にどうやって、遺伝的多様性を確保しようとしているのだろうか。

「本当は、世界各国からいろんなコオロギを集めたかったのですが、コロナ禍で渡航できませんでした。そこでまずは北海道から沖縄まで日本全国一二〇地点で、八〇種類のコオロギを採集し、世界最大級のコオロギバイオリソースライブラリーを作りました」

小倉は、ムーンショットのプロジェクトを、一九四〇年代から一九六〇年代にかけて行われた「緑の革命」になぞらえる。そのとき、穀物の生産性向上を目指して様々な品種改良が行われ、次々と多生産品種が導入された。当時は古典的な掛け合わせで改良したが、小倉たちは最新のテクノロジーを使って高付加価値化を目指す。

「我々は循環型昆虫食料生産によって、〝緑の革命〟ならぬ〝茶の革命〟を起こして、スーパーコオロギを作っていきたいと思っています」

ムーンショットのプロジェクトでは「人類の宇宙進出に向けた昆虫が支える循環型食料生産システムの開発」も謳っている。長く宇宙に滞在すると、無重力環境にさらされることによって、いわゆる宇宙病にかかりやすくなっている。骨がもろくなったり、筋力や循環器系の能力が低下したりする。実は、超高齢社会でも同様の問題が増えている。高齢者の骨粗鬆症や筋萎縮だ。こうした症状の対処法としては、高密度食材が有用であるとされている。そこで栄養特性に優れたダイズなどをエサに、栄養成分が濃縮されたコオロギで超高機能、超高密度食材を開発すれば、宇宙空間での宇宙病対策にも、そして高齢者の健康維持対策にも活用できるかもしれない。

昆虫食で「誰も飢えさせない」

東京都小金井市にある東京農工大学では、ムーンショットの事業としてコオロギの養殖実用化に向けた研究が急ピッチで進む。小型コンテナサイズのコオロギの養殖施設を近く導入することにしている。施設をコンテナ型としたのは簡単に輸送できて、いつでも、どこでも簡単に飼育できるシステムを目指しているからだ。

コンテナ内部は空気調和のためのヒートポンプを備え、多段の棚にコオロギの飼育容器を設置して、単位面積あたりの飼育数を高める。また、給餌・給水装置、フンの回収装置、脱臭装置に加え、内部環境計測用のセンサーや画像解析用カメラも設置し、飼育作業にＡＩ（人工知能）を導入して作業の効率化を図ることにしている。一方で雇用創出や環境低負荷のため、作業者が働きやすい環境作りや再生可能エネルギーの活用も目指している。

コオロギは一般に気温約三〇度で最大の成長速度となるため、日本では冬の暖房コストが最大の課題となる。そこでコンテナ内部を断熱材で囲って保温効果を高め、コンテナ内外のエネルギーの出入りを著しく制限し、省エネルギーで飼育できる閉鎖型生産システムをとる。鳴くムシであるコオロギの防音対策にもなる。

コオロギの生息に適した環境の東南アジアでも、天災による影響や外部からの異物混入を防ぎ、安定的に供給するためにコンテナ型の施設は役に立つ。

昆虫由来のタンパク源を世界で大量に生産するために、極地や砂漠などの極限環境地域でも利用できるタイプも開発する。プロジェクトでは宇宙での飼育を最終目標としている。

この研究を担っている東京農工大学大学院農学研究院准教授の鈴木丈詞《たけし》は「昆虫生産は既存の畜産業などと比べて、非常に軽労働です。そこで高齢者や障害のある人も働ける農福連携を目指します。加えてコンテナを使えば、どこでも昆虫の養殖ができる。コオロギ以外にも応用できるので、地域に合った昆虫を生産してエコツーリズムを興し、各地の地域活性化にもつなげたい」と語る。

東京農工大学大学院農学研究院　鈴木丈詞准教授
（東京農工大にて）

由良たちの設定したプロジェクトのゴールは以下の通りである。

二〇三〇年までに、昆虫を人類の食・健康と地球環境を支える新たな生物資源として活用する。

二〇四〇年までに、地球上のいかなる環境にも対応可能な昆虫生産システムを開発する。

二〇五〇年までに、宇宙空間における人類の安全・安心な食と健康を支える完全循環型の食料生産システムを構築する。

プロジェクトの掲げるミッションは「誰も飢えさせない」。

世界から飢餓をなくすためには、私たちも環境や社会に配慮した消費行動をとっていかなければならない。

＊1　山田吉彦　林達夫訳『完訳　ファーブル昆虫記（十）』（一九九三年、岩波書店）

「幸福」について、お考えを教えてください。

お茶の水女子大学基幹研究院教授　由良敬氏

幸福とは

ここで問われているのは個人の幸福、非常に私的感覚の幸福だと思っています。その個人が思う「いやなこと」がない状態、あるいは「いいこと」をめざしている状態が幸福なのだと思います。「いやなこと」と「いいこと」は常に揺れ動くものでしょうから、幸福もまた常に揺れ動く感覚だと思います。

私にとっての幸福は、健康で普通の生活ができ、新しいことを知っていくことです。「健康」も「普通」も「新しいこと」もいたって主観的な概念だと思っています。

阻害・邪魔するもの

無用なノルマや理解が非常に難解な外部圧力は、幸福の実現や達成を阻害します。社会を強く制御しようとする力は、常に発生します。それは多くの場合、何かの幸福を実現しようとして発生するのだと思います。別の幸福を実現するために、私の幸福の実現が遠のきます。エネルギー的なフラストレーションが発生し、安定点を見いだすことができなくなった状態になります。社会全体の幸福を求めるのであるならば、この安定点を見いだすことになると思いますが、それには高度なバランス感覚が必要なのだと思います。

社会の豊かさとは

かつては個人の目標と社会全体の目標が、経済的に豊かになることだったため、安定した社会発展ができたのだと思います。経済的豊かさのほころびが社会のあちらこちらで見えてきた段階で、個々人の価値観を充足する豊かさが台頭し、多様な社会が求められるようになってきたのだと思います。多様性を受け入れることができる寛容さが社会の豊かさにつながるのだと思います。

貢献

昆虫食を社会に位置づけることは、食の多様性を増すことになります。我々のプロジェクトは、昆虫を食べろと言っているのではなく、昆虫が有望な食の選択肢であることを示すことをめざしています。食の多様性を受け入れた社会が、様々な側面での多様性を受け入れることができるようになれば、その先にこれからの社会で生きていく人々の幸福があると思います。

北海道大学安全衛生本部教授　石井哲也氏

幸福とは

幸福とは欲求が満たされている状態、もしくはその際に生ずる満足感と言われているが、今日の日本では後者の重要性が高いと思われる。一方、前者については生存と生殖の欲求があるが、日本では生殖が難しい状況も指摘せざるを得ない。それは医学的不妊が原因のひとつであるが、社会的な結婚、出産を後ろ倒しにして難しくさせている側面も大きい。

阻害・邪魔するもの

前述した未充足の満足と欲求の起源は、政策や制度、社会的通念が大きなウェイトを占めていると考えている。よって、科学技術ではなく社会的アプローチでないと解決できない課題や問題が多そうだ。

社会の豊かさとは

人間は自然の脅威には勝てないし、また、人間という生物の少なくとも個々には必ず寿命がある。社会は成長し続けるという考えはそろそろ限界にきているという認識にたち、限界、制約のなかで、生の質を高めることが豊かさの認識、発見に至るのではないか。

貢献

プロジェクトのほとんどは世界視野からみているので日本人には共感しにくい部分があると思われるが、第7章「精神的豊かさ・躍動的社会を実現」は注目に値すると感じる。

※石井教授はプロジェクトのメンバーではないため、本書で紹介した研究についてコメントしてくださいました。

東京農工大学大学院農学研究院准教授　鈴木丈詞氏

幸福とは

ひとつは、自己の内的な対話である思考に深く浸るための時間的・精神的余裕が確保された状態と考える。他者とのコミュニケーションや自然観察、書物等からの刺激を積極的に受け入れ、それらを糧として思考のサイクルを回し、そこから生まれる情報を発信していくことにも心弾む。これらのプロセスは、研究と相性が良い。自然のなかで好奇心を刺激する現象を見出し、その機能や仕組みについて仮説を立て、実験等で検証する。そして、得られたデータを過去の知見と照合し、書きながら思考する。最後に、その発見を効果的に他人に伝えるために論文としてまとめ、ピアレビューを経て世に出していく一連の流れである。特に書く作業によって、ヒトが得意とする思考ツールの推敲が始まる。美しく、落ち着いた環境のなかで、書く作業に没入できれば幸甚である。

もうひとつは、「化けていく」学生の姿を近くで見ることである。自身は好きな研究を続けたい一心で、六年間ポスドクとして国内外の大学を転々としてきた。幸運なことに現在のポジションを得て、さらに幸運なことに、その主要業務のひとつが、それまで未経験の教育だったことだ。特に、研究室配属後、研究を通じて次々と殻を破っていくような学生の著しい成長は「動的な美」であり、この享受は教育者として格別である。

阻害・邪魔するもの

生きがいを軽視した「コスパ」的な考え方に集約される。「選択と集中」という経営戦略のもと、国立大学の基盤的資金である運営費交付金は、二〇〇四年から二〇一五年にかけて約一三〇〇億円削減され、その後は横ばい状態である。その一方で、競争的資金は増加した。運営費交付金の削減は安定的な雇用の機会を奪い、教育研究の環境を悪化させている。大学や部局によって金額は異なるが、一例を挙げると、運営費交付金から配分される研究経費は教員あたり年間数万円である（年間であることを強調したい）。教育経費は、博士後期課程学生あたり年間十数万円、博士前期課程学生あたり年間数万円、学部生に至っては年間数千円である。分野にもよるが、実験科学ではこの金額は数週間〜数ヶ月で底を突く。つまり、基盤的資金だけで年間を通した教育研究は不可能である。そのため、競争的資金を獲得する必要がある。

競争的資金に応募するために、数週間から数ヶ月かけて申請書を作成する。ただし、審査を経て採択に至る確率は高くても三割程度である。応募側だけでなく、審査側の業務に当たることもある。膨大な数の申請書を数日〜数週間かけて査読し、評価する。つまり、基盤的資金不足の穴を埋めるために、競争的資金獲得に向けた作業は日常業務となり、時間的・精神的余裕は減っていく。採択されたとしても、膨大な量の書類の作成や、頻繁な各種イベントの準備に追われ、これら余裕はさらに減っていく。ムーンショット事業はその典型かもしれない。今回、当該事業の一課題の事務局長を務め、大型プロジェクトの進め方を実践的に学ぶ機会や新たな人脈など、得たものは極めて大きい。一方で、研究について学生たちとじっくり議論する時間は極めて少なくなった。この現実も直視し、改善に向けた行動をしていく必要がある。

社会の豊かさとは

集団を構成する個人それぞれの生きがいを、互いに侵害せず、時に協働し、支え合うことができる「ゆとり」が社会の豊かさと考える。最近、ある分野の研究者から「昆虫研究者は、昆虫の生理や生態にしか興味がない」と直接指摘を受けた。最初は賛辞をいただいたとも思ったが、その時の話の文脈からして、その方にとっては、昆虫研究者に対する苦言だったようだ。昆虫研究者や対象を一括りにしていることはさておき、興味の駆動力なしに、どのように研究を進めるのか。情熱を持って取り組む人に冷や水を浴びせる言動は、豊かな社会とは対極にあるだろう。

貢献

前述の「ゆとり」を育むためには、安全と健康を支える環境が必要である。グローバルエコノミーに基づいた成長戦略により、都市化が進み、結果的にその空間からは多くの自然が排除され、食料やエネルギーを地方や国外に依存する力学が働いた。これにより顕在化した世界的な各種問題を見れば、持続可能な戦略ではないことは明白である。この結果を省みて、私個人としても、研究者・教育者として何をすべきか、これまでの歴史や優れた先駆者たちの知見を基盤に思考し、そして指針を定め、それに向けた行動を取っていきたい。

「culture（文化）」は、ラテン語の「colere（耕す）」に由来する。つまり、農業（agriculture）は食料生産だけではなく、文化の源泉でもある。農業に必要な自然との共生（二次的自然の管理）や地域コミュニティの形成の過程で、各地で多様な文化が育まれていく。安全と健康を支える環境の構築に加え、文化の涵養にも貢献できる農学は、まさしく総合学問であり、異なる分野の研究者間の連携が肝要である。この連携に向けた播種工程にムーンショット事業を位置付ければ、その真の成果は、たった数年で出てくるものではなく、それが有機的に機能するための育苗期間を経て出てくるものである。この育苗期間を学生と楽しみながら研究を進めていきたい。

6-2 シロアリの驚異的破壊力
有機的食料生産システムの創造

最も長寿な昆虫　シロアリ

背骨を持たない昆虫は、脊椎動物のように大きく成長することができず、その多くが数カ月から一年足らずで生涯を閉じる。しかしなかには長生きする昆虫もいる。成虫としては数週間から数カ月の命のセミやトンボも、土のなかの幼虫時代を含めると数年生きる。一部のクワガタは成虫になってからでも、数年生きるといわれる。では世界で百万種類以上といわれる昆虫のなかで、最も長寿な昆虫は何だろうか。それはオーストラリアに生息するシロアリ「ナスティテルメス・シロアリ」で、その女王の寿命は百年を超えるというから驚きだ。高さが数メートルある巨大な蟻塚で女王アリが生涯に産む卵は五〇億個にもなるという。

日本のシロアリも、オーストラリアのものほどではないが長生きする。シロアリの生態を研究する京都大学大学院農学研究科教授の松浦健二は、本州で生息するヤマトシロアリの王について、「平均すると二五年から三〇年、長いものだと私たちの寿命と変わらないものがいてもおかしくない」と話す。

この節で紹介するムーンショットの主役は知られざる昆虫、シロアリである。

シロアリが山で果たす重要な役割

私たちはシロアリと聞くと、家を土台から食い荒らす害虫をイメージする。そもそも、シロアリという名前は知っていても、見たことがないという人がほとんどだろう。かくいう私もそのひとりだ。シロアリは人目につきにくいところで生息している。だからシロアリ駆除をかたって詐欺行為を働く悪徳業者が後を絶たない。

私は今回、取材してみて初めて知ったのだが、シロアリは世間から様々な意味で誤解されている昆虫である。名前からしてそうだ。まずシロアリの「シロ」は、本当は白色ではなく、色素がないスケルトンな状態なのだ。シロアリは光の届かない木や土のなかで暮らしているため、紫外線から身を守るメラニン色素が必要ない。彼らがもし陽の光にさらされたら、すぐに死んでしまう。新たに巣を作るため、羽を持った若い王や女王のシロアリが空を飛ぶことがある。このときのシロアリは、太陽光から身を守るため、メラニン色素を作り出して黒っぽくなっている。羽アリを食べる文化のある国では、シロアリは茶色と認識されている。

京都大学大学院農学研究科　松浦健二教授

シロアリの「アリ」についていえば、アリという名前がついているが、生物学的にはアリの仲間ではない。分類階級では「ゴキブリ目」に属していて、シロアリはゴキブリの仲間だ。約一億五千年前に「キゴキブリ」から派生したとされている。これに対してアリはハチの仲間だ。約一億年前にスズメバチの祖先から分化したと見られている。

シロアリとアリは、ライフステージのあり方も異なる。アリは卵から孵化すると幼虫を経てサナギとなり、最後に成虫となる。このようにサナギをはさんで、幼虫と成虫とで完全に姿を変える変身スタイルを「完全変態」という。完全変態する昆虫にはハチやチョウ、カブトムシなどがいて、昆虫の多数派だ。これに対してシロアリは孵化したときから成虫と似た姿をしていて、脱皮して大きくなる。このようにサナギの時期が存在しないスタイルを「不完全変態」と呼ぶ。バッタがこのグループだ。ちなみに幼虫と成虫とで姿がかなり違うセミやトンボもサナギ時代がないため、不完全変態の仲間だ。

では、どのくらい生息しているのだろうか。地球上に存在するシロアリは二四京匹《けい》（京は兆の一万倍）と推計されていて、昆虫のなかでは世界最多。一京匹といわれるアリと比べて桁違いに多い。地球上の昆虫は百京匹という推計もあり、それに従うと四分の一をシロアリが占めることになる。

「それぐらいシロアリの個体数は多い。これはセルロースを栄養源とするということが、シロアリの大きな力になっているのです」

木は硬いためほとんどの動物は食べることができないが、シロアリは発達した大顎で、朽ちた木をバリバリと噛み砕いて食べる。木の主成分であるセルロースは植物を形づくる食物繊維の一種で、地球上で最も大量に存在する天然の高分子化合物である。

これに対して、アリは肉食、または雑食だ。特に日本原産のオオハリアリは、好んでシロアリを食べる。実際にアリなどの昆虫のエサとして、シロアリが販売されている。シロアリにとって、アリは天敵なのだ。このためシロアリの兵隊アリは、アリから巣を守る防衛が最大の任務となる。松浦に、木を食べるシロアリが、肉食のアリに勝てるかどうか、聞いてみた。

「勝てます。兵隊アリは巣の入り口をコルク栓のように自分の頭で塞ぎ、牙状の大顎で防衛します。このように先頭で戦うのは、一番年をとったシロアリです。最前線は一番殺されやすいのです。まだ若い新兵は、王や女王の近衛兵として最終ディフェンスに回ります」

最古参の兵隊アリが自らを犠牲にして、仲間を守るのだ。

アリとシロアリの生態で最も大きな違いは、オスとメスの割合だろう。アリの場合、産卵する女王アリはもちろんだが、働きアリもすべてメスであり、メスが主体の社会である。アリのオスは短命で、種類にもよるが孵化して交尾すると、エサとして働きアリや幼虫に食べられてしまう。

これに対してシロアリの働きアリや兵隊アリは、オスとメスの両性が存在する。さらにシロアリには女王だけでなく、王もいて、前述したように数十年も生きる。

このようにシロアリは、「アリ」という名前がついているためにアリの一種と誤解されやすいが、アリとはまったく違う生き物である。

古くから木で家を建ててきた私たちの社会から見れば、家屋の木材を食べるシロアリは害虫以外のなにものでもない。ただし、シロアリは本来、山に棲んでいる。彼らが食べる木はそもそも、山にあるからだ。山の木は寿命を迎えたり、台風などの災害で枯れたりすると、倒木となる。シロアリのいない地域では、木材腐朽菌が枯れた木をゆっくり分解して、土に還してゆく。しかし、そこにシロアリがいたほうが、分解速度は圧倒的に速くなる。もしシロアリがいないと、山のなかは枯れた木だらけになってしまう。

「例えば本州で、シロアリが一気にいなくなったらどうなるかというと、滞留する木材が増えるのは間違いないでしょうね。シロアリありきで回っている生態系ですから」

シロアリは主に亜熱帯から熱帯地域に生息している。シロアリは木を食べて、自らのエネルギーとし、そのフンは山の土となる。

厳密にいえば、シロアリが食べた木のセルロースを主に分解するのは腸内に共生する微生物だ。このように植物を消化する仕組みは、前章で紹介したウシと同様である。その過程で地球温暖化ガスの一種のメタンが生成されるため、ウシのメタン排出削減が世界的に大きな課題となっている。

シロアリも同様にメタンを排出する。しかし人口の増加に伴ってウシの飼育頭数が、肉用牛や乳用牛として急激に増えたのに対し、シロアリは特段増えているわけではない。そもそもシロアリのメタン排出は、山林で枯れた木を解体して土に還すという自然環境の重要なサイクルに組み込まれているものである。家を食べる害虫としてのシロアリより、山や林で人畜無害な分解者として働くシロアリのほうが圧倒的に多い。実は世界に三千種いるシロアリのうち、害虫として問題となるのはたった二%にすぎない。

さらにムーンショットの今回のプロジェクトは、林地残材を利用してシロアリを増殖してニワトリのエサにする家畜飼料化を目指している。未利用資源を有効活用するのが目的であり、メタンを今以上に急激に増やすわけではない。

シロアリのユニークな繁殖生態

私は子どもの頃、セミやトンボ、チョウなどのムシを採って遊んだ思い出がある。大人になっても昆虫採集が好きで、昆虫マニアと呼ばれる人も少なくない。しかし、透明なケースにアリを入れて巣作りを観察することはあっても、シロアリを趣味で採集するという話は聞いたことがない。シロアリによる住宅被害はもちろん、シロアリ駆除をかたった悪徳業者が後を絶たないという問題もあって、シロアリのイメージは悪い。松浦はなぜ、シロアリ研究を志したのだろうか。

「小学三年生のとき、釣りに行くためエサとなるミミズを探そうと、原っぱで放置されているベニヤ板をめくると、シロアリがわさっと出てきました。アリと違って、役割が違うと形が全然違う。牙を持った兵隊アリや、時期によっては羽アリも見られます。ものすごい数のシロアリが一緒に、みんなで協力して棲んでいる。『コレ、何なんだ』って、興味を持ったのがきっかけでした」

集団を作り、そのなかで王や女王、ワーカーやソルジャーなどの階級を作って分業するアリやハチ、そしてシロアリなどの昆虫を、社会性昆虫という。繁殖と労働、防衛を完全に切り分けることによって生産効率を上げ、増殖率を高めているのだ。

少年時代の興味を持ち続け、大学は農学部を選んだ松浦は、昆虫の社会生態と進化のメカニズムを研究する昆虫学者となった。

松浦たちの研究チームは、特にシロアリの多様な生態と進化力学の解明に取り組んでいる。松浦の名前を世界の昆虫研究者に知らしめたのは、シロアリの女王が単為生殖と有性生殖を使い分けているという、それまでの常識を打ち破る新発見だった。女王位は、自分の遺伝子の片側を倍にする単為生殖により継承される。つまり自分の遺伝子だけが受け継がれる次代の女王アリは、自分の分身である。個体としての女王アリは死んでも、遺伝子的に見れば不老不死ともいえる。一方で働きアリや羽アリ、兵隊アリは必ず、オスの王アリとの有性生殖で産む。

シロアリの働きアリや兵隊アリの立場になって考えてみよう。彼らは、自らの遺伝子を自分で次世代につなぐことを放棄した。その代わりに王と女王が繁殖を担っている。

「これは利他行動と見えながら、実は利己行動なのです」

つまり、自分のきょうだいを増やすという方法で、シロアリの巣が総体としてあたかもひとりの人格のように、自分たちの遺伝子を次の代につなぐという目的を果たしている。もしそこに、別の遺伝子を持つ女王が現れたとすると、それまでの働きアリや兵隊アリにとってみれば、自分たちの遺伝子を守るという労働の目的を見失うことになる。だから女王アリは個体としては死んでも、ひとつの巣の女王アリとしては、遺伝子的に不滅でなければならないのだ。

しかし単為生殖の場合、種の多様性が失われるという欠点がある。巣の奥で保護された女王の場合は許されても、働きアリや兵隊アリまで環境の変化に対応できなくなると、巣の維持ができなくなる恐れがある。そこで女王以外は有性生殖で生まれてくる。松浦はこうした、同一性と多様性を巧妙に両立させているシロアリのユニークな繁殖の実態を、世界で初めて明らかにしたのだ。

シロアリの木材分解能力を転用する試み

こうしてシロアリの生態が徐々に明らかになりつつあったとき、内閣府からムーンショットの課題が示された。そのひとつが「林地残材を昆虫等の処理で飼料化」だった。

「木材を食べられるのは、ほぼシロアリ一択なんですよ」

家屋の木材を食べる害虫としてはほかに、カミキリムシやタマムシをはじめ、家具の材料となるラワン材などの広葉樹を食べるキクイムシなどがいる。住宅で見つけたら駆除が必要だが、彼らの木材分解能力はシロアリに比べれば微々たるものだ。

それにしても、ムーンショットは月に行くぐらい突拍子もない取り組みを指すが、シロアリを扱う取り組みのどこがムーンショット的なのだろうか。

「シロアリを採取し、維持管理して増殖する技術は、そう簡単ではないのです」

例えば家の床下でシロアリを見つけたとしても、そこに巣の本体はない。シロアリは地下に蟻道《ぎどう》と呼ばれるトンネルを張り巡らしている。王や女王のいる本体は、シロアリの見つかったところから十メートル以上離れていることも珍しくはない。シロアリの生態に関する知識がなければ、林地残材の処理は難しい。

「実際問題としてあの課題が出された以上、我々が対応しなければならないという思いで、手をあげました」

シロアリの駆除を生業とする業者は多い。しかしシロアリを繁殖させるための知識を持つ専門家となると、松浦などごく限られた研究者になる。

ムーンショットで立ち上げた松浦のプロジェクトでは、昆虫としてのシロアリを研究するチームに加えて、ニワトリの飼料化を検討する畜産学のチーム、エサとしてのシロアリに含まれる機能性を検討するチーム、さらにシロアリをエサにして育ったニワトリの鶏肉や卵について機能性を検討する健康科学チームなど、幅広い布陣で研究を進めている。

「コオロギのように、すでに商品化の段階に進んでいる領域と違って、私たちのプロジェクトはプリミティブな段階です。今はないものを、ゼロから作りあげようとしているわけです」

シロアリを増殖させる取り組みは、世界でも初めての挑戦だ。

林地残材を有効資源に変える

林地残材とはその名の通り、建築や家具などに利用できない樹木の梢端部分や曲がった木材、枝葉、それに木々を間引いたあとそのままにされた間伐材など、収集や運搬コストの問題から山林に放置されたままとなっている未利用の木材のことだ。林野庁による二〇二〇年度の『森林・林業白書』によれば、二〇一四年に発生した林地残材は約二〇〇〇万立方メートルで東京ドーム一六個分、重さは約八〇〇万トンと推計されている。二〇二五年には林地残材の発生量を一〇四〇万トンと見込んでいる。日本の森林面積は国土面積の三分の二を占め、国土の保全や水源の涵養、生物多様性の保全はもとより、地球温暖化の防止など、なくてはならない貴重な財産である。人工林はこのうち四一%を占めているが、今やその半分が一般的な伐採の時期である五〇年を超えている。

その理由は、日本の林業が置かれた苦境にある。木材価格は一九八〇年をピークに木材需要の低迷や輸入材との競合により長期的に下落してきた。近年は横ばいになってきたとはいえ、スギはピーク時の約三分の一、ヒノキはピーク時の約四分の一にまで落ち込んでいる。

林業の経営状況を見てみると、保有面積が一〇ヘクタール未満という小規模零細の林家が全体の九割を占めている。森林所有者の後継難や不在村化も進み、所有者の特定が困難な森林も増えている。林地残材が増える背景には、こうした深刻な日本の林業事情がある。

林地残材を放置しておくと、大雨で流出して流木による被害を起こす危険性も指摘されている。

そこで林野庁としては、林地残材を木質バイオマスとしてエネルギー変換やマテリアル利用を進めたい考えだ。林地残材を使ったバイオマス発電をはじめ、高性能固形燃料、バイオエタノールといったエコ燃料の開発が急ピッチで進められている。シロアリの活用は、これまでにない視点で林地残材を有効資源に変える画期的なチャレンジなのだ。

オオシロアリの養殖による費用対効果

日本で一番多いシロアリは、ヤマトシロアリだ。しかしヤマトシロアリは働きアリの体長が四～六ミリと小さい。今回、ムーンショットで松浦が主に扱うのは、鹿児島県の離島や沖縄県などの亜熱帯気候で自生するオオシロアリだ。体長は働きアリだと一〇～一五ミリで、観察や飼育がしやすい。

「圧倒的に体のサイズが大きくて、増殖率が高い。逃亡した場合に害虫化しないということも含めて、オオシロアリをターゲットにしています」

奄美大島で松食い虫による松枯れ被害が出たとき、オオシロアリが大量に増えたことがあった。

「山のなかで増えたというだけで、シロアリの被害が増えたわけではありません。オオシロアリが増えたのを、一般の人は知りもしないと思います」

ムーンショットのプロジェクトではシロアリを養殖するため、朽ちた木などの林地残材を山中から置き場まで運んできて、飼育専用のプラントを建設する。松浦はムーンショットのプロジェクトに先行して農学部の圃場にプラントを作り、そのなかで増殖試験を行っている。実際には、どのようにシロアリを養殖するのだろうか。

「寄木をして、シイタケの菌を植えるように株分けをすれば、その木を使って増えていきます。コオロギと違って、日々のメンテナンスが要りません。非常に高い増殖能力を持ち、管理もしやすい」

オオシロアリ。体長 10 ～ 20 ミリ。鹿児島県南部・高知県南部に分布する。（提供：松浦教授 以下同じ）

知的財産権の関係で「増殖の細かい技術についてはまだオープンにできません」とのことだが、すでにプラントでシロアリを増殖する手法について、かなりの知見が得られている。現状では最大で、年間に四倍ぐらいの量まで増やすことができるという。

シロアリはマツやモミなど比較的柔らかい木を好むが、林地残材のほかにも、サトウキビの絞りかすであるバガスなどを使った飼育も研究を進めている。バガスは世界で年間四・五億トンも発生するが、その用途はボイラーの燃料などに限られている。製糖工場の近くにシロアリの増殖プラントを設ければ、山から切り出す木材と違って、移動コストもかからず、安定したエサの供給が可能になる。

こうして増殖させたシロアリを回収し、凍結乾燥させてシロアリ粉末を作る。一キロの乾燥粉末を作るのに使う、生きたシロアリは四キロ。それだけのシロアリを増殖させるのに林地残材が一一六キロ必要だ。現状で製造原価を計算すると、移動コストや人件費を含め、シロアリ粉末一キロあたり約六千円となる。

経費のなかでも多くを占めるのが、山中からプラントのある場所まで林地残材を搬出する人件費だ。

「実際に山のなかに行って太い木を切り、一回に何トンという木を移動させます。かなりの重労働です。それはそのままコストに跳ね返ります。ですからオンサイトという発想が、どうしても不可欠になってくるのです」

オンサイトは、林地残材が発生した現場に設置するプラントだ。そのための研究開発も進めている。

「オンサイトで回収すると、もっと安くできます。管理を自動化して一キロあたり二千円くらいにまで落とせればと考えています。それでもプラントのなかで増殖させる以上、獲ってくればいいサカナを使う魚粉と違って、どんなに経費を削減しても、十倍以上高くなります。価格では魚粉には勝てないのです」

ニワトリが産卵するためには、タンパク質も必要だ。そのためニワトリのエサには、穀物やビタミン、カルシウムなどに加えて、魚粉を混ぜる場合も多い。

裏を返すと、プロジェクトを成功させるためには、コストがかかっても売れるだけの機能性が求められることになる。費用対効果で、シロアリをエサにして育ったニワトリの肉や卵に、消費者がそれだけの対価を支払うだけの価値があるかどうかということだ。シロアリは栄養価が高く、動物性タンパク質のほかにも、亜鉛や鉄分などのミネラル分、ビタミン類が豊富に含まれている。特にシロアリはほかの昆虫に比べて強い「抗酸化活性」を持つことが知られている。冒頭で述べたように、シロアリはきわめて長生きする生き物だ。老化は酸化作用の一種ということを考えれば、シロアリの抗酸化物質をニワトリが取り込むことで、例えば「抗老化作用」のある鶏肉や卵として高付加価値化、ブランド化できる可能性があるかもしれない。

「多産」と「長寿」を両立

健康食品として知られるロイヤルゼリーは、アリやハチの王が食べるゼリーだ。例えばミツバチの場合、普通のミツを食べるのか、それともロイヤルゼリーを食べるかで、働き蜂になるか、女王蜂になるかが決まる。つまり遺伝子的には女王蜂も働き蜂も変わらない。女王蜂を作るロイヤルゼリーは昔から不老長寿、若返りの秘薬として珍重されてきた。

これに対してシロアリは、王と女王になってロイヤルフードを食べるようになる。日本のシロアリは、腸内の微生物がセルロースを分解すると書いた。これは働きアリや兵隊アリのことで、王や女王になると微生物はいなくなる。なぜなら彼らは、働きアリが給餌するロイヤルフードを食べるようになるからだ。

さらにシロアリの暮らす王室は、巣の外や内部のほかの部屋に比べて、酸素濃度が低くなっている。これにより酸化の進行、つまり加齢を遅らせているのかもしれない。

ニワトリはシロアリを好んで食べる。

シロアリで驚くべきは、王や女王が巣のなかでほかのシロアリに比べて最も活発に活動しながら、長

生きすることだ。生物は一般に、活発な代謝を行う生殖と生存とはトレードオフの関係、つまり多産と長寿とは両立しないとされている。例えばヒトやゾウは長寿だが子どもは少なく、逆にネズミは多産だが寿命は短い。ところがシロアリは長寿と多産を両立させ、「活動的長寿」を実現している。健康寿命がきわめて長いのだ。松浦は、こうしたシロアリの抗老化システムの解明についても取り組んでいる。

「ロイヤルフードを採取したのは、我々が世界初です。そこに含まれる物質の機能性をひとつずつ、分析しているところです」

新しい概念「ＷＩＬＦｏｏｄ（ウイルフード）」を提唱

シロアリをエサにするもうひとつの利点は「アニマルウェルフェア」、直訳すれば「動物の福祉」という観点だ。日本ではあまり重視されていないが、一九六〇年代にイギリスで始まった考え方で、最終的には人間の食料となる家畜であっても、健康で、ストレスや苦痛のない飼育環境が求められている。

養鶏でいえば、日本では採卵を目的とした養鶏場の九割以上で「パタリーケージ」と呼ばれる、何段にも積み重ねられた狭いケージを使ってニワトリが飼育されている。昔から「卵は物価の優等生」といわれるが、卵が低価格で提供されているのは、生産性を優先したこの方式だからともいえる。しかしＥＵ（欧州連合）をはじめ、アメリカの一部の州などでは、アニマルウェルフェアの考え方に基づいて、パタリーケージはすでに禁止されている。

エサの観点からいえば、陸で暮らすニワトリはそもそもサカナを食べない。ニワトリが最も好むのはムシなのだ。

「アリに比べれば動きも鈍くて、エサとしてちょうど食い応えのある大きさで、好んで食べます。実際に配合飼料をおもいきり食べさせたあと、生きたシロアリをやると、無我夢中であっという間に食べてしまいます。養鶏飼料に添加されている魚粉、動物性タンパク質の部分は、機能性の面では無理なくシロアリに置き換えられるだろうと考えています」

これはエサから考えた、アニマルウェルフェアといえるだろう。

林地残材は人間が食べることのない未利用資源だが、魚粉の材料となるカタクチイワシは人間の食料とすることができるのも、大きな違いだ。

ムーンショットのプロジェクトでは二〇三〇年までに林地残材等を利用したシロアリの養鶏用飼料化技術を確立し、この技術によりブランド化した鶏肉や鶏卵をベンチャー企業などを通じて市場展開を図ることにしている。

松浦はWoods（森）、Insect（昆虫）、Livestock（家畜）、そしてFood（食）の頭文字をとって作った「ＷＩＬＦｏｏｄ（ウイルフード）」という概念を提唱している。森、ムシ、家畜、そして食が有機的に結ばれた、ムリ・ムダのない食料生産システムの構築が、松浦の目標だ。

害虫シロアリで作る新しい食料システム

前節で紹介したように、コオロギは食用としてすでに日本で商品化されている。シロアリの食用はどうかといえば、アフリカのケニアなどでは、シロアリを食べる文化がある。ケニア出身で日本在住の「Mrシロアリマン」は深刻な世界の栄養失調問題を解決しようと、日本のテレビやユーチューブに出演したりして「世界8億人の栄養失調を救う『シロアリ昆虫食』普及プロジェクト」をＰＲしている。国立研究開発法人の国際農林水産業研究センターの「国際農業研究成果情報　№５，１９９７」によれば、ケニアではシロアリの羽アリを好んで食べている。西ケニアの村では全食事量の四分の一から三分の一をシロアリが占め、不足しがちな動物性タンパク質や脂肪をシロアリによって補っていると報告している。

別の面での可能性として、シロアリは腸内に窒素固定菌を持っている。つまり窒素が不足するとき、空気中の窒素を固定して使うことができる。窒素は植物にとって必須栄養素であり、窒素肥料は特に生育の初期に効果的だ。窒素が足りない土壌、例えば将来的には月や火星の宇宙農園などで活用される可能性があるかもしれない。

「害虫であるシロアリで新しい食料システムを作るなんて、奇抜な発想と思われるでしょう。しかし今、当たり前に行われている稲作にしても、最初にやり始めた人がいるわけです。シロアリを用いて食料を生産することができれば、林業を再生し、地域文化の活性化にも貢献できるかもしれません」

かつて、ひとりの少年の胸に芽生えた好奇心が地道な研究で膨らんで、新たな資源循環型の食料生産システムが生まれるかもしれない。ウイルフードが日本から世界へと展開する日が来ることを期待したい。

「幸福」について、お考えを教えてください。

京都大学大学院農学研究科教授　松浦健二氏

幸福とは

彼方に見える微かな光に向かって進む果てしない苦悩の日々の道すがら、ふと足元に見つけた一輪のスミレの花。振り返ってその花に名前を付けるとしたら、幸福という名がふさわしいだろう。ある時点で止めおくことのできる幸福などはなく、他者によって定義されうる幸福もまた存在しない。だから人はそれぞれに問い続け、悩み続け、それぞれの物語を紡ぎ、価値を創造する旅を続ける。

阻害・邪魔するもの

悲しいことに日本はもはや科学先進国でも豊かな国でもない。縮小する人口、縮小する国家財政。貧すれば鈍すという負のスパイラルを如実に表しているのが今の科学技術政策であり、ムーンショットもその典型である。研究の独創性を支えるのは財政的および時間的なゆとりにほかならない。貧すれば、直近の有用性を求める圧力が増し、独創的な研究が縮小し、国はさらに貧す。ムーンショットは当初、既存の技術の改良などではない、全く新しいものを創造するということが目的であったはずだ。現実は真逆であり、たった一年で成果を出し、実現性の目処を立てろと要求される。今無いものをゼロから立ち上げようとする真に独創的な研究は、全く本末転倒で理不尽な酷評に曝され、予算半減の憂き目を見る。科学の歩みは、予定された通りに進む「作業」のようにはいかない。

思いがけない知と知の結びつきが、大きなブレークスルーをもたらすこともあれば、膨大な労力が必ずしも相応の結果をもたらすという保証もない。何が起きるか分からない余白部分をどれだけもつことができるかが、科学技術政策の肝であり、結果としての科学の発展がかかっている。しかし、もはやこの余白の重要さが理解されるような状況にはなく、真にオリジナルな研究を目指すほど現場の研究者のパッションに冷や水を浴びせかけられるのが、内側から見たムーンショットの現状である。

社会の豊かさとは

衣食住足りて、人それぞれに多様な価値を追求し、美とともに生きられる社会を豊かな社会と考える。言い換えれば、文明と文化が対立、止揚しながらきちんと両輪並んで前に進んでいるような社会である。「幸福」と同様に「豊かさ」もまた弁証法的運動のなかに存在するのであって、鳥籠に入れて固定（定義）すると消えてしまう概念である。だからそれを問い続けなければならない。

今の人間社会はあまりにも貧相なロゴス中心主義に偏っている。モノや情報は溢れていても、本当に必要な豊かさからは乖離している。自己を省みれば、それは大学という学問の現場でも同じである。各専門領域の研究者はいるが、果たして知の統合たる学問をやっている学者がどれだけいるのか。湯川秀樹や今西錦司、寺田寅彦らを例に出すまでもなく、かつて優れた科学者は同時に優れた哲学者でもあった。人間とは何か、幸福とは何か、社会の豊かさとは何か、それを問いの中心に置いていた。社会のなかで科学があるべき姿であり続けるには、それを問い続けなければならない。

貢献

物事にはモノの側面とコトの側面があるということをきちんと学ぶべきである。食料生産に関しては食料というモノだけを見て、コト（動力学）の側面が見落とされがちである。

食糧問題が食糧の増産によって解決できるというのは、コトの視座を持っていない人が陥りやすい典型的な誤謬であり、危険な落とし穴である。ムーンショットは、新たな食料生産システムについて、来る食料不足の時代に向けた不足するタンパク質の供給手段という位置づけをしているようであるが、どのような学術的根拠があるのか不明である。飢餓問題が食糧増産によって解決不可能であることは、数々の学術論文で示されてきた現代の人口動態論や個体群生態学の基本である。飢餓問題の本質は、食糧供給量（環境収容力）の線形な増加に対する人口の非線形な増加の間のギャップにある。単純に供給量を上げて済むことなら、飢餓問題はとうの昔に解決されているはずだ。

人にとって食は単なるエネルギー補給行為ではない。それは同時に文化であり、社会システムであり、国家戦略であり、個人の尊厳であり、広範な知の統合が問われる総合学問領域である。我々が目指すのは、量の不足に対する量の増加といったものではない。我々がシロアリ飼料化という新たな食料生産システムによって目指すのは、豊かな食文化と食の機能性、多様な食料生産ルートの開拓による食のレジリエンス、そしてそれら全体を包括した食生産の物語をＷＩＬＦｏｏｄとしてブランディングすることによる新たな価値創造である。

6-3 化学農薬に依存しない害虫防除　生物農薬と自動照準レーザー

農業生産性の向上と農薬使用の危険性

「野坂さんの田圃にニカメイ虫がわいているというのは、天敵の回復が遅いわけですよ。殺虫剤で真っ先に死ぬのは害虫よりも益虫なんです。そして今度、殺虫剤をできるだけ使わないでやっていこうというときに、いちばん大きな障害になるのは、天敵が死んでいるってことなんですね。虫の耐性について、私は『複合汚染』のなかで書ききれなかったことなんですけれども、農村の人たちは虫が免疫をもっているっていうふうにいっていますね。つまり殺虫剤を使えば使うほど強い害虫がはびこってくるという悪循環も生まれてきているんですけれども、これは免疫ではない。非常に雑ないい方になるんですが、百匹の害虫を殺すために殺虫剤を撒くと、そのうち九十匹は死んで、殺虫剤に対して耐性をもっている虫が十匹だけ残る。しかしその十匹がたちまちまた百匹にふえるわけです。そうすると、その次には同じ薬では死なないという悪循環が生まれてくる」

作家、有吉佐和子が長編小説『複合汚染』（新潮社）で化学農薬（化学合成農薬）や化学肥料、工場廃液、合成洗剤、さらに窒素酸化物など様々な有害物質による環境汚染問題を提起したのは一九七五年。その二年後に出版された『複合汚染その後』（潮出版社）で有吉は作家、野坂昭如と対談し「殺虫剤をむやみやたらに使う風潮」を早く改めなければ「お百姓さんが病気になる、なっていますからね」と、日本の農業のあり方に警鐘を鳴らした。

それから約半世紀がたった今、病害虫対策は改善されたのだろうか。

世界規模で見てみると、米大統領科学技術諮問委員会のメンバーなども務めた元コーネル大教授の故デビッド・ピメンテルが二〇〇七年に出した著書によれば、世界では害虫や植物病原体により、食品となる可能性のあった四〇％以上の作物が毎年被害に遭っていると試算した。そのうえで、こうした被害を防ぐことができれば、栄養失調の三〇億人以上を養うことができると推測している。

京都大学大学院農学研究科教授で農業の病害虫対策に取り組む日本典秀《ひのもと》も「世界で生産される農作物の四割以上が、病害虫や雑草などの有害動植物によって失われています」と指摘する。ちなみに名字は「ひのもと」と読むが、父方の実家がある山梨県に同じ姓の親戚がいるという。

農薬の悪循環については、アメリカの大手化学品メーカー研究員のトーマス・スパークスが二〇二〇年に発表した論文によれば、農薬で防除できない薬剤抵抗性害虫が一九一四年に最初に発見され、一九三八年にスイスでＤＤＴ、一九四四年にドイツでパラチオンなどの有機合成農薬が次々と登場して

京都大学大学院農学研究科　日本典秀教授

以降、指数関数的に増えて、二〇一九年までで六〇三種見つかっている。その裏返しとして、害虫に効かなくなった農薬もうなぎ上りで、二〇一九年までに三三九種類となっている。

ちなみに「防除」より「駆除」のほうが馴染みのある言葉だが、「駆除」は一時的に取り除くことを指すのに対し、「防除」それに加え病害

虫が侵入できないような対策も施す。病害虫対策は、防除が重要だ。

京大の日本は、国内でも化学農薬が効かなくなっているケースが増えているという。

彼は化学農薬の廃止論者ではない。しかし農薬耐性のある害虫や細菌が増えていることに加え、農家の健康被害を懸念する。

「我々は、農薬取締法による登録を受けた農薬は、人や環境に対して安全だという立場には立っています。そうは言いつつも、農家さんは濃い濃度の原体を扱うわけです」

農家が農薬を散布するときは、重いもので数十キロもある噴霧器を引いたり、背負ったりしながら、農薬が霧状に舞っているなかで長時間にわたって作業しなければならない。その際、労働安全衛生法に基づくマニュアルでは、全身を覆う作業用カッパを着てゴム手袋に腕カバー、足元は作業用長靴、目にはゴーグル、鼻と口には農業用マスク、頭部には農業用の帽子やヘルメットをかぶらなければならない。害虫の多い夏場の作業は特に大変だ。

「研究のため私もビニールハウスのなかで農薬をまいたりしていましたが、ものの五分もたたないうちにメガネが曇って、何も見えない状態になるんですね。化学物質の危なさというよりは、暑さによる危なさがけっこう大きくて……」

熱中症や脱水症状が心配だ。作業を早朝にしたり、送風機つきのヘルメットにしたりする農家も多いが、重労働に変わりはない。そうなると、自己判断で規則を守らない農家も出てくる。実際、夏場のカッパはあまりに厳しいので「長袖長ズボンで済ませている」という農家も多い。

一九九九年に食料・農業・農村基本法、二〇〇九年には改正農地法が施行され、農業経営や農地制度の軸足が「所有」から「利用」に移行した。これに伴って農業法人が増え、農業労働者の従業員化も進んでいる。

「私の見聞きした範囲ですが『従業員に危険な作業をやらせるわけにはいかない』と言われて、農薬散布は社長の仕事になっているところも多い。社長は、経営全体に目を配るのが本来の仕事なのですが……」

農林水産省が発表している「農薬の使用に伴う事故及び被害の発生状況について」を見ると、数十年前と比べればかなり減ってはいるが、それでもこの数年で毎年十数件から三〇件程度の農薬事故が報告されている。原因別では不適切な保管と並んで、不十分な防護装備が多い。半世紀前に有吉の指摘したような健康不安が、今も心配されるのだ。

国連の人口推計によれば一九五〇年には約二五億人だった世界の人口が、半世紀後の二〇〇〇年には二倍以上の六〇億人を超え、世界的には人口の増加が少なくとも二一世紀半ばまでは続くと見られている。一方で地球上の農耕地面積は一九七〇年以降、ほぼ横ばい状態だ。というよりも、行き過ぎた化学農薬の利用で農地の劣化が進み、事実上、減っている。

それにもかかわらず、急激な人口増加を支えることができたのは、「緑の革命」と呼ばれる農業生産性の大幅な向上がある。その背景には様々な技術の進歩があるが、なかでも大きな要素のひとつとして、化学合成された肥料と農薬の大量投入がある。

農林水産省のウェブページを見ると、日本国内で農薬を使用しなかった場合、出荷金額の平均減益率は水稲が三〇％、キュウリが六〇％、リンゴにいたっては九九％となっている。

農薬を使わず、しかも肥料は有機肥料を含めて一切与えない青森の農家のリンゴが「奇跡のリンゴ」として大きな話題になった所以である。

化学農薬は即効性が強い半面、特に初期の農薬は残留性が高く、人体や環境に悪影響を与えたことも否定できない。アメリカの海洋生物学者レイチェル・カーソンは、一九六二年に発表した『沈黙の春』で、化学農薬の残留性や食物連鎖による生物濃縮の危険性を告発し、有機塩素系殺虫剤のＤＤＴやアルドリンの禁止につながった。映画『奇跡のリンゴ』でリンゴ農家の主人公や家族は、農薬の影響による身体の痒みや痛みに悩まされていた。年を経るにつれ、危険な農薬は禁止され、今の農薬は残留性も低くなった。逆にいえば、農家は害虫が発生するたびに、マニュアルで決められた範囲内に限られるが、農薬をその都度まかなくてはならない。

農林水産省のウェブページで単位面積あたりの農薬使用量の国際比較を見ると、二〇〇六年のデータだが一ヘクタールあたりで韓国が一二・七キロで最も多く、次いで日本の一一・六キロ。これに対してフランスは二・四キロ、イギリス一・五キロと、欧州諸国では低くなっている。この理由について農水省は「温暖多雨で、病害虫・雑草の発生が多く、農薬を使用しない場合の減収や品質低下が大きいといった実情」があるためと説明している。

農林水産消費安全技術センターの北村恭朗は二〇一五年に発表した論文で「世界を見渡すと農薬による中毒事故は未だ深刻な状態である。ＦＡＯおよびＷＨＯによれば、世界で毎年、一〇〇〜五〇〇万件の重篤な農薬中毒が発生し、その結果、数十万人が死亡していると推定されている」と指摘している。

そこで京大の日本は、化学農薬以外の害虫防除策を新しいスタイルの農業として提案し、ムーンショットのプロジェクトに採択された。実現を目指すのは第一に天敵を改良した「オールマイティ天敵」、第二に「共生微生物による害虫密度の低減」、そして「青色レーザーによる物理的撃退法」である。

新しい農薬が次々に効かなくなる

一九六九年、東京で公務員の家庭に生まれた日本は、理系の研究者を目指して大学は農学部に進んだ。

「生き物に関わりたいと思っていました。やはり人間、生きていくには食べていかなければならない。食べるものを作るところに貢献したいという気持ちが強かったですね」

大学では農林生物学科で昆虫の研究室に入り、そこで「ハダニ」と出会った。クモの仲間のハダニは体長が〇・五ミリほどと小さいが、繁殖力がきわめて強い。草花や野菜から果樹までほとんどの植物で葉の裏に寄生して水分を吸い、生育を鈍らせるハダニは、代表的な害虫のひとつだ。

「世界中で、化学農薬が効かなくなっているムシです。新しい農薬を次々に作っては、効かなくなるのを繰り返しているのです。いろんな作物につきますので、とにかく困った害虫です」

同時に、実験を伴う研究にはうってつけのムシでもあった。

「小さくて、しかも羽がなくて飛べないので、シャーレひとつで何百匹も飼えて、すごく実験のしやすいムシです。最初から農業害虫として重要だと思って研究を始めたわけではなかったのですが、結果的に就職してからこれまで、学生時代の知識を活かせることになりました」

大学院博士課程前期を修了した日本は一九九三年、農林水産省の研究所に研究員として入所した。翌年秋に「天敵育種研究室」が発足し、日本も加わることになった。折りしも一九九五年三月に国内で初めて、益虫である「チリカブリダニ」と「オンシツツヤコバチ」が「生物農薬」として販売開始されたのである。

「やはり化学農薬だけでは対処しきれないということが、明らかになってきたのです」

こうして天敵の研究が、日本の専門となった。二度にわたる組織改正で、日本の所属は農研機構に変わり、その専門性が評価されて二〇一九年に京都大学教授に就任したのである。

害虫の「天敵」を有効活用した「生物農薬」

一般に農薬といえば、化学的に合成された薬剤をイメージされるだろう。

農薬取締法では、農作物の病害虫の防除に用いる殺虫剤や殺菌剤、除草剤、成長を促したり抑制したりする成長調整剤、害虫を匂いなどで招き寄せる誘引剤などの薬剤を「農薬」と定義している。

化学農薬が発明される前の戦前の農薬としては、除虫菊やタバコ葉を原料とする殺虫剤をはじめ、硫酸銅と石灰を混合して作る殺菌剤のボルドー液などが使われ、その多くは少数ながら、今も使用されている。

化学農薬が登場すると、安価で効果が大きいため、農薬のほとんどを占めるようになった。一方で使い方によっては人体や環境に与える影響も大きいため、化学農薬は法律上、国の審査が必要な「登録農薬」とされ、薬効や毒性などを踏まえた使用基準が明確に定められている。

その背景には、無登録農薬事件がある。二〇〇二年に無登録の農薬を輸入して販売した業者が警察に逮捕され、全国的に無登録の農薬が流通している実態が明らかになった。無登録農薬は発ガン性などの人体や環境に及ぼす影響が懸念され、無登録農薬を使用した産地全体の農作物価格が暴落するなど大きな社会問題となった。前年には国内でＢＳＥ（牛海綿状脳症）の感染牛が初めて確認され、ＢＳＥ関連の食肉偽装による補助金詐欺事件も起きていた。食の安全に対する不信、不安が消えないなかでの無登録農薬事件は、行政の食に関する安全対策にいっそうの不信感を抱かせる事態となった。そこで「ザル法」と呼ばれた農薬取締法がただちに改正され、違法農薬の販売に対する罰則が強化されたのだ。

しかし農薬といってもすべてが化学合成したものとは限らず、人や環境に悪影響を及ぼす恐れのない天然由来の物質で防除対策をとる農家もいる。そこで新たに「特定農薬」という枠組みを作り、引き続き従来通りに使用できるようにしたのだ。

それでは生物農薬について、簡単に説明しておこう。農薬取締法で規定された効能を果たす捕食性昆虫や捕食寄生性昆虫、捕食性ダニ類などを天敵節足動物、昆虫に寄生する線虫を天敵線虫、細菌やウイルス、原生動物などを天敵微生物と呼ぶ。

このうち捕食性昆虫はエサとなる害虫を探して食べる昆虫やダニで、カブリムシやカメムシ、テントウムシなどがある。

捕食寄生性昆虫は害虫に産卵し、孵化した幼虫が宿主の身体をエサにする昆虫で、オンシツツヤコバチはコナジラミ類の天敵だ。

天敵線虫は体長一ミリ以下で、土壌中にいる害虫の幼虫の口から体内に入る。線虫は自分の腸内に持っている共生細菌を放出し、その毒素で害虫に敗血症を起こす。

天敵微生物は菌株ごとに防除効果が大きく異なっている。例えば殺虫剤として広く使われるバチルス・チューリンゲンシスは、害虫の体内で分解酵素により毒素が活性化され、害虫を体内から破壊する。

すでに感染しているウイルスには感染しにくいという予防効果を利用して、病気の予防に使う弱毒ウイルスもある。

「化学農薬をまく作業は、作物にまんべんなく、霧がかかるようにしてまかなければなりません。これに対して天敵の何がいいかというと、天敵は生き物ですので、害虫を自分で探して食べてくれるのです。カッパを着る必要もなく、ボトルを振ってパラパラとまけばいいのです」

天敵の優れている点はまだまだある。

「今の化学農薬は、昔と違って残留性が低くなり、多くのものは一度まくと確実に減っていきます。ということは、すぐに効かなくなる。だから頻繁にまかなければならない。これに対して天敵は、害虫を食べたら増えてくれるので、適切に管理すればずっと畑にいるんですよ」

天敵農薬のメリットを列挙すると、人や環境に対する影響が少ない。化学農薬に対するような抵抗性が起きにくい。化学農薬の場合は農薬の散布前より逆に増えてしまう「リサージェンス」という現象が起きる場合があるが、天敵では起こらない。

生物農薬の開発には国内外の大手化学・食品メーカーが参入し、各社が多数の特許を出願、取得している。一方で出願件数が一件から二件という中小企業も多く、参入のハードルはそう高くないようだ。

生物農薬の販売内訳を見てみると、二〇一八年のデータで売り上げトップはチリカブリダニで年間約五億円、別の種類のカブリダニ類が二位と三位でいずれも三億円程度。四位以下は一億円以下の横ばいの状態で、現状では三位までの生物農薬が大半を占めている。

このように販売実績を見ると、生物農薬に最初に登録されたチリカブリダニが今も一番売れている。特に二〇一〇年から急な右肩上がりで伸びている。チリカブリダニは、ダニを食べるダニだ。体長はわずか〇・五ミリほどしかなく、ムシを放すというよりは、一般的な農薬をまくイメージで、使う量や回数にも規制はないため、これまで生物農薬を使ったことがない農家も気軽に使えるという手軽さがある。好んで食べるのは、ハダニである。ハダニは先述したように化学農薬に対する抵抗性が発達し、化学農薬では防除できないケースが増えている。そうした農家が積極的に導入しているのだ。

これだけメリットが多いのならどんどん使われていてもよさそうなものだが、日本ではそうなってはいない。国内で農薬全体の出荷額はここ数年、約三五〇〇億円弱の横ばいで推移している。このうち、生物農薬は合計で十数億円程度だから、一％にもならない。

一方でヨーロッパを中心に海外では環境負荷の低さから、生物農薬が注目されている。インドのマーケティング調査会社「レポートオーシャン」が二〇二二年三月に発表したバイオ農薬市場に関する報告によれば、二〇二一年の世界の生物農薬の市場規模は七億九八四〇万米ドルで、当時の日本円にして約九〇〇億円規模だ。さらに二〇三〇年まで年平均成長率一三・九％で成長する見込みと予測している。

多様な害虫を食べるオールマイティ天敵の開発

このように内外で生物農薬の販売実績と予測を見ると、確かに需要はありそうだ。しかし課題もある。

「害虫がいないときには、どこかに行ってしまったり、餓死してしまったりするのが、一番使いにくいところです。問題は、生物農薬を上手に使えるようになるのに、ある程度のノウハウが必要だということです」

害虫が多すぎると、天敵をまいても食べきれないので効果が少ない。逆に害虫が少ないとエサが足りないことになる。活発に活動するための気温も重要で、天敵の好きな温度帯の時期を選んだり、施設内の温度を調整したりする必要がある。作物の大きさも重要だ。作物が小さすぎると、天敵が飛べない場合は作物と作物の間を渡っていけないので、周りの株には害虫がたくさんいるのに捕食できないこともある。日本の温暖で湿潤な気候は多様な作物栽培を可能とするが、同時にそれは害虫も多様であることを意味する。それに伴って天敵も、多くの種類が必要となってくる。

そこで日本が取り組んでいるのが、オールマイティ天敵作りだ。

「問題点はわかっているわけです。確かにエサがないと生き続けることはできませんが、飢餓耐性の強い天敵を育種できれば、次の害虫が現れるまで我慢できるかもしれない。あるいは、別のムシも食べるようにしてやれば、全体で見ればエサは常にある。逃げないようにするためには、あまり飛び回らないほうがいい。将来的にはそういった天敵を作っていこうと思っています」

すでにオールマイティ天敵の候補は見つかっているのだろうか。

「今検討しているのは、売り上げで四番目につけているタイリクヒメハナカメムシです。害虫のアザミウマを食べるカメムシです。非常に効果的なのですが、エサがないとどこかに飛んでいって、いなくなってしまいます。だから、あまり動かないように改良すれば、畑にずっといてくれるだろうと思います」

タイリクヒメハナカメムシは体長が約二ミリ。一般的にイメージするカメムシよりはかなり小さいが、それでも害虫のダニに比べたらずいぶんと大きい。サイズが大きいということは捕食する能力も高いということで、天敵としてのポテンシャルは高い。ほかの害虫や、花粉を食べるようになれば、何度も天敵をまく必要がなくなり、農家の労力も減って経費も削減される。

天敵をオールマイティ化するためには育種して改良する必要がある。最新の技術で効果的なのはゲノム編集、そして遺伝子組換えだ。

「遺伝子組換えは多分、日本人の感覚からいうと、なかなかOKにはならないだろうと考えています。ゲノム編集した天敵を農家さんが使うのも、現状では難しいかもしれません」

ゲノム編集は生物が自分で持つDNA上の塩基配列を変化させる。その詳細と課題については、本章第一節「昆虫食が世界を救う！」で論じたので、そちらをご参照いただきたい。

日本は第一段階として天敵のゲノムを解析し、今までよくわからなかった天敵の機能性の解明に役立てたいと考えている。

「天敵に関するパラメーターは作物や害虫、周りの環境などかなり多くて、分子レベルの解明がこれまでできませんでした。しかしゲノム解析すれば、遺伝子の機能をダイレクトに解明できます。それを利用すると、すでに生物農薬として販売されている天敵をもっとうまくコントロールできるようになります」

例えばどのような利用が考えられるのだろうか。

「天敵は何かの匂いにおびき寄せられると見られていましたが、詳しくはわかっていません。しかし何かに引き寄せられているのは間違いない。それがゲノム解析によって、特定の匂いに引き寄せられているということがピンポイントでわかるようになる。それをフェロモン剤のような形でまくと、天敵が寄ってきてくれるようになります」

オールマイティ天敵の最初の取り組みでは、ゲノム編集は必要ない。天敵の機能を解明することで、取り扱いやすくするのだ。

「天敵は野外に普通にいます。ヒメハナカメムシ類も日本中、どこにでもいますので、野生の天敵を呼び込めばいいだけの話なのです。天敵誘引剤のようなものができれば、自然の天敵がハウス内にどんどん入ってきます」

日本のイメージする第一段階のオールマイティ天敵は、既存の天敵を、自然界のものも含めて自在に使いこなす、システムとしてのオールマイティ化だ。要は、農家にとって使いやすい天敵を作ることができればいいという話なのだ。

日本の研究室では、二〇二二年度にタイリクヒメハナカメムシのゲノム解析を終える予定である。

「目標とする遺伝子について、目星がついてきています」

第二段階では、ゲノム編集技術を使った育種によるオールマイティ天敵作りについて、実験室で研究を進める方針だ。

「二〇二四年までには、普通のタイリクヒメハナカメムシをまくより、ずっと効果的だというデータを示すことができるようにしたいと思っています」

共生微生物による害虫防除

沖縄県は特産のスイカやキュウリ、トマトやピーマンなどに被害を与える害虫ウリミバエの対策に悩まされてきた。繁殖力が強く、殺虫剤では防除できない。東南アジアが原産で、日本生態学会による「日本の侵略的外来種ワースト100」にも選ばれた、害虫の世界では知られた存在である。

そこで沖縄県では一九七二年の日本復帰を契機に、ミバエ類の根絶防疫事業を開始した。採用した手法は「不妊虫放飼法」である。放射線を照射し生殖機能を失わせた不妊虫を大量に放ち、野生個体と交尾させて繁殖を阻止するというものだ。総額二〇〇億円以上をかけて約五三〇億匹の不妊虫が放たれた結果、沖縄県は事業開始から約二〇年後の一九九三年一〇月、ウリミバエの根絶を宣言した。先述した外来種ワースト１００のうち、根絶できたのはウリミバエだけである。

日本は沖縄県の事例も念頭におきながら、ムーンショットのプロジェクトとして、共生微生物を使った害虫の防除にも取り組むことにしている。

「放射線を当てて不妊化するのは費用もかかるし、そもそもどんなムシにでもできることではありません。これに対して共生微生物は、どんなムシにでもいるのです」

共生微生物とは動物の体内や体表面に棲みついている微生物のことだ。第5章で紹介したウシのゲップのメタンガスは、共生微生物の働きによるものだった。ウシの場合は温室効果ガスの排出で嫌われたが、共生微生物は宿主が消化できない物質を分解したり、タンパク質やビタミン類を合成したりして、有益な場合が多い。そしてほとんどの昆虫に、共生微生物が存在している。

「微生物の大半は害にならないのですが、特定の微生物を持っていると、交尾をしても子どもが生ま

トウモロコシの大敵アワノメイガ。(提供：農研機構 中野亮氏)

れなかったり、オスしか生まれなかったりする場合がある。そういった共生微生物がいれば、子どもを残せないからいなくなってしまいますよね。それを人為的にたくさんまいてやれば、特定の害虫を防除できるはずです」

なぜそれをこれまでできなかったかといえば、微生物の人工培養がきわめて難しかったためだ。それを日本からのチームは実現しようとしている。

ターゲットとする微生物は「ボルバキア」だ。ボルバキアは宿主のメスの体内で、オスになる受精卵を殺すことで、結果的に宿主はメスしか産まないという現象を引き起こす。

「これまで人為的に操作する技術がなかったので、害虫防除には使われていませんでしたが、自由自在に使いこなせるようになったら、すごく強力なツールになると思います」

日本の共同研究者はボルバキアを野生のムシから採取し、ゲノム解析を進めている。ボルバキアが宿主にもたらす現象の仕組みは、まだ明らかになっていないのだ。

「ボルバキアの遺伝子と害虫の遺伝子の組み合わせがわかれば、不妊化の方法が明らかになります」

日本がターゲットとする害虫は、トウモロコシなどに被害を与えるアワノメイガだ。しかしボルバキアが、益虫や一般のムシに悪影響を及ぼす恐れはないのだろうか。

「害虫に、ある特定の系統のボルバキアを入れて、放します。その害虫から、ほかのムシにうつったりすることはないので、そういった意味でも、すごく安全な技術だと思います」

害虫を放して、子どもを産めないのであれば、広まらないのではないだろうか。

「そこに工夫のしどころがあって、広まらなくても次世代を殺せる方法があります。それはまだ、外部に出せない段階です」

生物農薬業界も知的財産権で熾烈な競争が行われているのだ。

「我々が共生微生物による防除の対象地域として考えているのは、例えば九州全域といった、広域を対象としています。個別の施設で害虫を退治するというよりは、全体の密度を下げるというイメージです。地域の害虫密度が下がれば、畑に入ってくる害虫も減るはずです」

沖縄では県が主体となって、ウリミバエを根絶した。ボルバキアによる防除も、公的な機関が担うことになるのだろうか。

「最低でもＪＡとか地域単位、地域ぐるみぐらいでやることになるだろうと思っています」

共生微生物による害虫防除の取り組みは、二〇二二年に始まったばかりだ。ムーンショットのプロジェクトとしては、二〇二四年までに実験室内で効果を実証し、二〇三〇年ごろの実用化を目指している。

自動照準レーザーで害虫を狙い撃ち

この節で最後にご紹介するのが、レーザーによる害虫の狙い撃ちだ。

「害虫の防除方法というと、化学的な化学農薬、天敵や微生物による生物的な方法があるのですが、化学、生物と来たら、次は物理です。化学農薬の問題点を生物農薬で解決しようとしているわけなのですが、加えてまったく新たな方法も必要だろうと考えました」

今回のプロジェクトには、東北大学農学部教授で生物制御機能学が専門の堀雅敏が参加している。堀の研究室ではＬＥＤ（発光ダイオード）による青色光を当てると昆虫が死ぬことを突き止め、二〇一四年に発表した。

それによると、一般的に光は、波長が短いほど生物への殺傷力が強くなる。紫外線よりも波長の長い可視光が昆虫のような動物に対して致死効果があるとは考えられていなかった。さらに堀の研究で、ある種の昆虫では、紫外線よりも青色光のほうが強い殺虫効果が得られること、また昆虫の種により効果的な光の波長が異なることも明らかになった。

「ＬＥＤは全体を広く照らすのにはいいのですが。レーザーも最近、技術がどんどん進化しているという話を伺ったので、お声がけしてプロジェクトに入っていただくことができました」

レーザーと聞いて、大掛かりな装置を思ってしまったが、小型の半導体レーザーは消費電力が少なく、半導体そのものは安いもので数百円程度から入手できる。私たちの身の回りでもコピー機やレーザープリンター、パソコンで使うマウスや光学ドライブのピックアップ、バーコードリーダー、レーザーポインターなど、確かにレーザーがあふれている。

レーザー撃退システムの概念図。（提供：日本教授）

日本の考える害虫の撃退システムは、まず害虫をカメラで捉えると、ＡＩによる画像認識で、害虫かそうでないか、害虫だとすれば、どの種類かを判定する。ＡＩが撃退すべき害虫だと判断すると、画像の情報をもとに、レーザーをどこに向けて照射すればいいのかを計算する。それに従ってレーザー本体を動かし、スイッチをオンにしてレーザー光を照射する。

問題は、ターゲットとする害虫が空を飛んで三次元的に移動することである。面で照射するＬＥＤと違い、レーザーは直線でピンポイントに照射する。その際、カメラの映像からＡＩが判断し、レーザー本体を物理的に動かして発射するまでのタイムラグが発生する。止まっているムシならそのままで撃ち落とせるが、飛んでいるムシは移動先を予測して照射しなければならない。東北大の堀を中心として、農研機構や大阪大学でチームを組んで、この問題に取り組んだ。

「そこが一番難しかったことです。レーザーをいかにしてムシに命中させるか。予測が一番の鬼門でした。実現するのに二年かかりました」

一般的な動画のビデオは、一秒間に三〇コマで撮影している。

「一～二コマ先を予測できれば撃ち落とせるということがわかりました」

一コマあたり、〇・〇三秒である。

ムシの種類によって、予測の方向や距離は違わないのだろうか。

「そのデータを蓄積しつつあるところです。大きな分類で見ると、けっこう違います。例えばアワノメイガなどのメイガ類というグループだと、同じような飛び方をします。アゲハチョウとは全然違う飛び方です。AIは飛び方を認識しますので、害虫は撃ち落とすけれど、アゲハチョウは撃たないということができるようになってきます」

研究グループで実験の材料としているターゲットは、ハスモンヨトウというガだ。成虫の体長は約一五～二〇ミリで、野菜や果樹、花卉などに被害を与えるやっかいな害虫だ。

「最初の実験対象に選んだ理由は、重要害虫であり、かつ実験がしやすいのが一番ですね」

動きが遅いとか、レーザーで狙いやすいとかはないのだろうか。

「特に遅いわけではないです。むしろ速い。速くても、直線的に行くムシは予測しやすいですね。スピードよりは、やはり動きです。短い時間で見ると直線になるので、予測できるのです」

一コマ、〇・〇三秒程度で予測できれば、直線的に計算できるのだ。距離的には数センチである。実はまだ、実際にムシを飛ばしてレーザーで照射する実験には至っていない。

「とにかく動きを計算するところが大変でした。今の段階では、飛行経路のデータを使ってレーザー照射をシミュレーションすると、約九〇%の確率で撃ち落とせるというデータが出ています」

レーザーの射程は、約五メートルで考えている。当面は施設栽培での利用を考えていて、一般的なビニールハウスは、幅が五メートル程度だからだ。

「両端に一機ずつ置いておけば、全体をカバーできるイメージです」

照射距離を延ばすこと自体は、それほど難しいことではない。パワーを上げればいいだけだ。同時にカメラで捉える害虫のサイズが小さくなるので、カメラの解像度を上げる必要がある。

「技術的にはすべて可能ですが、実際に使ってもらうことを考えたとき、高価にして遠くまで狙うよりは、むしろ安価なものをたくさん置いたほうがいいのではと考えています」

実用化に向けてカメラとAI、それにレーザーが一体化した製品を目指している。

「現状でも何万円かでできますし、将来的には一万円ほどに下げられると思います」

さらにタイヤや走行用のベルトをつけて、畑のなかを自律的に巡回しながら、害虫を狙っては撃つという戦車タイプも検討している。そうなるとスターウォーズならぬ「ガーデンウォーズ」の世界が実現しそうだ。

二〇三〇年には、実際に生産者の圃場でも使えるようなモデルを試作できるよう、準備を進めることにしている。

害虫防除技術の進展が与える影響

共生微生物による防除のおかげで、地域一帯の害虫の数は、以前と比べてはるかに少なくなってきている。それでも害虫のガが圃場に入ってくる。小型カメラでガをキャッチした害虫駆除ロボットから、青色レーザーが放たれ、次々とガを撃ち落とす。それでもごく少数のガは施設のなかに侵入した。

待ち受けていたのはオールマイティ天敵だ。エサが少なくても生きられるだけに、お腹をすかせていた天敵昆虫があっという間にガを捕食してしまった。

日本のグループが進めるプロジェクトの予想図を描いてみた。天敵や微生物を使ったソフトな対策と、レーザーを使ったハードな対策が補完し合いながら、硬軟あわせもった害虫防除策が完成する。

大規模農場ではレーザーとカメラをパワーアップすればいいだけだから、海外でも展開できそうだ。「病害虫の防除に対する生産者の一番の不満は、本来はできればやりたくないことなのに、そこにかなりの労力を費やさざるを得ないことなのです。本当は、より良い作物を作るところに注力したいのです」

確かに害虫を防除しても、マイナスをゼロにするだけだから、そこだけ見れば生産的ではないかもしれない。それでも農家は日々、病害虫対策に頭を悩ませている。

日本たちの取り組みは、化学農薬に比べれば即効性は低いかもしれない。しかし農作業に携わる人たちにとっては、実現すれば朗報となるだろう。近い将来の日本や世界の農業にとって、必要不可欠な技術になりそうだ。

「幸福」について、お考えを教えてください。

京都大学大学院農学研究科教授　日本典秀氏

幸福とは

やはり世界中の人が食べるものに困らない、食べるものを心配しなくてもいい世の中にするというのが、一番の幸福だと思っています。

阻害・邪魔するもの

我々の対象とする病害虫ですね。でも病害虫って、本当は病害虫じゃないんですよ。我々から見たらそうですが、彼らは彼らで生きるためにやっているだけですから。そう考えると、本来あるべき生態系を取り戻すということが必要なのかなと思います。

社会の豊かさとは

結局、食べるためにあくせくして働いているわけです。食べ物自体も安くしないといけないと思いますし、日本という限られた地域で見れば、食べ物の多くを輸入しています。国内の生産性をもう少し上げ、さらに産地に近いところで消費できるようになってくれれば、輸送に使われているエネルギーも節約することができて、国内の食料事情はもっと良くなると思います。

貢献

化学農薬の使いすぎで、周辺も含めた生態系が破壊され、特定の害虫だけ増えてきたという経緯があります。やはり化学農薬を全体的に減らしていくことで、世界全体の生物の相互作用が、元のバランスに戻ると思うんです。害虫は結局、他の害虫じゃない虫に抑えられて、そんなに増えなくなる。そうした世界に戻してやればいいのかなと思っています。

6-4 自然資本主義で未来型食品の実現を！ 次世代型食料供給産業の創出

大学では農学系部門の新設が続く

「農学は、農林水産生態系の持続的保全と発展を図りながら、人類と多様な生物種を含む自然との共生を目指す総合科学であり、その意味において、他の学問分野とは異なる独自の存在基盤を有する」

二〇〇二年、全国農学系学部長会議が制定した「農学憲章」の一節だ。確かにその目的は時宜にかなっている。それを裏付けるように、この二〇年ほどで見ても、一八歳人口が減少を続けるなか、全国の大学で農学系の部門が次々と新設されている。二〇一五年度には京都の龍谷大学で、国内では三五年ぶりの新設となる農学部が開設された。二〇一八年度に開学した新潟食料農業大学は農学系単科大学として、九三年ぶりの新設である。二〇二〇年度には大阪府の摂南大学で農学部が発足した。さらに農学系の学部や学科としては、山梨大学で生命環境学部、徳島大学で生物資源産業学部、京都の立命館大学で食マネジメント学部、福島大学で食農学類（福島大学の学類は学部にほぼ相当）といった具合である。「モリカケ問題」のひとつとして政治問題となった岡山理科大学の獣医学部開設も、農学系である。二〇一八年度の獣医学部開設は五二年ぶりのことだ。

その研究内容を見てみると、従来の農林畜産水産業という枠組みに収まらないテーマが多い。なかでもバイオサイエンス（生物科学）やバイオエコノミー（生物経済）、バイオマス（生物資源）、バイオインフォマティクス（情報生物科学）など、バイオテクノロジー（生物工学）とＡＩ（人工知能）、それにＩＴ（情報技術）を融合させた研究が時代のトレンドになっている。環境や生態系の保全も重視され、さらに地球人口の増加を見据えた食の分野も人気だ。加えて医療まで、生物の存在しているあらゆるフィールドを対象に、分子レベルから生態系のレベルまでカバーした、新たな挑戦が農学系の大学で始まっている。

「ワン・アース・ガーディアンズ育成プログラム」も、農学における新たなチャレンジのひとつである。

「自然資本主義」へのパラダイムシフト

『ガーディアンズ・オブ・ギャラクシー』というアメリカのコミックを実写化したＳＦ映画がある。ヒーローらしくないアンチヒーローたちが銀河滅亡の危機を救うというスペースオペラで、第一作が二〇一四年に公開された。アベンジャーズと並ぶマーベルの人気シリーズだ。

「アメリカの学会で研究仲間に会ったとき、『ヒーローらしくないＳｈｉｎたちがやるのだったら、ワン・アース・ガーディアンズという名前がピッタリかも』って言われて……」

名前の由来について苦笑交じりに語るのは、東京大学大学院教授の高橋伸一郎だ。「ワン・アース・ガーディアンズ育成プログラム」は、高橋の所属する農学生命科学研究科が、従来にないタイプの科学者集団とそのネットワーク構築を目指し、二〇一七年にスタートさせた取り組みだ。

ガーディアンズは、日本語で「守護神」「守り人」を意味する。「ワン・アース・ガーディアンズ」

を訳す場合は、「地球医」と呼んでいる。高橋はワン・アース・ガーディアンズの狙いについて次のように語る。

「生物界全体をかけがえのない、ひとつの地球の一部として捉え、経済価値がないと考えられている生物も含めてすべての生物の健康を維持しようとする概念のことを、我々は『ワン・アース』と呼んでいます。そのうえで、一〇〇年後に立ちはだかる農学分野の課題を俯瞰的に洗い出し、現場で実現可能な方法を見つけて実践し、展開することができるような科学者の集団を作り、一緒に活動していきたいのです」

人間をすべての中心に置き、大量生産・大量消費を続けてきたのが、従来型の経済資本主義だとすると、そこから脱却し、地球のことを考える「自然資本主義」へのパラダイムシフトを目指している。

カリキュラムは、幅広い知識を有機的につなげて俯瞰力を育む「基礎地球医学」、課題発見力や解決力を育む「応用地球医学Ⅰ」、社会を巻き込む発信力を育む「応用地球医学Ⅱ」がある。約五〇社の協力を得て行われているインターンシップでは現場を知り、問題を解決するだけでなく、将来起こりうる事態を予測して新たな課題を見つけたり、自らの専門分野とは異なる分野との融合、深化を図り、社会に提言したりすることを学んでいる。すべて修了すると、ワン・アース・ガーディアンズに認定される。

東京大学大学院農学生命科学研究科　高橋伸一郎教授

スペシャリストでありながら、同時にゼネラリストでもあることで、世間知らずのたこつぼに陥ることなく、ほかの分野の研究者とも協力しながら、チームの力で課題を解決していくのがワン・アース・ガーディアンズだ。これまでに約五〇人が履修し、各分野での活躍を開始している。

「ぼくらが今進めているムーンショットの研究成果を活用して、新産業を創出します。そのとき、ワン・アース・ガーディアンズに連携してもらって、循環型経済を作り上げるのが未来ビジョンです」

裏返しの発想でタンパク質の分解を研究

高橋が中心になって取り組むムーンショットは「食から健康」を実現するための基盤技術を確立したうえで、健康寿命の延伸に役立つ「未来型食品」の開発と、「自然資本主義社会」を基盤とする「次世代型食料供給産業の創出」を目指している。その詳細を見る前に、高橋の人となりと、これまでの研究を紹介しておこう。

高橋の父方の祖父は矯正歯科の泰斗、母方の祖父は食用油の会社の研究者と同時に農芸化学の講師、父は種無しブドウを作る植物ホルモン・ジベレリン研究の農芸化学の権威、母だけは英語教師で画家と毛色が異なるが、妹も食品化学の大学教授という三代続く学者の家系である。特に父は高橋と同じ東京大学農学部で学部長を務め、博士号は父から授与された。

「『三代目は身上を潰す』と、ずっと言われてきました。誰かが〈高橋先生へ〉と何かをぼくに渡しても、それはぼくにではない。大学で〈高橋先生〉といったら、うちの父のことだったのです」

偉大な父を持つのは子どもにとって、プレッシャーだろう。同じ農学部でも、植物を研究対象とした父とは異なり、高橋は動物の栄養化学を専門に選んだ。

「その頃、動物のタンパク質がどのように合成されるのかという研究は流行りでした。一方で、どのように分解されるかという研究はあまりされていませんでした」

農学は基本的に実学であり、直接的に社会への貢献を目指す学問だ。例えば畜産だったらタンパク質の合成を早く進め、家畜をより大きくすることを目指す。ところが高橋が最初に入った研究室は、少し違ったアプローチをとっていた。

「ぼくらはタンパク質の分解を止めることによって、動物を大きくすることができないかという、まったく裏返しの発想で、タンパク質の分解を研究しました。みんながすることとの逆を行くという、逆転の思考法を学びました」

助手として東京農工大学に転じると、生化学者でコラーゲン研究の第一人者である藤本大三郎から指導を受けた。

「『混んだところでやる必要はないよね、高伸さん（高橋の小学校からのニックネームである）』と言われました。先生はすごく重要な発見をされても、そこに人が集まってくると、すぐに違う研究を始められるのです。『生命現象って、九九・九％がわかってなくて、〇・一％しかわかっていないのに、どうして同じところで競争するのか。みんながやってくれるのだったら、ほかのことをやりましょう』という先生でした。あえて別の道を行くという考え方が、ここで身についたと思います」

夢のような薬の活用法

次に高橋は、インスリンに類似したホルモンである「ＩＧＦ（インスリン様成長因子）」の研究を深めるため、その道の権威がいるアメリカのノースカロライナ大学医学部に客員研究員として留学した。

「ＩＧＦはタンパク質の代謝に重要な役割を果たしているのですが、インスリンと比べるとほとんど研究されていませんでした」

インスリンは、食事摂取に応答して短時間で分泌され、主に糖や脂質などの物質代謝を調節する。これに対してIGFは、動物の発達段階に応じて分泌量がゆっくりと増減し、増殖や分化といった長い時間を要する細胞応答を促進する。陸上競技にたとえればインスリンは短距離走者、IGFはマラソン走者だ。IGFは効果の発現に長時間を要するため、その作用がどのような仕組みで誘導されるのか、明らかになっていなかった。

「その効果を実験してみると、夢のような薬なんですよ」

成長を促進するし、骨も再生し、抗老化作用もある。神経を再生するので、アルツハイマー病にも効く。腎臓の働きを良くするし、免疫増強作用もある。しかし医薬品としては、特殊な糖尿病と成長障害疾患に対する治療薬としてしか認められていない。

「一番の問題は、細胞がガン化する可能性があることです。ガン化したら困るので、臨床的には使いにくい薬ではあります。しかし別の視点で研究したら、ガンを治すことができるかもしれない」

帰国した高橋は研究を重ね、IGFの受容体に、長時間かけて作用を誘導する特別なシステムが内蔵されていることを、世界で初めて明らかにした。生化学や分子生物学分野で最も権威あるアメリカの学術誌のひとつ『ジャーナル・オブ・バイオロジカル・ケミストリー』に、二〇一二年に発表した。

高橋はさらに、このシステムの異常で起こる疾患を予防したり治療したりできないか、研究を続けた。こうなると農学というより、医学という感じだ。

「何でぼくは農学部にいるんだろうって、その頃はずっと思っていました」

ところがこのあと、IGFをコントロールしていたのはアミノ酸であることがわかった。そこでアミノ酸のシグナル伝達を利用した高品質な食資源を作ろうという研究に急転回した。これが農学の、実学たる所以だ。

その仕組みは以下のようなものである。タンパク質の合成が低下すると、余剰なエネルギーが出る。ではそのエネルギーはどこに行くかを研究するうちに、肝臓に貯められていることを発見した。なぜそうなるか考え、生物が地球に誕生して以来、飢餓の時代がずっと続いてきたため、生物は余ったエネルギーを脂肪にして貯め込むようになったという結論に行き着いた。その結果が脂肪肝である。

農業に応用する具体的な手法としては、エサに含まれる成分のうち、特定のタンパク質、あるいはアミノ酸の量を、生物の種類や目的に合わせて調節するだけだ。

「『フォアグラが作れないか』という話になりました。ブロイラーでも地鶏でも廃用鶏でも、とろけるような柔らかいレバーが簡単にできたのです」

廃用鶏というのは産卵用に飼育され、一～二年程度の産卵期間を終えた雌鶏のことだ。食肉用のブロイラーと比べて肉質が硬く、加工肉として利用されるが、市場価値が低いため、処理費用のほうが高額になるという。処理場も不足しているため廃用鶏が長期間、狭いケージ内に放置されることもあり、家畜を快適な環境で飼育すべきだという「アニマルウェルフェア」の面からも問題となっている。

その廃用鶏を利用して、フォアグラのような柔らかいレバーを生産することができる。方法は、エサの成分からタンパク質を減らすだけだ。鴨を使ったフォアグラ作りのように、無理やりエサを食べさせるのではなく、普通にエサを食べさせる。アニマルウェルフェアの精神に反することもない。「鶏の白肝」として、大手総合商社が近く業務用に取り扱いを始める予定だ。

この取り組みは、フォアグラの本場からも注目されている。ハンガリー大使館のスタッフが高橋に連絡をとり、本国で取り組みの打ち合わせを始めることにしている。

養殖魚では、筋肉への過剰な脂肪蓄積を抑制するために肝臓への脂肪蓄積を誘導し、天然魚に近い味がする養殖魚肉を作ることができるようになった。

ブタでは、アミノ酸のひとつ、リジンを欠乏させたエサを給与することにより、脂肪の蓄積する部位が変わり、霜降りの割合が一般的な肉の約二倍となる豚肉が作られている。肉の旨味と脂身の甘みが強く、おいしくてヘルシーなのが特徴だ。岐阜県で特産の「ボーノポーク」として販売されている。スペイン特産のイベリコ豚は、ドングリをエサとして育てられるが、ドングリもリジン含量が少ない。

この原理は、動物プランクトンからヒトまで使えることがわかり、ウシでもこの新しい原理を使った赤身を増加させる方法の開発に取り組み始めている。ヘルシーな赤身肉ブームを追い風に、牛肉ではジューシーで柔らかい赤身肉を生産することができる日も近い。

ヒトは最も弱い生き物

そしていよいよ、ムーンショットのプロジェクトである。テーマは「自然資本主義社会を基盤とする次世代型食料供給産業の創出」だ。

まず前段の自然資本主義だが、これについてはすでに述べた。食料供給産業は、特に先進国では消費者の意向、ニーズによって形成される側面が強い。

「そこで健康と環境に配慮した、合理的な食料消費を促すため、消費者の意識を現在の経済偏重資本主義から、『自然資本主義』へと変容させる必要があります。この社会活動を、ワン・アース・ガーディアンズの協力を得ながら進めていきます」

　ワン・アースを考えるときに高橋が訴えるのは、ヒトはピラミッド型の生物界の頂点に立っているのではないということだ。むしろ事態は逆で、ヒトが逆三角形の最下部に位置し、上に行くに従って哺乳類、鳥類、爬虫類、両生類、魚類、昆虫類などと幅が広がり、最上段は森林などの植物、そして一番上が豊かな大地と海洋である。

「ヒトがすべてを支配しているのではなく、ヒトはすべての生物の健康に自らの生存を支えられている、最も弱い生き物なのです」

　言われてみればもっともだ。

「『お前は従属栄養生物だから、何の役にも立っていない。悔しかったら光合成してみろ』っていうのが、父の植物学者的発想です。よく考えてみたら、うちの父も何もしていないのですけど」

　高橋は笑いながら話してくれたが、地球を俯瞰すると確かにそうなのだ。人間は一番弱い生き物だからこそ、火を手に入れて以降、文化や文明を発達させた。弱さを強さに反転させたが、

最も弱い生物であるヒトは一番最初に、地球からキックアウトされる可能性がある。
© Kyoko Takahashi 2017（提供：高橋教授）

それは自然の恩恵を利用しているにすぎない。ワン・アース・ガーディアンズは、人間が自然を征服するのではなく、自然と共存する存在であることを再確認しようという取り組みでもある。

今この瞬間の自分に一番ふさわしい食品

プロジェクトの目標は二〇三〇年までに、科学的なエビデンス、つまり根拠に基づいた「食から健康」を実現することだ。高橋はそれを「AI《エーアイ》 Nutrition《ニュートリション》」と名づけている。AIを駆使することで、一人ひとりにふさわしい栄養のある食事を提供するという意味だ。

高橋の目指す未来型食品とはどのようなものだろうか。

「それぞれの人に一番合った食事を、テーラーメイドで提供します。今の生理状態に一番ふさわしい食品です。それを未利用の資源で供給できれば、なおいいですね」

もう少し、具体的に説明してもらおう。

「組成が一番大事です。なかでもアミノ酸が、ほとんどの代謝をコントロールしていて使いやすい。糖質はエネルギー源ですが、なるべく制限する。アミノ酸も燃やせばエネルギーになるので、エネルギー源としても摂れるようにするのが重要です」

テーラーメイドのメニューは、どのように作るのだろうか。

「食事の内容によって、アミノ酸がどのように変化するかがわかれば、それをもとに食事をデザインしていくことができると思います」

そのための取り組みのひとつが、常時、代謝系をモニターするウェアラブル端末の開発だ。先述したように高橋は、人間の体内にあるアミノ酸が人体の機能を様々にコントロールしていることを研究してきた。しかしこれまではいちいち、採血しないとアミノ酸を測定できなかった。そこで大手精密機械メーカーと協業し、時計のようなウェアラブルデバイスを装着すれば、血中アミノ酸の種類や濃度がわかるようなシステムを開発している。

「常にアミノ酸の濃度がわかるようになれば、必要に応じた質の高い食事を摂ることができます。例えば、中村さんの今の状態をモニターできれば、メニューとしてはハンバーグでも、オススメの材料を取り入れた料理を作ることで体調は良くなり、健康寿命も延びると思います」

未来食品というと、スイッチを押せば出てくる宇宙食のようなものをイメージしがちだが、高橋の目指すのは、システムとしての未来食品だ。場合によっては、今食べているものがそのまま、未来で提示される未来食品という場合もあるかもしれない。

廃棄される三五%の未利用魚

高橋がムーンショットのプロジェクトとは別の予算で進めている研究もある。それは、未利用の資源を最大限に活用する方法の開発である。FAOが公表した二〇二〇年版『世界漁業・養殖業白書』によれば、魚介類の漁獲量や生産高は年々、増え続けている一方、その総数の三五%が廃棄されている。未利用となった理由は漁獲量が少なかったり、サイズが小さかったり、狙った魚種とは違うサカナだったり、一般に知られていないサカナのため流通ルートに乗らなかったりと、様々だ。

「表にはなかなか出ませんが、実際にはもっと廃棄されていると思います。海洋投棄されたり、捨てられたりしているのです。そんな未利用魚を、新しい加工法で簡単に保存できるようにしようと考えています」

高橋の共同研究者である自治医科大学教授の崔龍洙のアイデアは、細菌（バクテリア）に感染するウイルス「バクテリオファージ」の利用だ。単に「ファージ」と呼ぶこともある。ウイルスを使うと聞くと、大丈夫かなと思う人もいるかもしれない。結論から言えば、バクテリオファージと呼ばれるウイルスは、どこにでもいる。私たち人間の皮膚や口のなか、お腹のなかはもちろん、動物や植物、大地や水中など、ありとあらゆるところに存在している。ファージとは「食べる」という意味で、「細菌を食べる」のがバクテリオファージだ。

すでにある利用法としては、抗生物質が効かなくなった細菌感染症に対する代替治療として使われている国がある。さらにファージを抗菌剤として活用するための研究が世界的に進められている。そのバクテリオファージを高橋は、水産業に活用しようとしているのだ。

「地球温暖化の影響で、獲れるサカナの種類が次々に変わってきています。このため既存の処理工場では対応できないこともあります」

これも未利用魚の増える理由のひとつだ。高橋の考える施設の特徴は、小規模でできることだ。

「大きな施設は必要ありません。各地に小さなステーションを作り、ファージで殺菌したサカナを冷蔵庫で保存すれば、生の状態をこれまで以上に長く保つことができるようになり、廃棄しなければならないサカナが減ります。産業インフラの再構築にもつながります」

食品メーカーの協力を得て、すでに試験用工場の用地を確保し、機械も試作段階に入っている。

もうからなければ、やらない？

「Society（ソサエティ）5・0」という言葉を、政府や各種団体の提言書などでよく目にするようになった。二〇一六年に閣議決定された「第5期科学技術基本計画」で提唱された概念だ。狩猟社会が「1・0」、農耕社会が「2・0」、工業社会が「3・0」、情報社会が「4・0」であり、これに続く超スマート社会という意味である。内閣府ではICT技術を活用した社会全体のトランスフォーメーションを目指している。これに対して高橋は、「ソサエティX」を提唱する。

「工学や情報では、リアルな農林水産業を再構築することはできません。なんとかして第一次産業の再生を図ろうというのが、ぼくらの目標であるソサエティXです」

ソサエティ5・0が6・0、7・0へと進化したとしても、人間中心という考え方は変わらない。そうではなく、究極の存在である地球を中心に置いたソサエティXを目指そうというのだ。

「先進国における食の過剰生産と食品ロスを抑制し、地産地消の仕組みを再生すれば、世界的な食料不足は解消されます。無理に耕地を拡大する必要はなくなるわけです。そのとき重要なのは、必要な栄養素を含む質の高い食を提供できることです」

身近な例をあげてもらった。

「キャベツの産地では、旬になると半分以上間引いているところもありますが、地産地消にすれば、意味が変わります。例えば、ウニがキャベツを食べるので、海沿いの産地でウニをキャベツで育てようという提案がすでに実施されています。そういう組み合わせは土地柄に応じて、いろいろ考えることができます。なぜそれをやらないのかといえば、もうからないからです。『もうからないのになぜ、そんなことをやらなければいけないのか』という人びとの意識が、今の社会の最大の問題だと思います」

最後に高橋の研究がムーンショットである所以を語ってもらった。

「技術的にはやろうと思ったら、みんなできることなのですが、それを全部つなげてサイクルにしていく試みは、誰も真面目に取り上げてこなかった。これを実現しようと思ったら、社会全体を動かさないといけない。難しいのは承知ですが、それを実現しないと、人類により良い未来は来ないと思うので、やるしかないと思ってやっています。そこが、まさにムーンショット的だと信じています」

そこで私の脳裏に浮かんだキーワードが「食料主権」と「エシカル消費」だ。

国際社会での飢餓や栄養不良問題に対する、従来の食料安全保障とは違ったアプローチの政治社会運動が、食料主権である。一九九六年に「ビア・カンペシーナ」（スペイン語で「農民の道」という意味の国際的な農民組織）が初めて唱えた運動論で、先進国の多国籍企業による発展途上国の農業支配を終わらせ、農民の手に農業と食料に関する自己決定権を取り戻そうというものだ。そこで重視されるのは、現場の食料生産者の視点である。

一方、エシカル消費は「倫理的な消費」という意味の、世界的な消費者運動である。単に価格が安いというだけでなく、地球環境や生産者の人権に配慮された生産物を選び、社会課題の解決につながるような消費者の行動を指す。社会的、経済的立場の弱い生産者の労働環境を改善する「フェアトレード」や、再生可能エネルギーの選択、無駄な輸送を省く地産地消などは、いずれもエシカル消費である。高橋の提案する未来型食品が日本のみならず世界各地で、地産地消という形で実現し、ローカルの産業インフラ再構築につながれば、それもエシカル消費のひとつである。それはまた先進国から途上国へという一方的な文化の流れに対するアンチテーゼともなるだろう。

「幸福」について、お考えを教えてください。

東京大学大学院農学生命科学研究科教授　高橋伸一郎氏

幸福とは

今の地球をめぐる状況について、次世代のために、どうやってうまくバトンを渡して行けるかですね。（逆に言えば、もう少し前の世代がもっと考えておいてくれたら良かったですね）それを言っちゃあ、おしまいなんです。そのときは、それで良かった。例えば、農薬はなるべく使わないようにっていまは言ってますけど、農薬がなかったら、これだけの人口を維持できなかった。そういう時期、時期で、価値観は変わってくるのです。

今、どうするか。それはぼくらに任されていることですから、次の世代のためにやらなければならないことを理解して、そのための手を打っていくこと。それができているかもしれないと感じられることが、自分の幸福感になります。次の世代の人たちの未来の状態が、ウエルビーイングであることが、自分のウエルビーイングだと思っています。

阻害・邪魔するもの

経済価値を偏重した資本主義です。決して社会主義や共産主義であれと言っているわけではありません。そうではなくて、なんでも儲けが一番という、今の社会構造です。儲けてはいけないものもあると思うのです。そのひとつが食であり、農業です。教育と医療も同様でないでしょうか。

社会の豊かさとは

量から質に転換することですね。たくさんあることが豊かなのではなくて、生活の質を上げる。それぞれの人の価値観に基づいた質を大事にする。その人に一番合った食事が、質を担保していると思います。このような食の変化は、我々の文化ですので、なるべく経済、戦争・紛争やパンデミックが理由であってほしくないと、ぼくは思っています。

貢献

食と健康、農業、それに教育はみんなの共通の財産です。政府がコントロールするわけでもなく、会社がコントロールするわけでもなく、みんなが自分たちの資本だと思って、大切にしていかないといけない。ぼくらのプロジェクトは、それらが全部含まれています。異なる目的に向かって活動している方々に同じ船に乗っていただくことで、これらは共通財産だということをみんなにわかってもらいたい。そして、そんな社会を次の世代に渡していきたいのです。

第7章

精神的豊かさ・躍動的社会を実現

イントロダクション　コロナ時代のこころの安らぎ

本章では目標9「二〇五〇年までに、こころの安らぎや活力を増大することで、精神的に豊かで躍動的な社会を実現」から、三つのプロジェクトを紹介する。

ここでは目標9が設定された経緯を説明しておこう。実は、最初から設けられていたわけではない。当初のムーンショット目標は、内閣府に設けられた総合科学技術・イノベーション会議（CSTI）、それに健康・医療戦略推進本部があわせて七つの目標を提案し、研究開発体制づくりを進めてきた。

こうしたなか、新型コロナウイルス感染症によるパンデミックが発生し、世界各地で医療や経済、さらには市民生活がマヒ状態に陥った。この経験を踏まえて社会のあり方が大きく問われることになり、ムーンショットのプロジェクトとしても、「コロナ禍による経済などの社会変容を契機とした将来像」を目指した研究開発として、ポストコロナを見据えた新たな目標を一件から二件追加することになったのだ。

その際、内閣府が目標を決定した従来のトップダウン型とは異なり、「今後の時代を担う若手の柔軟かつ自由なアイデアを取り込みながら」新しい目標を募ることにし、「ミレニア・プログラム」が二〇二〇年から二〇二一年にかけて実施された。このなかで一二九件の応募から最終的に選ばれたのが目標8の「気象制御」、そして目標9の「こころの安らぎと活力」である。

目標8からはすでに、本書第5章で「タイフーンショット」の取り組みを紹介した。本章では目標9から「自在ホンヤク機」「前向き姿勢」そして「こころの資本と新リベラルアーツ」をご紹介する。

本書のこれまでの章では、PD（プログラムディレクター）にひとつの節を割いて、それぞれが担当する目標の意味づけを聞くことはしなかった。それよりもPM（プロジェクトマネージャー）による具体的なプロジェクトを紹介することがそのまま、ムーンショットの目標を理解することにつながるからだ。しかし目標9のテーマは「こころ」ということで、ほかの目標とは一味違う取り組みとなっている。そこでなぜ目標9が必要とされるのか、目標の目指すものや取り組み方などについて、PDに詳しく話を聞くことにした。最初の節でご紹介したい。

また最後のプロジェクトはPMが精神科医、サブPMが芸術家で、アプローチの手法がかなり異なっている。さらにアーティストの取り組みはほかにないため、ひとつのプロジェクトではあるが、それぞれ独立した節として紹介することとした。

7-1 人びとの幸福に貢献　人類の英知と科学技術の融合

精神的に豊かで躍動的な社会を実現

「世界幸福度ランキング」という指標がある。アメリカの民間調査会社ギャラップ社が全世界で行った世論調査をもとに、国連が設立した非営利団体が世界各国の幸福度を定量化して順位をつけるもので、二〇一二年から毎年発表している。算定に使うデータは、生活満足度、人生における選択の自由度、慈善団体への寄付の度合い、汚職などの腐敗度、それに国民ひとりあたりの国内総生産や社会保障制度の充実度、健康寿命などである。

それによると二〇二二年のランキングで第一位はフィンランド、以下デンマーク、アイスランド、スイス、オランダとヨーロッパ諸国が上位を占めている。G7諸国（先進七カ国）を見るとドイツが一四位、アメリカ一六位、イギリス一七位などとなっている。日本はというと五四位で、G7中、最下位だ。これについてインターネットメディアなどの記事を見ると、調査対象者の主観的な評価が重視されているので、控えめな日本人の気質が影響しているのではないかと、調査方法を疑問視する意見もある。

では幸福度ランキングに使われていない別のデータを見てみよう。

日本人は勤勉だといわれるが、それが成果に結びついているだろうか。OECD（経済協力開発機構）のまとめによれば、日本の就業者一人あたりの労働生産性は一九九三年以降、ずっとG７の最下位だ。最新の二〇二〇年のデータでアメリカを一〇〇とした指数を見てみると、日本は五五・六にとどまっている。韓国の五九・〇をも下回るレベルだ。一方、パートタイムの労働者を除いた正規雇用者の労働時間はOECD諸国のなかで最長である。拘束時間が長く、一方で生産性は低い。つまりダラダラと仕事をしているということになる。

心の病についてはどうだろうか。厚生労働省が全国の医療機関を対象に三年ごとに実施している「患者調査」のなかから「こころの病気の患者数の推移」を見ると、うつ病や双極性障害といった「気分障害など」の患者が一九九六年は四三万三〇〇〇人だったのが、約二〇年後の二〇一七年には一二七万六〇〇〇人と、三倍近くに急増している。うつ病は精神疾患のなかでも自殺に至る危険性が最も高いとされている。

厚生労働省による二〇二一年の『自殺対策白書』で日本の自殺者数の推移（人口動態統計）を見ると、ピーク時だった二〇〇三年の三万二一〇九人から減ってはきているものの、それでも近年は毎年約二万人が自ら命を絶っている。

国際的な自殺者の比較を見ると、人口一〇万人あたりの自殺者数は日本が一六・一人でG７中トップ、次いでアメリカの一四・七人、フランスの一三・一人、ドイツの一一・六人などとなっている。年代別に見てみると、特に一五歳から三九歳までの若年層で、日本は自殺が死因の第一位となっている。これに対してほかのG７諸国ではいずれも事故が第一位だ。

家庭内の状況はどうだろうか。警察庁のデータで児童虐待の通告児童数を見てみると、二〇一〇年は約九〇〇〇人だったのが、毎年増え続けて二〇二一年には約一〇万八〇〇〇人あまりとなっている。

内閣府男女共同参画局によれば、家庭内暴力の相談件数は二〇一〇年度が約七万七〇〇〇件だったのが、二〇二一年は約一七万七〇〇〇件に増えている。

別の視点で、言論の自由はどうか。「国境なき記者団」が毎年発表している「世界報道自由度ランキング」の二〇二二年版を見ると、日本は七一位で、G7中、やはり最下位である。その理由として大企業のメディアに及ぼす影響力などが指摘されている。報道の自由度は民主主義の成熟度を測るものさしのひとつであり、その順位が低いのはやはり問題だろう。

労働者は会社に縛られる。うつ病患者が増え、自殺者が多い。家庭内では虐待や暴力が急増している。報道にも問題ありという日本社会の現実を見ると、幸福度ランキングの現状もうなずける気がする。

こうした西欧流の指標とは一味違った観点から幸福を重視しているのが「幸せの国」ブータンだ。一九七〇年代に当時のブータン国王が「幸せはモノやお金以上に大事な要素」としてGNH（Gross National Happiness／国民総幸福量）を国策の主軸に据えたのがはじまりで、やがて世界的に知られるようになった。

在東京ブータン王国名誉総領事館のウェブページを見ると、GNHの意義について「幸福を維持していくうえで経済成長は大事である。しかし、ただ単純に物質的に発展していけば良いということではなく、物質と精神とのバランスを取りつつ発展させながら、幸福を実現することが重要視される。ここにも、『物質のみ』、あるいは『精神のみ』といった両極端の考えを避ける『中道』という仏教的な哲学思想が働いている」と解説している。この記事を書いたのが、京都大学人と社会の未来研究院准教授の熊谷誠慈だ。

熊谷の専門は仏教学で、インドやチベット、それにブータンの仏教をはじめ、チベット・ヒマラヤ地域の土着宗教であるボン教などの研究を専門にしている。熊谷は代々続く浄土真宗本願寺派の寺の生まれで、研究者の傍ら、現職の住職でもある。

その熊谷が二〇二一年一一月、ムーンショット型研究開発制度の目標として最後に設定された目標9で、研究開発全体の責任者であるPDに選ばれた。PDの仕事の内容を見てみると、マネジメント計画（ポートフォリオ）の構築、研究開発プロジェクトの提案者および推進責任者であるPMの選考、研究開発プロジェクトの実施決定・評価をはじめ、研究開発プロジェクトの進捗管理に基づくPMへの指示などを行う。数年ごとに各プロジェクトの進捗状況を審査し、内容によってはプロジェクトを打ち切る判断をすることもある。

PDは、外部有識者であるアドバイザーなどの協力を得てこれらの業務を行うが、個性豊かなPMの面々を相手にするだけに、目標1～8のPDは、比較的年配で学長や理事長など組織の長の経験者や学界の重鎮が多い。しかも全員が理系の研究者である。

これに対して熊谷は一九八〇年生まれの准教授であり、一番の違いは専門が仏教学という文系であることだ。そんな異色PDである熊谷が取り組む目標9の目指すテーマは「二〇五〇年までに、こころの安らぎや活力を増大することで、精神的に豊かで躍動的な社会を実現」することだ。

確かに、それは大事なことだと思う一方、表現が抽象的で、ほかの目標と比べてかなり毛色が違っている。科学的な研究を行う場合、対象の可視化や定量化、そして研究の再現性が重視される。そう考えたとき、

京都大学人と社会の未来研究院　熊谷誠慈准教授
（提供：熊谷准教授 以下同じ）

目標9の対象となる「こころ」をどのように扱うのだろうか。

そこで本節では、目標9の意義や狙い、手法などについて、まず熊谷にPDとしての考えを聞いた。具体的なプロジェクトについては第二節以降で紹介することにしたい。

人のこころを動かし、幸せをサポートする

目標9の設定に至った背景について、熊谷は次のように語る。

「科学技術の発展により、人類は物質的な豊かさを享受できるようになりました。しかしその一方で精神的な幸福については、いまだ達成できていない状態です。事実、多くの方々が苦しみや悲しみ、辛さを抱えながら生きているというのが現状です。やはり科学技術による開発の向かう先にこころの幸せという目標がなければ、これからどれだけ科学が発展しても、人類は真に幸せを実現できないでしょう。そこで人びとのこころと社会に安らぎと活力を届けるための幸せのテクノロジーの実現をムーンショット目標9は目指すことになりました」

なお目標9の公式文書では、「心」について、ひらがなで「こころ」と表記されている。その理由について、熊谷に聞いてみた。

「私は漢字の『心（シン）』とひらがなの『こころ』を使い分けています。心は、こころより、包含関係が狭いものだと考えています。仏教的な定義になってしまいますけれど、心は対象を認識するための認識主体です。こころは、それ以外のものも含む、認識主体プラスアルファです」

難しい話になってきた。では認識主体ではない「こころ」とは何だろうか。

「哲学的になりますが、こころは宇宙と同一化したり、宇宙そのものを含んだりします」

日本的な「こころ」観として、動物だけでなく草や木などの植物、さらには山や川などのモノにもこころがあるという。熊谷は日本の「こころ」の位置づけとして、精神的側面（spirit/mind)、身体的側面（heart)、中心（middle/center)、そして自然・本質的側面（essence/nature）の四点をあげる。そういえばなぞかけで、「○とかけて△と解く。そのこころは……」と言ったりする。日本の「こころ」は多様である。

「ムーンショットの用語で『心』を使ってはダメで、『こころ』を使わないといけないという意味ではありません」

ということで、引用の場合や、熊谷のコメントについては「こころ」を使うが、それ以外は各研究者の使い方に加え、読者の読みやすさを考慮して適宜「心」と「こころ」を使うこととしたい。

用語説明が長くなったが、次に精神的な課題に対処する方向性である。

「目標9ではこころの豊かな状態を幸せと定義します。その幸せをふたつの方向で捉えていきます。ひとつは安らぎの増大、すなわちネガティブな状態の抑制です。もうひとつは活力の増大、すなわちポジティブな状態の増進、この二点から、幸せについてフォーカスしていきたいと思います。もちろん幸せというのは非常に多義的なものですから、それ以外にも様々な要素というものは当然ありますが、本目標に関してはこのふたつの方向性で研究開発を進めていきます」

熊谷は、そのためのターゲットをふたつ設定した。

「ひとつは個人のこころの状態を理解する。そのうえで、こころを動かす技術の開発です。もうひとつは集団のこころの状態を理解し、社会生活やコミュニケーションなどにおけるこころのサポートをする。そういった技術を開発します。つまるところ、個人、社会、世界における人のこころの幸せに、総合知をもって貢献するということを目指します」

「総合知」 人類の英知を科学技術と融合

ここで「総合知」という言葉が出てきた。

似たような言葉で、「集合知」という言葉が流行った時期があった。アメリカのコラムニスト、ジェームズ・スロウィッキーは二〇〇四年に出版した自著で「適切な状況下では、集団はきわめて優れた知力を発揮するし、それは往々にして集団の中で一番優秀な個人の知力より優れている。優れた集団であるためには特別に優秀な個人がリーダーである必要はない[*1]」と説いた。一握りの天才や専門家たちが下す判断よりも、普通の人たちによる集団の判断のほうが実は正解だった場合が多いという、インターネット時代の新しい判断のあり方を提言した『「みんなの意見」は案外正しい』は世界中でベストセラーになった。

確かに、正しい答えがある場合には、統計学的に見ると、みんなの意見が正しいという主張もうなずける場合がある。昔から、「三人寄れば文殊の知恵」という。しかし正解がない場合や、明確な評価基準がない場合、集合知では解決できないことも多い。

そこで注目されるのが総合知だ。二〇二一年の『科学技術・イノベーション白書』は、「一人ひとりの多様な幸せ（well-being）」を実現していくためには、「自然科学の『知』と人文・社会科学の『知』が融合した総合的な『知』（『総合知』）の活用が重要」と指摘している。

政府は二〇二〇年に、科学技術基本法の本格的な改正を二五年ぶりに行った。このなかで、それまでは科学技術の規定から除外されていた人文・社会科学を、基本法の対象である科学技術の範囲に位置づけ、「人間や社会の総合的理解と課題解決に資する『総合知』の創出・活用がますます重要となる」としている。特定の自然科学の専門家だけでなく、様々な分野で知識や経験を持つ人たちの力をあわせるのだ。

熊谷は総合知について「テクノロジーだけではなくて、人文・社会科学や文化、芸術、伝統知、身体知、世俗知など、これまでの人類が永きにわたって蓄積してきたあらゆる人類の英知から様々なアイデアを取り出していって、総合的に人を幸せにする。そこで活きるのが総合知です」と、その意義を語る。

人類の英知を科学技術と融合させることで、人の幸せ、社会の幸せに貢献するテクノロジーを開発するという。

それが可能となってきた科学技術的背景について、熊谷は以下の三点を指摘する。

（A）人間に関する各種データを取得するためのセンサー技術や計測技術・機器の向上。近年は、塩粒ほどの大きさや粉末サイズのデバイスを作る取り組みも行われている。これらにより、生体への負担を軽減し、その存在を意識せずに生体信号を捉えるセンサーの使用を可能にすることで、「こころ」の状態をより深く探ることができるようになると期待されている。

（B）大量データの解析技術や人工知能等に関わる情報科学の急速な進展。特に人工知能で人間の感情や感性を扱うアフェクティブコンピューティング技術が進化しており、計測技術の進展により、複雑な感情を推定する技術が発達するものと考えられる。

（C）人間のこころに深く関連する脳・神経科学における研究の発展とそれらを用いた「こころ」を探るための知見や手法が次々と生み出されてきたこと。日本学術会議は二〇一七年に「現代の脳科学は記憶、学習等の個人のこころの重要な構成要素の仕組みを解明できる段階に差し掛かっており、これまでは哲学や社会学あるいは文学や芸術の範疇であったこころ及びこころとこころの関わりの問題に踏み込む段階に、脳科学は達しつつある。脳科学は（中略）人間社会と経済に対して大きな影響を与えるようになる」と提言している。

寿命が十年延びたら、本当に幸せか？

先述したように、熊谷はブータンに詳しく、何度も現地調査している。その経験が目標9のPDという仕事に役立っているのだろうか。

「ムーンショットの目標9がGNHにつながる点は多いと思います。科学技術を用いて幸福度を上げていくというプロジェクトは、国家レベルでは今まで、どこもやっていません。確かにブータンのGNHは、あくまで政策であり、そこからもれ落ちる不幸な人はブータンでもたくさんいます。そこをサイエンスの力で、将来的に安価で多くの人が半永久的に受益できるようなシステムや技術を作ることができれば、既存の社会システムではできない幸福に対する貢献ができるのではないかというのが、今回の目標に対する私のモチベーションです」

目標9がムーンショット的である理由を聞いてみた。

「目標9で使う技術そのものは、既存技術の応用が多いかもしれません。しかしそうした先端技術を使って、こころそのものにアプローチし、人を幸せにする取り組みは、まだ大きな流れとしては存在していないと思います。私たちがブレークスルーを起こすのはテクノロジーだけではありません。伝統や文化を含めたあらゆる人類の英知からアイデアを取り出し、総合的に人をサポートし、幸せにするシステムやサービス、プロダクトを作ります。それはこれまでなかった革新的な挑戦だと思います」

確かに目標1～8はそれぞれ重要な意味と価値があるが、それがただちに人間の幸せに結びつくかどうかはまた、別の問題である。健康に百歳まで生きたり、自由にアバターを使いこなせたり、新たな食料を開発できたり、自然災害を制御できたりすれば、私たちの可能性は大きく広がることになる。そのうえで、それをどう使いこなすかが、私たちの新たな課題となるだろう。

「年老いた人からすると、あと十年元気に生きられるようになれば、喜ばしいことだと思います。しかし十年寿命が延びたとき、幸せかどうかという話になると、それはまた別の問題です。そこが、置き去りのままになっている。だからこそ、寿命がまだあるにもかかわらず、命を早く絶ちたいという人が出てくるわけです。そこをサポートするシステムを作らないと、ムーンショット全体の目的であるウェルビーイングにはつながりません。目標9はそれを引き受けようとしているのです」

「こころが豊かな状態」が抱える倫理的課題

目標9が目指すのは「こころの安らぎや活力を増大することで、精神的に豊かで躍動的な社会」である。万人に受け入れられやすいよう、前向きな言葉を選んでいる。

しかしこころが安らぎ、精神的に豊かと一言でいっても、おいしいものを食べたいという刹那的なものから、長い年月を経て感じる人生の充足感まで多様だろう。条件や環境はまったく同じでも、それまでの人生経験や感覚の違いから、ある人にとっては不幸で、ある人にとっては幸福という主観の違いもあるだろう。カルト宗教に洗脳された人も、本人にとっては「こころが豊かな状態」であるかもしれない。

幸不幸は、その人の行為や経験を踏まえた結果であり、「不幸」にもそれ相応の意味があるはずなのに、こころの豊かな状態を人為的に、しかもムーンショットという政府の施策として作り出すことに対して「余計なお世話だ」という人も出てくるかもしれない。

「それを義務化するのはよくないし、社会実装は、慎重にすべきだと思います。しかし技術開発や理論構築は進めたほうがいい。なぜかというと、そういう技術を悪用されないためには、先にしっかり開発しておく必要があると思うからです」

それにしても、一定の歯止めは必要で、そのためにＥＬＳＩ《エルシー》（Ethical, Legal and Social Issues／倫理的・法的・社会的課題）の必要性が指摘されている。

「私は今回、新しいＥＬＳＩを提唱しようと思っています。従来の倫理観や価値観のみに基づいて、これはやってはならないとか、法に違反するとか判断するのではなくて、人が幸せになるためであれば、思い切って法を変えたり、古い伝統や宗教的教えから解放したりするという考えもあっていい。そのときにテクノロジーを使うことで突破できるものがあれば、そこから新しい倫理学、新しい哲学、新しい法学、新しい人間の尊厳というものをどんどん生み出していきたい。既存の価値観でなんでも反対していく対立構造ではなくて、幸せになるという目標に進むためのＥＬＳＩを作りたいのです」

仏教対話AI「ブッダボット」

実は熊谷自身が、ムーンショットとは別の枠組みで、固定観念を打ち破るような研究開発を進めている。そのひとつが仏教対話ＡＩ「ブッダボット」だ。最古の仏教経典「スッタニパータ」などから抽出したＱ＆Ａリストを機械学習させ、独自開発の「テラ・プラットフォームＡＲ」でスマートフォンの画面上にブッダの姿をしたアバターを「召喚」できるようにした。ユーザーがブッダのアバターに、聞きたいことを口頭で質問すると、アバターが文章と音声で、経典に基づいた回答をしてくれるというシステムである。ほかにＬＩＮＥでも簡単に尋ねることができる。

例えば「あすは良い友だちに会えるかな？」と聞くと「得がたいものは、自分の利益を求めない友である」などと答えてくれる。開発途中なので少しピンボケのところもあるが、それもご愛嬌だ。

「今やお坊さんから生き方を習ったり、お坊さんに人生相談をしたりしている人は、極めて少なく、仏教やお寺は要らないという人すらいます。一方で、仏教に興味を持って教えを聞きたいという人がいます。しかし、実際に話を聞いてみると、教えを聞くためにわざわざお寺にまで足を運ぶのは面倒だという方が多くいました。そこでブッダボットを開発しました」

既存の価値観で考えると、お坊さんの仕事が奪われるかもしれないというマイナス思考になるかもしれない。

「ツイッターでいろんな人がコメントを書いてくれました。その内容はポジティブ九割、ネガティブ一割ぐらいだったと思います。なかには『これで坊主、丸廃業』と書いた人がいました。しかし私自身はそうなるとは思いません。そもそも現在のお坊さんで生き方のカウンセリングをしている方はご

テラバースのイメージ図。絵の下ではユーザーがVRゴーグルをつけてサイバー空間に没入している。上はスマホのAR画面で現実空間に僧侶や寺院などのアバターが存在している。

く少数ですので、ブッダボットと仕事の奪い合いにはなりません。手軽に、しかも最古の経典のところまで誰もが戻れるように、仏教とみなさんをつなぐのがブッダボットなのです」

スマートフォンの位置情報アプリと組み合わせることで、散歩中に道端でブッダボットアバターと偶然出くわす仕組みも検討中だ。

熊谷は、仏教とメタバース技術を融合させた仏教仮想世界「テラバース」の開発も進めている。伝統知とサイエンスの循環的融合を通じて、人のこころを伝統知から抽出された理想状態に導くための手助けをするシステムだ。その背景には、サイバー空間とフィジカル空間を融合させたサイバー・フィジカル・システム技術の進展がある。ちなみにテラバースは「一兆（テラ）の宇宙（ユニバース）」という意味で熊谷による造語だが、テラはお寺の意味もある。

ＡＩやデジタル技術を駆使し、古代の経典や哲学書などから理想の心理状態を抽出し、仮想空間に教義や思想を再現する。伝統知により、こころを誘導する際の道標を探索する。仮想経典や仮想哲学を創出し、新たな思想や社会改革案の手がかりともなるという。先に紹介したブッダボットは、伝統知から理想の心理状態を抽出するための、プロトタイプ技術と位置づけている。テラバースではブッダボットのほかにも、例えば親鸞ボットやバーチャル寺院など、ユーザーに使い続けてもらえるようなサービスを提供していくことにしている。

「伝統的な仏教は、最先端の宇宙物理学、例えばダークマターに相当するものを二〇〇〇年近く前から提唱しています。こころと社会を深く理解するために、仏教は常に最先端の科学と向きあってきたのです」

本来、宗教は悪しき伝統の破壊者だった。それが多くの人に支持されるようになるにつれて保守化し、例えばジェンダーの問題などで一部の人びとを苦しめることもある。熊谷は宗教本来の姿に立ち戻ることで、社会の様々な問題を可視化しようとしている。

次節以降では、ムーンショット型研究開発制度で総合知を活用する事例を紹介していきたい。

＊1　ジェームズ・スロウィッキー『「みんなの意見」は案外正しい』（二〇〇六年、角川書店）

「幸福」について、お考えを教えてください。

京都大学人と社会の未来研究院准教授　熊谷誠慈氏

幸福とは

アリストテレスが言うヘドニア（感覚的快楽）的な幸福と、ユーダイモニア（自己実現や生きがいを感じることで得られる幸せ）的な幸福の両方をバランスよく、矛盾せずに享受できる状態が理想的な幸せだと思います。例えばスポーツの大会で優勝するために、辛い思いをしたり、ケガをしたりしながら悩み苦しんだ末、勝利を得たときに苦労が報われるという類の喜びもあるとは思います。しかし私は、できるだけ苦しまずに楽しく練習し、どんどん成長し、その結果として生きがい的なしあわせを享受する方がいいと思います。

阻害・邪魔するもの

やはり環境でしょうね。人は結局、他者や社会環境との関係性のなかで、幸せを感じたり、不幸を感じたりします。たとえば他者が邪魔をして、自分の目標を達成できないとき、あるいは社会から「それは無価値だ」とレッテルを貼られて自分の個性を否定されたとき、人は不幸になるということがあります。

社会の豊かさとは

物資的な豊かさと精神的な豊かさのバランスをとるということに尽きるのではないでしょうか。例えば肉体でも、見栄えがいいように腹筋ばかり鍛えて、背筋やインナーマッスルを鍛えなかったら、すぐにケガをしてしまいます。どこかだけが偏って発展していくとバランスが悪くなり、不幸を生み出すということにもなりかねないのです。

貢献

他者との関係性のなかで生まれる苦悩を和らげる技術によって、今までできなかったことができるようになると思います。人類が発展してきた歴史をみると、やはりチームワークが大事です。他者と共同することで新たにできるものを、テクノロジーを利用することで増幅させ、可能性を広げたいと思います。

7-2 多様なこころを読み解き、人間関係を円滑に 自在ホンヤク機

医師と患者の「まなざしのずれ」問題

まだ若い白衣の男性医師と、年配の男性が対面で座っている。

「今日は、どうされましたか?」

「肩が動かせないんです。かなり痛くて……」

医師は男性のふだんの仕事内容を聞くと、次回に精密検査を受けるよう提案した。しかし男性はそれには応えず、「痛み止めの注射でもしていただければ」と言う。

「とりあえず湿布を出しますから」

「あんなものは効かないんですよ」

「たびたび来ていただくことは?」と医師が尋ねる。

「それができれば、こんなに痛くなるまで我慢しませんよ」と答える患者は、ややいらついた表情だ。

困惑した表情の医師が、とっさに答えた。

「何にでも効く、強い薬を出しますから」

それまで静かにふたりを見守っていたギャラリーから、苦笑がもれた。

実は、ここは本当の診察室ではない。診察室に見立てた大学医学部の講義室だ。医師役はまだ医学

知識の浅い医学部生。患者役を演じたのは、そのための専門の訓練を受けたボランティアの一般市民だ。彼らは「模擬患者」と呼ばれている。ご紹介したのは、私が以前に取材した「医療面接」の授業の一コマである。

今では医学部以外にも歯学部や薬学部、看護学部など医療系の学校での授業、それに病院の研修会などで、医療面接のトレーニングが広く行われている。

医療面接はかつて、問診と呼ばれていた。問診とは医師が、患者に症状や既往症などを聞き取ることだ。つまり「問い、診る」主役は医師で、患者はその対象という位置づけだった。今では、患者の立場を重視したコミュニケーションが大切だと、大学も学生を指導するようになってきている。しかし現実はそうなっていないのを、特に大きな病院で受診したとき、実際に感じる人も多いだろう。

病院を訪れる患者は、病気やケガを治してもらいたい。医師は治してあげたい。本来なら双方の希望が合致して、齟齬《そご》など生じるはずがないのに、コミュニケーションがうまくいかないことがある。

治療を最優先に考える医師の立場と、仕事や生活に重きを置く患者の都合は、しばしば食い違うからだ。そこに「まなざしのずれ」が生じる。冒頭の場面設定では、検査をしたうえで根本的な治療が必要だと考える医師に対し、何度も通院はしたくないという患者との間で、優先順位の違いがコミュニケーションの難しさを生んでいる。日本語を話せるということがそのまま、コミュニケーション能力があるということにはならないのだ。

あるいは医師が患者に悪い知らせを告げるときにも、まなざしのずれが生まれる場合がある。末期ガンの告知など、バッドニュースはお互いに、言うのも怖いし、聞くのも怖いからだ。

病院で医療事故が起きると、院内コミュニケーションの悪さが指摘されることもある。医師は院内

東北大学大学院生命科学研究科
筒井健一郎教授　左はダーウィン像
（イギリスにて。提供：筒井教授 以下同じ）

の状況を見ないまま、好きなように看護師にオーダーし、看護師は指示されたことしかやらない。薬剤師も、自分の仕事以外は見ようとしない。つまり横のコミュニケーションがまったくとれていない。それが、医療事故を引き起こす原因のひとつとなる。

こうしたコミュニケーションの難しさは、医療現場以外でも、職場や学校、地域や家庭などで多かれ少なかれ、誰もが経験したことがあるだろう。問題の規模が大きくなっても同様だ。民族間の紛争や国家間の戦争も、コミュニケーションの不足や欠如が何らかの悪影響を与えている場合が多い。

「社会が抱える様々な問題の根源は、価値観や生活様式の多様化によるコミュニケーションの齟齬にあると私たちは考えています。そこで、あらゆる場面で人びとのコミュニケーションを支援する『自在ホンヤク機』を開発することで、こころとこころが通じ合う社会の実現を目指したいと考えています」

そう語るのは、東北大学大学院生命科学研究科教授の筒井健一郎だ。ドラえもんのポケットから出てきそうな装置の名前だが、一体どんなものなのだろうか。

相手が考えていることが互いのディスプレイ画面に

「カタカナで書いてあるし、何となく怪しげな感じを持たれるかもしれませんが……」と穏やかな口調で話し始めた筒井は、その役割を端的に語ってくれた。

「コミュニケーションが難しい人たちの間のやりとりを支援して、いわゆる以心伝心、こころが十分に通じ合う状態を作りあげるのが、代表的な機能です」

漢字で「翻訳」と書くと、異なる言語間で文章を置き換えることになる。しかし自在ホンヤク機で扱う対象は言語に限らず、非言語的なニュアンス、言葉にならない気持ちや思考も含まれる。様々な情報をわかりやすく置き換えて伝達する装置として、カタカナで「ホンヤク」という表記を選んだのだ。

では、まだ実在していない自在ホンヤク機はどのような姿かたちになるのかを問うと筒井は、スマートフォンはもちろん、VR（仮想現実）ゴーグルやAR（拡張現実）グラスなどの小型デバイス、映像を立体的に表現するプロジェクションマッピング、さらには各種支援ロボットなど、様々なデバイスをあげた。つまり自在ホンヤク機の本体はハードウェアではなく、各種デバイスにインストールされるソフトウェアなのだ。

自在ホンヤク機の機能としては、解釈機の部分と、表現機の部分がある。解釈機は相手の意図や感情を解釈する。表現機は最適な表現を判断し、相手のディスプレイにその情報を伝えるのだ。

その具体的な使い方として、筒井は次のようなモードを例としてあげた。タブレット型の装置を話している相手に向かってかざすと、相手がどう思っているのか、何を考えているのかがわかりやすく表示される「どう思っているの？モード」。同じ場面で、今度は自分がどう思われているのか、相手の気持ちや、相手の自分に対する見方が表示される「どう思われているの？モード」。相手を知るための補足情報を提供してくれる「データ提供モード」。複数の人が装着している場合に、装着している人た

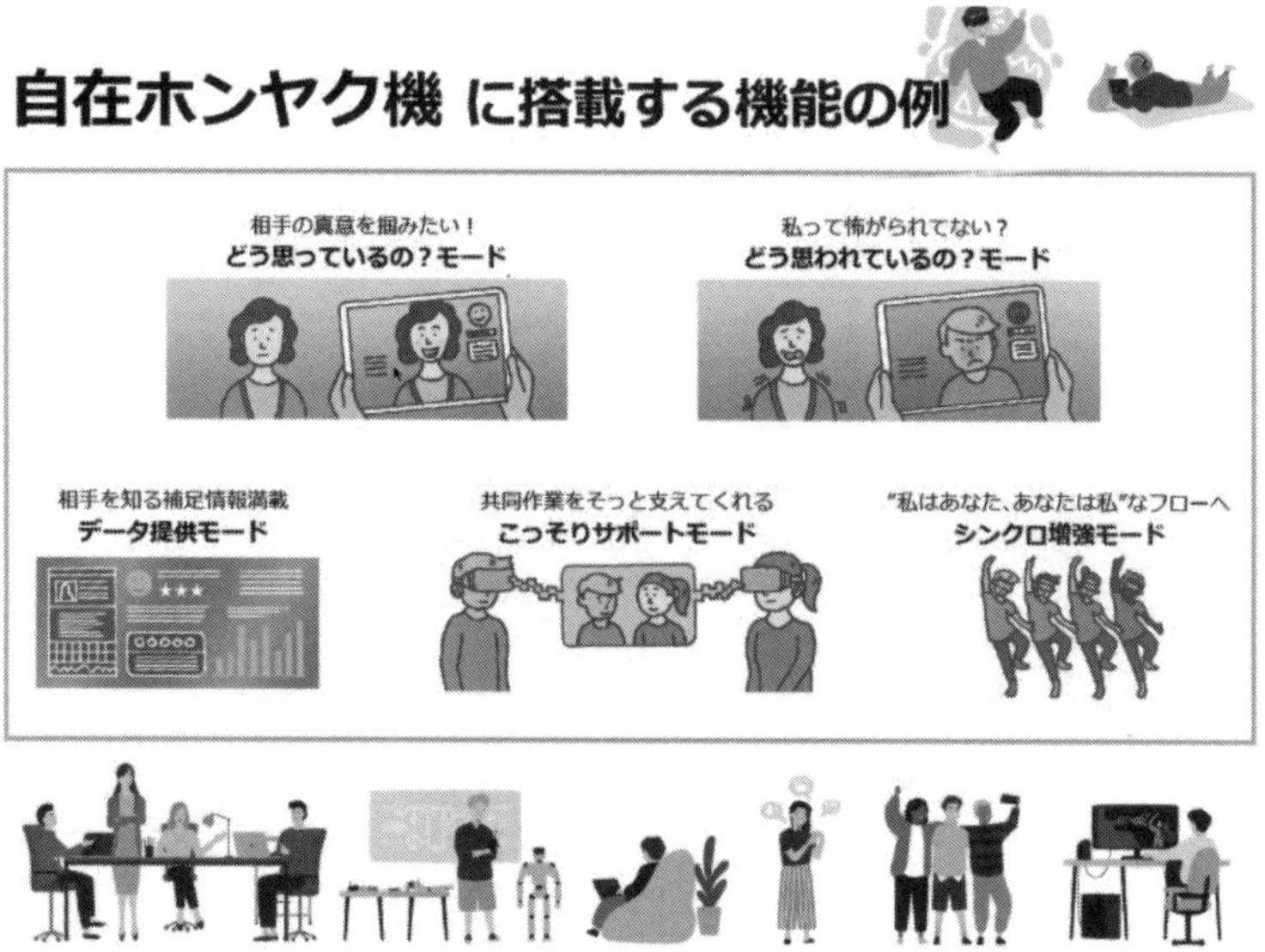

解釈と表現の機能がある。

ちの共同作業を、本人たちの負担にならないような形で、気づかないような形で、こっそりサポートしてくれる「こっそりサポートモード」、さらには〝私はあなた、あなたは私〟的な感性を導く「シンクロ増強モード」まで。

　ムーンショットのプロジェクトとして、最終目標の二〇五〇年に目指す社会実装のイメージを聞いてみた。

「様々な場面で言語および非言語による複数の支援技術によってユーザーの負担を軽減し、円滑なコミュニケーションを実現します。ビジネスはもちろん、学校などの教育現場や家庭でも使えます。使い方としては座って対話している場面だけでなく、様々な動きを伴う現場や、スポーツなどの教習にも使えます。言葉が通じない外国人との会話にも使えるでしょう」

　実際に自在ホンヤク機が使われている場面を想像してみよう。軽量なゴーグル型のヘッドマウントディスプレイを頭部に装着する。このデバイスには脳波計もついていて、それぞれの思考を脳波から読み取ることができるようになっている。仮に、先生が生徒にダンスのレッスンをしている場面としよう。

相手が今、何を考え、どう思っているのか、お互いのディスプレイ画面にわかりやすく表示される。それは箇条書きのような文字で示されることもあれば、例えば好きや嫌い、楽しいとか、怒りなど、読み取りやすい表情として表されることもある。

実際の演技指導に入ると、先生が言葉で説明しながら思い描いたイメージがVRやARの機能を使い、生徒のディスプレイに映像となって映し出される。先生が実際に踊らなくても、生徒はその画像をなぞって身体を動かすことで、言葉にしにくい説明を体感できるのだ。

生徒の人数が複数になって、グループでダンスを踊る場面になると、自在ホンヤク機はいっそう威力を発揮する。それぞれのディスプレイに、各自が踊るイメージが表示される。それに従うと、すべてのユーザーがひとつの身体に統合されたような一体感を味わうことができるようになったり、別々の動きを的確に表現できるようになったりする。

「普通なら、最初の段階からピタッと演技が揃うということはまずないのですが、自在ホンヤク機で支援してあげると、うまく自分たちがシンクロしている感じを全員で持つことができ、美しい演技を早く身につけられるようになります」

自在ホンヤク機の力に頼ると、それなしでは何もできないということにはならないだろうか。

「そうではありません。しばらく使っていると、コミュニケーションの訓練効果があって、もうこの機械要らない、この機械に頼らなくても、人と仲良くできるっていうスキルが身につくはずです」

これをさらに進めると、VRやARの技術を融合させて、自在ホンヤク機がないと体験できないような異次元的エンターテインメントの創出も考えられる。みんなとつながり合うことで、異次元の世界を体験できるようになれば楽しいだろう。

介護ロボットや、飲食店などのサービスロボットに組み込めば、カスタマーの言葉に加えて、動作や表情で何を求めているかを推定して、より満足のいくサービスを提供できるようになる。

自在ホンヤク機が解決するコミュニケーション

プロジェクトのリーダーである筒井について紹介しよう。一九七一年生まれの筒井はひとりっ子で、大学では心理学を専攻した。

「天体や物理現象よりは、何となく人に興味がありました。大学をどこにしようかと考えたとき、当時は脳科学という専攻分野が大学にまだなくて、心に関する科学的なアプローチというと、一般的には心理学だったのです」

大学院を経てイギリスのケンブリッジ大学に留学し、脳幹から大脳皮質に至る脳の「システム神経科学」を専門とするようになった。私たちがうれしく思ったり、やる気を感じたりするとき、脳内ではドーパミンという神経伝達物質が放出される。筒井はこうした「報酬系」研究の第一人者だ。最近では、サルのうつ病モデルを世界に先駆けて作ることに成功している。

そんな筒井がなぜ、「自在ホンヤク機」を作ろうと考えたのだろうか。

「私は研究者を希望していたのですが、たまたま研究所ではなく大学の教員になって、約二〇年になります。そのなかで人どうしがわかり合うこと、コミュニケーションの難しさをつくづく感じてきました。例えば学生さんとのおつき合いですと、こちらが良かれと思って言ったことの真意が伝わらなかったり、場合によっては迷惑と思われたりします。逆に『あのときは理解できませんでしたが、後になって良かったと思いました』という人もいます。やはり、立場の違う人たちがわかり合うのはすごく難しいという実感がずっとありました。こうしたなかでムーンショットの目標が示されたとき、我々が持っている技術でなんとか実現できないかなと考え、仲間と話しているうち自然に出てきたアイデアが、自在ホンヤク機だったのです」

その目標とは「二〇五〇年までに、こころの安らぎや活力を増大することで、精神的に豊かで躍動的な社会を実現」である。

コミュニケーション障害のある人たちに

直近の目標として、筒井が自在ホンヤク機を数年以内に使ってもらいたいと考えている対象が、発達障害の人たちだ。なかでもASD（自閉スペクトラム症）の当事者たちは、相手の表情や視線、身振り手振りなどの意味が理解できなかったり、発話に抑揚がなかったりして、多かれ少なかれコミュニケーションが取りづらいという特徴がある。

「これは我々、マジョリティの視点で見た問題点であって、ASDの方から我々を見ると、言葉が複雑すぎて本心がよくわからないとか、表現が抽象的すぎて理解できないということになります。つまり、コミュニケーションの様式が少し違うのです。そこでAIを組み込んだ自在ホンヤク機に、我々とASDの方とのギャップを埋めさせるのです」

ＡＳＤの人は自分の感情や意思を、表情や身体を使って表すのが不得意という人が多い。そこで例えば「わかった」というときには、話し相手の支援者がつけているゴーグルのなかで、ＡＳＤの人が「うん」とうなずいているのが見えるようにする。一方、支援者の側で、どちらかというと厳しい表情になりがちの人については、少し柔らかな表情に加工してあげて、ＡＳＤの当事者が受け入れやすいようにする。

心理学では会話をしているときの笑顔とか、うなずきとか、非言語的な情報がスムーズなコミュニケーションを成り立たせるうえで非常に重要だといわれている。

「そういった介入を積極的にしていくことを、考えています」

すでにＡＳＤの人たちの協力を得て、自在ホンヤク機のプロトタイプを作るべく、開発作業が始まっている。

「初期の段階では、複雑な言葉を要約して伝える。それから言葉のイメージを、できるだけ画像化して伝えたいと思っています。将来的には例えば何かの作業について、あれとこれをやるというのであれば、そのイメージが動画になって遅くても一五秒ぐらいで出てくる。そんなふうにしたいと思います」

発達障害のほかにも、コミュニケーション障害はいろいろある。例えば手足や喉などの筋肉がだんだん動かなくなるＡＬＳ（筋萎縮性側索硬化症）、あるいは意識は正常なのに、身体が完全にマヒして眼球と瞬き以外、ほとんど動かない「閉じ込め症候群」で苦しんでいる人たちがいる。

「脳波には時々刻々と考えていることが表れてきますので、ＡＬＳ、さらには閉じ込め症候群の方にも使っていただけるようになると思います」

こころをホンヤクする仕組み

では脳や神経からどの程度、こころを読むことができるのだろうか。

すでに実用化されているものとしては、自律神経を利用した警察のウソ発見器がある。自律神経には興奮しているときに働く交感神経と、リラックスしているときに働く副交感神経がある。ウソをつくと緊張して交感神経が働き、心拍数が上がったり、手のひらに汗をかいたりする。ウソ発見器は、自分の意思で自律神経をコントロールできないことを利用したものだ。筒井のプロジェクトでも、まずは緊張と弛緩の自律神経系が計測の対象となる。

次に筒井が目をつけたのが、脳内でポジティブな感情の中枢と見られる「側坐核」と、ネガティブな感情の中枢である「扁桃体」だ。いずれも脳の深部にあるが、頭皮に置いた電極で脳波を拾い上げることができれば、その人が喜んでいるのか、あるいはうれしくない気持ちを持っているのか、快・不快のこころの軸が読み取れるようになるだろうと考えている。

加えて、脳波で覚醒のレベルを測ることにより、何かに集中しているのか、それとも退屈しているのかが推定できる。

「緊張・弛緩、快・不快、それに覚醒水準の三つの軸を組み合わせることによって、より複雑な様々なこころの状態を読み解いていくことができるだろうと、我々は仮定しています」

さらに筒井が今、注目している物質がある。それは身体のなかのあらゆる細胞から分泌される「エクソソーム」だ。細胞間で情報を伝達する物質と見られ、大きさは一万分の一ミリしかない。エクソソームは病気になると分泌量が増えるといわれ、ガンの早期診断に利用できないかと研究が進んでいる。筒井はエクソームによってストレスの状態や性格傾向などを読み取ることができる可能性があると見て、研究を進めている。

伝えたくないことはストップできるように

確かに自在ホンヤク機が実現すれば、人間関係を円滑にすることができるかもしれない。しかしマイナス面として、自分の本心がすべて相手に筒抜けになってしまう恐れはないだろうか。

「我々のこころって、一〇〇%きれいなわけではなくて、伝えたくないイヤな面もあります。我々のグループで考えているのはやはり、こころのなかがみんな透けて見えるようなものを作るのではなく、基本的にはプラスの感情が伝わりやすい、あるいはプラスのこころが生まれやすいような形で使えるようにしたいと思います」

その選択を自分ができるように、自分が伝えたいこと、あるいは伝えたくないことを自分で選ぶことはできないだろうか。

「自分が伝えたいことが伝わるように、逆に伝えたくないことはストップできるようにする。そういった機能は絶対につけないといけないという話はしています」

さらにうがった見方だが、悪意を持った人が他人を騙そうとして、悪意の部分だけを表示されないようにするという使い方をされる可能性はないだろうか。

「犯罪の被害者になることを抑止するような機能も、もちろんつけられたらいいと思います。例えば詐欺の恐れがある場合、相手の人はウソを言っている可能性があるという警告が鳴る機能も必要かもしれないと思います」

オンラインの場面を、よりリアルに感じられる

最近は電子技術の進展に伴うサイバー空間の利用が著しい。そのひとつが、デジタルツインだ。現実の世界に存在するリアルな対象物に多数のセンサーを取りつけて、瓜ふたつの電子的な双子を仮想のサイバー空間に作り出す。製造業ではフランスの航空機メーカーが開発に利用したのが最初とされ、アメリカの電気自動車メーカーでは実際に販売するクルマにデジタルツインを搭載して、最新の状況をクラウド上にある仮想レプリカに常に反映させるなどの取り組みが進んでいる。現実空間の様々なデータをＡＩが機械学習し、従来と比べてシミュレーションの精度が格段に向上している。

その機械学習には、大量の情報が必要となる。自在ホンヤク機で利用者の情報がどんどん集積することになれば、利用者のデジタルツインを構築することも可能となるだろう。体調の管理や健康診断に使うこともできるし、今流行りの仮想空間、メタバースで、その人の代わりとなるアバターとして、よりリアルに活用できるかもしれない。

「利用が進むにつれて自在ホンヤク機のなかに蓄積していくライブモデルは、デジタルツインといってもいいものです。そこには個人情報がたくさん詰まっていますので、データをどのように管理し、活用していくのか、検討すべき課題と思っています」

新型コロナウイルス感染症の予防対策として、パソコンやスマートフォンを利用し、ミーティングやセミナーをオンラインで行うビデオ会議システムの利用が急速に増えた。離れた場所でも顔を見な

がら話ができるため、非常に便利なのは確かだ。その一方で、画面越しだと相手の雰囲気がつかめず、手応えが感じられないなどの課題も指摘されている。自在ホンヤク機があれば、お互いに空気を読んでよりリアルな空間を感じられるようになるのではないだろうか。

「それを目指しています。特に今の状況下で、コンピューターを介したコミュニケーションがぐっと一般化して利用が進んだと思いますので、様々なデバイスを使って自在ホンヤク機を実装していく社会基盤としては、取り組みを進めやすい状況になっているのではないかと考えています」

すでに筒井のもとには、日本内外の大手ＩＴ企業などから、協業に向けた問い合わせが相次いでいるという。確かにＩＴベンダーにとって、自社の製品に自在ホンヤク機のソフトを組み込むだけで、会話がスムーズになるとすれば、非常に魅力的だ。

「社会参加の支援を業務とされている会社とは、製品化に向けて協力していきましょうという話を進めています」

そうした会社を通さないルートで、一般の人たちに広く使ってもらうことも筒井は考えている。

「一番簡単な形は、インターネットで無料のアプリとしてダウンロードしていただくという方法もあると思います。それは会社を通すまでもなく、すぐにできることです」

文部科学省はギガスクール構想を進めており、全国の小中学生にはすでに、ひとりに一台ずつ、タブレット端末が配布されている。

「その端末に、一般の児童、生徒さんにとって役立つだろうと思われる機能も搭載できればと考えています」

相互理解を通じて創造性・多様性をサポート

ムーンショットのほかのプロジェクトでは、サイバネティックアバターで人の身体的能力や認知能力、知覚能力を拡大しようという研究も進んでいる。これに対して筒井が重きを置くのは、人の創造性をサポートする機能だ。

「我々が一番重視しているのは、ほかの人とうまくつながって、シンクロするというところですね。相互理解が深まり、寛容性が高まって、様々な人たちがそれぞれのありようを尊重しながら、自己実現に向かって幸せに暮らしていける。これが最初に目指すところです。

そのうえで、人のこころがつながった先には、人にしかできない創造的な営みが、いろいろ湧き上がってくるだろうと思います。イメージや考え、価値観の共有と比較、それに対する様々なコメントも、いろいろやりやすくなると思います。こうして多様性が行き交うところから、新しい考え方が生まれてきます。創造性を直接刺激するようなマジックがあるというよりは、人と人が話し、議論しやすい土台を作る。そこから自然に創造性や、問題解決のための新しいアイデアが生まれてくると思います」

確かに「三人寄れば文殊の知恵」という言葉もある。様々な人がいろんな形で交流し、それぞれのこころを刺激し合いながら、新しいイメージや考えを作っていく。そのとき、創造性が最大限に発揮される。

今や社会のキーワードになっているダイバーシティ、多様性の確保に向けても、効果がありそうだ。「異なる個性を持ったユーザーが、それぞれどんなキャラクターなのか。それをどう橋渡ししたらいいのかも、AIがある程度学習してデータを積み上げていかないとわからないところもあると思います。とにかくいろんな方に使っていただく必要があると思っています」

人と動物が自在に会話できる日

第5章のタイフーンショットのプロジェクトでご紹介したが、一九〇一（明治三四）年一月の「報知新聞」は「二十世紀の予言」と題する長文のコラムで、これから百年のうちに現実のものとなるであろう画期的な発明や変化として、二三項目を予言した。予言は当たったもののほうが多かったが、予言が外れたり、実現したりしていないものも六項目あった。そのうちのひとつが、犬や猫と自由に話ができる「人と獣の会話自在」だ。

犬の気持ちがわかる玩具として「バウリンガル」が大ヒットしたことがあったが、これはあくまでおもちゃである。

筒井に話を聞いていくと、脳からこころを読むための動物実験として、サルを活用しているという。ということは、人とサルがこころを通わせることもできるのではないだろうか。

「脳科学に根ざしていますので、人と人だけではなくて、基本的には人と動物の間でも利用できると思います」

ムーンショットのプロジェクトとは別に、筒井の所属する東北大学大学院生命科学研究科で、あるプロジェクトの立ち上げが検討されている。その名も「ソロモンの指輪プロジェクト」。イスラエル王のソロモンが大天使ミカエルから授かった指輪をはめると、動物と話すことができたという伝説からとった名前だ。

「本当に動物と人のこころを結ぶ装置にもなると思います。最近はペットを伴侶動物と呼ぶ人もいるということで、そういう人には必要ないかもしれません。しかし自在ホンヤク機を人と動物の間で使えば、動物のこころを読むのが得意じゃないという人も、うまく動物のこころがわかるようになると思います」

ドリトル先生のように動物としゃべれる日も、そう遠いことではないかもしれない。

「幸福」について、お考えを教えてください。

東北大学大学院生命科学研究科教授　**筒井健一郎**氏

幸福とは

人びとが自己実現に向かって有意義な人生を送れること。人それぞれの有り様が認められて受け入れられ、善意によって人の心が繋がった社会が形成されること。

阻害・邪魔するもの

偏見や排他的な考え方、偏狭な価値観、無知、貧困。

社会の豊かさとは

リスク管理。寛容性と共存。助け合い。

貢献

「自在ホンヤク機」は、多様なこころとからだの有り様を繋ぐためのコミュニケーション支援ツールであり、人びとのこころの絆をつくるものなので、以上のような問題の根本的な解決に繋がると考えます。

7-3 〝前向き姿勢〟で乗り越えよう！ 科学的に逆境を脱出する

良い姿勢で歩くと前向きに？

永六輔作詞、中村八大作曲で、坂本九が歌った「上を向いて歩こう」は、今も人びとに愛され続ける名曲である。その歌詞が胸にしみるのは、単にポジティブに生きようというのではなく、涙をこらえ、悲しみを抱きながら、それでも前に進もうという呼びかけに、多くの人が共感するからだろう。この場合の歩くとは、生きることの隠喩でもある。

発表されたのは一九六一年。前年には日米安全保障条約の改訂をめぐる大規模な反対闘争が起き、学生を中心とした反対派の敗北に終わった。一九六一年には所得倍増計画が始まり、高度経済成長がスタートすることになる。大ヒットの背景には、こうした時代の画期としての世相もあった。

歩くということに、宗教的な意味が込められていることも少なくない。例えばお遍路さんは、自らの足で霊場を巡ることにより、煩悩が消えて願いが叶うとされてきた。江戸時代のお伊勢参りは庶民にとって一生に一度の一大イベントであり、伊勢の神様に感謝して「おかげまいり」とも呼ばれた。ヨーロッパではフランスからスペインに至る巡礼路が有名だ。

アメリカは巡礼ではないが、三大ロングトレイルと呼ばれる長距離の自然歩道が人気を呼んでいる。これに倣って日本はもちろん、世界各地でロングトレイルの整備が進められている。

歩くということは、移動するということ以外にも大きな意味を持つ。本節で紹介するのは、良い姿勢で歩くことにより前向きな気持ちになろうという取り組みである。

人の体験を客観的に知る方法

ムーンショットで採択されたプロジェクトは「逆境の中でも前向きに生きられる社会の実現」。なんとも面白そうなタイトルだ。「逆境」とか「前向き」という、どちらかというと文学的な表現が、自然科学のプロジェクトで正面切って出てくるとは思わなかった。プロジェクトを率いるＰＭは、千葉市に本部を置く国立研究開発法人の量子科学技術研究開発機構（量研）の山田真希子だ。

ここで量研について概略を説明しておこう。一メートルの一〇億分の一というナノサイズ、あるいはそれよりさらに小さい量子を使って、医療や情報通信、環境やエネルギーなどの分野に役立てるのが量子科学技術だ。量研は、量子生命・医学、量子ビーム、それに量子エネルギーの各部門で最先端の技術開発に取り組み、研究病院では患者の治療にもあたっている。

その量研で山田は「量子医科学研究所」の脳とこころの研究グループでグループリーダーを、量子生命科学研究所では上席研究員を務めている。

量子医科学研究所
山田真希子グループリーダー
（提供：量研 以下同じ）

広大な敷地を持つ量研を訪ねて、なぜ今回のプロジェクトを提案するに至ったのか、話を聞いてみた。

まずは、山田のこれまでの歩みである。二人姉妹の長女として生まれた山田は、四歳のときからクラシックバレエ漬けの日々を送った。妹はアメリカでプロのバレリーナになり、今は帰国してバレエスクールを開いている。

「私もそういったチャンスはあったのですが、結局、普通に高校、大学に行くという選択をしました」

高校、大学と理系だったが、カナダの大学に留学して、それまで独学で勉強してきた哲学を学ぶことにした。

「哲学は過去の文献を読み、いろんな議論をすることができました。しかしその意味や仕組みをもっと詳しく知るためには、実験的なアプローチが必要だと強く感じるようになりました」

山田は、哲学科から同じ大学の心理学科に移った。

「日本で心理学科は人文科学ですが、向こうは自然科学の扱いで、主に脳の勉強なんですね。心を知るためには脳を知らないといけない。それで脳の研究にとても魅力を感じるようになりました」

カナダの大学では、てんかんや脳梗塞などで患者が受けた脳のダメージを調べる神経心理学研究が盛んに行われており、大脳皮質のどの部位がどのような機能を果たしているかを示す脳地図を学んだ。心理学科を卒業した山田は帰国し、脳の研究をさらに進めるため、日本の大学の大学院で神経心理学の研究室に入った。

そこで山田が取り組んだのは、脳損傷患者の精神症状を調べることで、脳の特定の部位がどのような意識の変容に関わっているのかを研究するということだった。

「人の主観的な感覚とは何か。なぜ、どのように起きるのかということについて、知りたいと思うようになりました」

これを一言で表現すれば「クオリア」だ。二〇〇三年にソニーが発売した高級ＡＶ機器のブランド名として記憶されている方もいるかもしれない。ラテン語で「質」という意味で、個人的な体験に基づく主観的な感覚のことを指す。

「例えば『痛い』というとき、その痛みの感覚はその人しか経験できません。外部から人の体験を客観的に知る方法がないというのが、それまで、意識の研究が進まなかった理由です」

それを脳内の現象として調べられるようになったのは、fMRI（機能的磁気共鳴画像法）を利用できるようになったことが大きい。fMRIは、MRIによる人体の構造情報の上に、脳の血流中の酸素消費量の変化を高速で撮像し、運動、知覚、認知、情動などに関連した脳の活動を画像化できるようにしたものだ。加えて、研究内容によってはPET（ポジトロン断層撮影法）を使用することもある。これも画像診断装置の一種で、陽電子を含む薬剤を人体に投与すると放出される放射線を検出することにより、様々な病態や生体内物質の動きがコンピューター処理で画像化される。PETでは、報酬系ホルモンとも呼ばれる神経伝達物質のドーパミンを間接的に測定することができる。

これら最新技術により、対象となる人を傷つけることなく、脳の状態や働きを知ることができるようになった。こうした研究領域は「認知神経科学」と呼ばれる。

クオリアはもともと、哲学の世界で古くから議論されてきたテーマだ。それが技術の発達に伴って、最新の脳科学の分野で研究できるようになってきた。哲学の分野から心理学に移った山田の歩みとも重なる。やがて山田の関心は「認知の歪み」にも広がっていった。

「例えば、肺がんのリスクを知っていても、喫煙者が肺がんになる可能性を低く考えることが知られています。このような楽観視は、楽観主義バイアスと呼ばれています。客観的な事実に対し、主観的な評価がどれだけずれているか。その歪みを『バイアス』と呼びます。認知バイアスを定量化し、人によってその差が出てくるところを脳のなかで探し出せば、主観的な経験が生まれる場所がわかるのではないかと考えました」

そこで山田は、様々な題材で実験を始めた。

二〇一二年にイギリスの科学誌『ネイチャー・コミュニケーションズ』電子版に発表し、国内外で大きな反響を呼んだのが、情状酌量の研究だ。その三年前の二〇〇九年に、一般市民の参加による裁判員裁判が始まった。そこで山田は、一般の人二六人に被験者になってもらい、殺人事件の裁判員になったつもりで量刑判断をしてもらって、その際の脳の働きをｆＭＲＩで測定した。その結果、情状酌量をより大きく考える人ほど、喜怒哀楽などの感情を司る部位が活発に働いており、その程度は個人差が大きいこともわかった。それは同情する部位と考えることができる。脳で量刑判断に関わる同情の部位を特定したのは世界でも初めてのことだ。

次に山田が取り組んだのは、認知バイアスのひとつである「ポジティブ・イリュージョン」だ。「誰しも、自分をちょっとよく考えてしまう傾向があります。おおよそ八割ぐらいの人が、自分のことを実際よりよく思っているということがわかっています」

二〇一三年には「自分は平均より優れていると思う」ことは心の錯覚で、脳内メカニズムがこの錯覚に関係していることを世界で初めて明らかにし、アメリカの科学誌『米国科学アカデミー紀要』オンライン速報版で発表した。それによると、脳内に言語システムが存在するのと同様に、自分自身について優れていると思う心の仕組みが脳内に埋め込まれていることが示された。

二〇二二年には「ポジティブな記憶の思い出しやすさに関わる脳のネットワークがある」ことを見出したと発表した。それによれば、ポジティブな感情を喚起する画像の記憶テストの成績が良い人ほど、前頭葉と側頭葉のネットワーク結合が強いことがわかった。この仕組みを利用して、自分の脳活動をｆＭＲＩでリアルタイムに視覚情報としてフィードバックすることにより、思考をポジティブに変えるための訓練法である「ニューロフィードバック」の開発にも取り組んでいる。

「脳のネットワークの構造を見るだけで、その人がポジティブな人か、ネガティブな人かということを機械学習で言い当てることができるＡＩの開発にも成功しました。ＭＲＩに一〇分ぐらい入るだけで、その人がポジティブ・イリュージョンを持つかどうかを、ＡＩが判定してくれます」

歩行姿勢と前向き思考の関連性

「うなだれる」「肩を落とす」というと落胆した様子、「胸を張る」というと自信がある様子、「肩で風を切る」というと得意そうで、威張っている様子が目に浮かぶ。このように私たちの気持ちは意識的に、あるいは無意識的に、私たちの姿勢に現れる。考え方や方針について「姿勢」と表現するのも、そのためだ。このように、私たちの気持ちと姿勢との間に密接な関係があるのは明らかだが、それが脳内でどのような仕組みになっているのか、明らかにはされていない。

そこで山田は歩行時の姿勢に注目し、前向き思考にどのような影響を及ぼすのか、その神経メカニズムに関する研究を二〇一七年から開始し、姿勢と前向き思考の関連性を見出してきた。

新型コロナウイルス感染症が流行する前の二〇一九年と、感染が拡大して一年以上がたった二〇二一年に、四四五人の同じ被験者を対象に、同様の調査を実施した。その結果、流行前に比べて二〇二一年には楽観主義バイアスが大きく下がっていることも確認された。

「ムーンショットでは、こうした研究を踏まえて、前向き思考によって、様々な逆境を乗り越えるこ

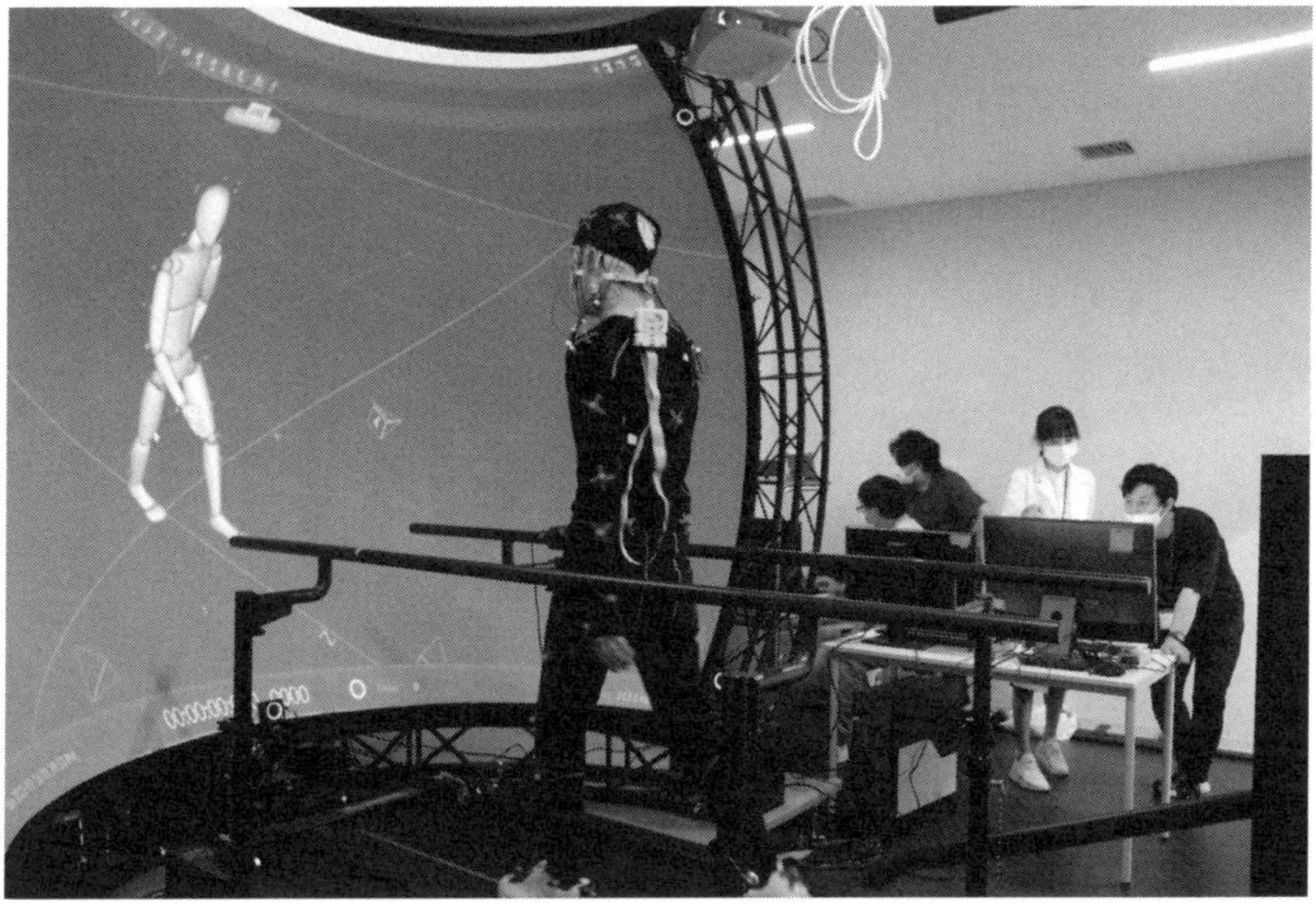
量研に新設された、歩行姿勢と脳活動を計測する装置。

とができるものにしたい。人生の最期の瞬間まで、よりよく生きられるためのものにしたい。そこで様々な状況の人びとを対象に、これから研究を始める予定です」

身体の姿勢と心の姿勢を一体に

いよいよ、ムーンショットのプロジェクトである。タイトルは前述したように「逆境の中でも前向きに生きられる社会の実現」である。「人文科学的な心と、自然科学的な身体とを融合するというところが着眼点です」

山田が目指している社会像について聞いてみた。

「これまでの類似の研究は『無苦痛文明』を目指しているところがあります。ネガティブなもの、不快感を取り除こうとします。しかし、そうすることで、果たして人は幸せになるのかという疑問を持っています。恐らく、苦痛を完全に取り除くことはできないし、苦痛がなければ、ポジティブな感覚も生じないわけです」

無苦痛文明を目指すのではなく、ネガティブな状態、逆境を自らが乗り越えるような力を持つことで、幸福を目指すのが今回のテーマだ。

「逆境に耐えられずに絶望を感じるのではなく、逆境のときにこそ前向きになれれば、逆境を乗り越えて幸福感が生まれます。そこでさらに逆境に立ち向かう力が湧いてきます。こうした良い循環になるような仕組みを作ることで、人びとに希望や活力をもたらし、それが個の成長や社会の発展につながればと考えています」

レジリエンスという言葉がある。「ものごとにうまく適応できる能力」を意味している。ナチスによるホロコーストで孤児になった子どもを追跡調査する過程で、トラウマを克服した人生を送っている元孤児と、トラウマをひきずったままの元孤児がいることがわかった。その違いとして、精神的なストレスに対する回復力や適応力、つまりレジリエンスの有無が注目されるようになった。山田が目指すのは、レジリエンスの強化といっていいだろう。

では具体的に、どのような取り組みを考えているのか。

「前向きという言葉には、物理的に身体が前を向くということ、もうひとつは心の状態がポジティブになるというふたつの意味があります。今回私たちがやりたいのは、もし身体の姿勢と心の姿勢が一体になっているのであれば、身体がうまく前を向いていないとき、姿勢を正しく前向きにしてあげれば、心が前に向くだろうという提案です」

悲しいから泣くのではなく、泣くから悲しいのだという説がある。アメリカの心理学者のジェームズと、デンマークの生理学者ランゲが唱えたことから、ジェームズ＝ランゲ説と呼ばれる。何らかの刺激や状況に対して、まず身体が反応し、それが意識化されることで感情が生まれるという理論だ。

それを実証する研究は多々ある。例えば同じマンガを読んでも、口をすぼめて読む場合と、ペンをくわえて笑ったような口で読む場合とを比べると、後者で読むほうが面白く感じられるという報告がある。美容整形で眉間のシワをとった人と、とっていない人とで脳の活動を比較すると、シワをとった人のほうが、ネガティブな感情を生み出す脳の活動が見られないという研究もある。

超一流のスポーツ選手は試合で追い込まれたときに、いらついた感情を表に出すのではなく、あえて余裕を持った態度をとる。そうすることで、自分の能力をフルに発揮できるのを知っているからだ。

「身体の姿勢や表情が直接、脳に影響を及ぼしている。従って、心に影響を及ぼしているということが、これまでの研究でわかっています」

これを踏まえて山田が第一段階として取り組むのが、身体の姿勢とポジティブな感情との関係を読み取る技術の開発だ。

「イキイキとしていたり、ウキウキしていたりすると、身体が反り返ったり、跳ねるような歩き方をしたりすることがあります。くよくよしていると、うなだれたり、とぼとぼと歩いたりします。そういった身体の姿勢や歩き方から、前向きの度合いを読み取るわけです」

前に進もうという力と、後ろ向きの力をベクトルで比較して、前向きの力が大きければ前に進める。

「人によっては拮抗状態という場合もありえます。これだと前にも後ろにも進めませんから、よくない状態です。後ろに引っ張る力がなければいいのかというと『イケイケどんどん』で、危険を顧みない行動になる可能性があり、これもあまりよくありません。こういった自分の状態を知ることができるようにします」

被験者が何回も測定することで、過去の自分自身との比較もできるようになる。

「その人の置かれた状況によっても、重みづけを変えていく必要もあります。例えば同じ年齢の高齢者でも、リタイアしてリラックスした生活を送っている人と、仕事で忙しくしている人では、必要な要素が変わってきます」

これを踏まえて、前向きを促す技術を開発する。

「促すって、どういう意味かというと、例えば坂道を自転車でのぼるときに、電動アシスト自転車があると容易にのぼれます。そういった形で、前向きになれるように背中を押してあげる。逆境があっても逃げ出さず、それに立ち向かえるよう『前向き力』を身につけるための訓練技術を作っていきます」

歩行中、被験者の脳に「フロー」が出現するかどうか、リアルタイムで判定できるシステムも導入する予定だ。フローとは、アメリカの心理学者チクセントミハイが提唱した心理状態に関する概念で、時間を忘れるほど、非常に集中した状態のことを指す。

「例えばスポーツジムで、トレッドミルを使って歩くだけで利用者の心身の状態を推定し、身体の訓練と同時に、心の訓練もできるシステムを作りたいと思っています。集まったデータが増えるほど、精度もどんどん上がります」

ジムでは走る人が多いが、走ることでも測定できないだろうか。

「走るニーズが多ければ、変更することもできます。今回、歩行を取り上げるのは、日常の動作で、簡単にできることを利用したいからです。例えばジムで練習したあと、前向きの歩き方をおさらいしながら帰宅することができます」

歩くことができない人は、利用できないのか。

「寝たきりの人や歩けない人の場合、バーチャルリアリティを利用して、同様の体験ができるようにしたいと考えています」

背中を押してあげる場合、あくまで本人の自主性が前提となる。絶望に打ちひしがれている人は、そもそも自主性がないという場合もあるだろう。

「確かに最初のきっかけ作りが難しいところだと思っています。そもそも自主性がない人に、システムを利用して自主性を促した場合、その自主性を、その人の自主性と捉えてよいのか。その成果をほめたたえることができるのかという倫理的、社会的受容性などの検討が必要となってきます。これは実証研究と並行しながら、検討していきたいと考えています」

特定の神経回路を人工的に制御する方法も、選択肢のひとつとして検討することにしている。

「その人にとって必要なタイミングで必要な分だけ、特定の神経回路を活性化させたり、抑制させることができるようになるかもしれません。ただしこうした脳活動の直接的な制御を、健康な人に使っていいのかという大問題があります」

本書第3章埋込サイボーグ技術の倫理的・社会的課題でも言及したが、エンハンスメント、つまり人間拡張の是非に関するＥＬＳＩ（倫理的・法的・社会的課題の必要性）の課題となるだろう。

「例えば失恋した人に、いきなり『前向きに』って言ったとしても、『もうちょっと、どっぷりと浸かりたい』ということもあるかもしれません。様々なケースをまずは理解するというところから入る必要があると思っています」

将来的には身体の不自由な人、高齢者、さらには死を目前にした人、こうした人びとに対してもシステムを利用してもらいたいと山田は考えている。そこで研究グループに「国立がん研究センター」の研究者も入ってもらっている。

「国立がん研究センターでは、死が直前に迫っている患者をどうサポートできるのか、研究しています。そこでまず、終末期を生きる人にとって、どういった気持ちがあったほうがいいのか、求めているものが何なのか、調査したいと思います」

確かに、その人が置かれた状況によって、ニーズは大きく変わってくるはずだ。

「例えばオリンピック選手で、そのときにベストパフォーマンスを出さないといけないという場合、ふだんの生活ではありえないような精神状態に持っていくことが必要な場合もあるかもしれません。その人の状況に応じて、必要なものが何かということを判断し、そのためにはどうすればいいのかをサポートできるようにしたいと考えています」

科学的な逆境脱出法に高まる期待

社会実装としては五年後に、人の前向き度を測定できるようにする。一〇年後には、何らかの形で前向きになれるようアシストできるのが目標だ。

「二〇五〇年には特別な場所で測定するのではなく、ふだんの歩行からリアルタイムにアシストセンサーがその人の状態を読み取り、前向き姿勢になるよう提案するのが目標です。さらに学校や地域や街のなかで『前向きエージェント』が人びとを支援できるような仕組みになっていたらいいと思います」

とりあえず今、前向きになれるような姿勢を教えてもらえないだろうか。

「それは、これからの研究です。ただ、ひとつの例としては、腰と首の直線を引いたときの角度ですね。猫背でなくても、前傾姿勢の人はけっこうネガティブなバイアスになっていると思います」

バレエに長年取り組んだ経験は、姿勢のチェックで役に立っているのだろうか。

「バレエ教室でも測らせてもらおうと思っているのですが、バレエの訓練を積んだ人は、自分の姿勢をコントロールすることが得意です。前向き姿勢を維持するための訓練法開発の参考にできるかもしれません」

今回の研究は一般の人を対象にしたものだが、抑うつ状態などの人にも「利用できると思っています」とのことだ。

心の問題で医療機関にかかるのは、やはりハードルが高いという人もいるだろう。元気が出ないとか、イライラするとか、スランプに陥ったようなとき、逆境から抜け出せる方法が、科学的に実証された形であって、しかも誰でも利用できるようになれば、気持ちの面で楽になるという人は、多いかもしれない。

人生一〇〇年時代を目前に控えて、健康寿命を延ばすことが大きなテーマになっている。その意味でも、前向き姿勢の開発が期待されている。

#「幸福」について、お考えを教えてください。

量子医科学研究所グループリーダー　山田真希子氏

幸福とは

相対的なものだと思います。心の状態がネガティブなときがあるからこそ、これに対してポジティブな心の状態を幸せに感じるという側面があると思います。痛みや苦しみといった負の感情は辛いものですが、そのような負の感情を経験することがなければ、人間は大した幸せを感じない気がします。幸福とは、辛い経験を乗り越えた先にこそ、存在するものではないでしょうか。

阻害・邪魔するもの

「前向き」な精神は、目の前の困難を乗り越えるための動機付けとなります。しかし、過度に「前向き」になると、希望に向かう推進力が強すぎるがゆえに、リスクを過小評価して危険な行為を招くことがあり、また、期待が大きすぎるがゆえに、得られた結果に満足できず喜びが減ってしまうこともあります。

社会の豊かさとは

誰しもたいへんな経験をしたくはないとは思いますが、人はつまずきや失敗を経験しそこから脱することで成長するということもあります。便利な世の中を求めることと、自分に自らチャレンジを課すことのバランスがとれていることが重要だと思います。

貢献

自分を成長させるために、逆境やつらい体験を乗り越えることは、とても意味があります。そのとき、心を「前向き」に保つ必要があります。そこで私たちの研究が、困難に立ち向かうために、人びとや社会の役に立てたらと思います。

7-4 「こころの資本」を強化しよう！　感性脳科学

音楽の科学で世界のマインドが変わる

「産業革命以来、社会は便利になり、人類は豊かになりました。しかし幸せになったかと問われると、素朴な疑問をみんなが持っていると思います。戦争が、また起こりました。いくらテクノロジーが進んでも、人間って、やっぱり愚かだと思います」

そう語るのは、広島大学特任教授の山脇成人《しげと》だ。山脇はうつ病患者の治療が専門の精神科医で、関係する学会の理事長や日本学術会議の分科会委員長などを歴任し、今は広島大学の研究施設「脳・こころ・感性科学研究センター」のセンター長を務めている。広島出身の山脇は、母親が被爆者だ。

「私は被爆二世ですから、こころの平和のためには何かせずにはいられないというのが正直なところです。『何でこういう組み合わせ？』って聞かれることもありますが、西本さんもそういう強い思いがあるのです」

西本さんというのは世界的に活躍している指揮者、西本智実のことである。西本の曽祖母は長崎県生月島のキリシタンの末裔だ。西本自身はカトリックの洗礼を受けているわけではないが、二〇一三年からコロナ禍で開催が中止されるまでは毎年「サンピエトロ大聖堂ミサに於いての指揮」と「ヴァチカン国際音楽祭」に招聘《しょうへい》され、ローマカトリックの聖地であるヴァチカンと音楽を通じて交流を重ねてきた。そこで西本が決まって演奏するのは、長崎の隠れキリシタンが伝承してきた祈りの歌「オラショ」の原曲である。原爆投下七〇周年の音楽祭では「ローマ教皇の名によるミサ」の共同祈願で、西本は原爆犠牲者の「無念の死」を悼み、「今もその苦しみのなかに生きる方々のために祈りを」[*1]と、全世界に向けて呼びかけた。

その山脇がPM、西本がサブPMとなって取り組むプロジェクトが「Awareness Music による『こころの資本』イノベーションと新リベラルアーツの創出」だ。もう少しわかりやすくしたキャッチフレーズが「音楽の気づき科学で次世代の感性を育む」。プロジェクトにはほかにも多数の研究者が参加している。山脇はプロジェクト全体を束ね、西本は音楽を使った実証研究に取り組む。

本節では、山脇が脳神経科学の専門家として研究する「感性脳科学」の内容と、プロジェクトの具体的な展望について紹介する。

次節では、西本が取り組む、市民参加型の音楽共創プラットフォーム作りを見ていきたい。

指揮者と精神科医の異色のタッグ

まずは山脇がムーンショットに参加するようになったいきさつからご紹介しよう。

三六歳の若さで広島大学医学部神経精神医学講座の教授に就任し、研究と治療で多忙を極めてきた山脇だが、音楽とまったく無縁というわけではない。

「精神科医って、バンドをやってた人がけっこう多くて、精神科の教室の忘年会はスタジオを借り切って演奏しながらというのが恒例でした」

西本智実氏の広島大学特命教授就任で記者会見する山脇成人特任教授(右)と、西本氏。(2021年11月17日、提供：広島大学)

中学、高校ではブラスバンド部に所属し、ドラムスを担当した。今好きなジャンルは、オペラだという。

「ウィーン大学で客員の教授をしていたとき、国立歌劇場へオペラの観劇に通いました。オペラはストーリーが割と簡単で、見ていてわかりやすいのです。その後、特にヨーロッパに出張があるたびに、オペラは必ず観に行くようになりました」

西本も指揮者としてのスタートがオペラということで「気が合うのでは」と水を向けると、「西本さんの次元と私の次元とでは全然違います」と、謙虚な答えが返ってきた。

山脇にインタビューしていると、患者に寄り添う精神科医としての仕事柄か、もともとの性格なのか、専門外の私の意見にも耳を傾け、相手を尊重する対話をこころがけているように感じられた。

その山脇がムーンショットに関わったのは、追加の新目標を検討するミレニア・プログラムからだ。第3章の「埋込サイボーグ」の節で説明したように、ミレニア・プログラムでは二〇二〇年に募集が行われ、二〇二一年に新たな目標が決定した。そのミレニア・プログラムで、西本が代表となって最初に取り組んだのが、「音楽感動共創による人類社会の持続と幸福の実現及び地球文化普遍性の宇宙響鳴に関する調査研究」という、文学的で少々長いタイトルのテーマである。当初の西本チームには精神医学の専門家がいなかったため、事務局の紹介でチームに加わったのが山脇だった。

ミレニア・プログラムはあくまで、新しい目標を決定するのが目的であり、新目標が設定された時点で、改めてプロジェクトの募集が行われた。目標9は、西本の提案した「こころ」に関係するテーマとなっており、当然のことながら西本も応募を考えていたが、研究者としての経験が豊富な山脇にPMを要請して応募することになった。

ワクワク感を定量評価する「感性メーター」

ここで山脇がこれまで研究してきたテーマや内容について、概略を見てみよう。

山脇が精神科医として力を注いできたのは、うつ病の新しい診断法や治療法だ。山脇によれば、これまでのうつ病診療の問題点は、診断と治療が病態に基づいていないことだという。そこで二〇一一年度から文部科学省の「脳科学研究戦略推進プログラム」で、うつ病の新しい診断法や治療法を九つの大学や研究機関が連携して開発することになり、全体をとりまとめる「拠点長」に選ばれている。

具体的に山脇が取り組んでいるのは、うつ病患者を対象としたfMRI（機能的磁気共鳴画像法）を用いた脳機能画像、血中バイオマーカー、DNA配列の個体差などを統合的にAI解析し、うつ病の神経回路異常と、その分子病態を解明することだ。そのうえで脳科学に基づく客観的診断法の開発、および前節「前向き姿勢」のなかでも紹介した、患者が自分で脳活動を制御するニューロフィードバックなどを用いてうつ症状を改善する、新たな治療法の開発を進めている。*2

二〇一八年には、うつ病の治療薬で患者によって効果に差が出ることに着目し、脳画像などを利用して服用前に治療効果を予測できるツールを開発した。

さらに山脇は、脳科学を活かした産学連携にも積極的だ。広島の自動車メーカーのマツダとタイアップし、運転するときに脳内のどの部分が活性化するかを調べ、感性の見える化に挑戦した。というのも産業界における従来の商品開発は、経験豊富な社員や専門家、それに顧客モニターの感性に支えられている部分が大きく、その結果として、開発した商品の評価には個人の主観による何らかのバイアスがかかることは避けられなかった。

そこで山脇のグループでは、バイアスのかかっていない状態の脳情報を直接測定したうえで、その人の興味度（ワクワク感）を定量的に評価し、視覚的に提示できる技術を開発した。このシステムは「感性メーター」として、二〇二一年に商標登録された。お気づきのように、対象は一般の人である。山脇らの知識と技術は、広く社会に応用可能なことが証明された。

同じ二〇二一年には電子部品や電子機器を開発・販売する大手専門商社、それに大手医薬品メーカーと共同研究契約を結び、新たなうつ病予防法の開発とその社会実装を目指している。

自分の「こころの資本」に気づいていない

本題のムーンショットである。タイトルは前述した通り「Awareness Music による『こころの資本』イノベーションと新リベラルアーツの創出」だ。Awareness Music とは、本人の潜在的でポジティブな能力を気づかせるような、音楽や音の効果のことを指す。その対象も、一般の人たちが中心となる。

それでは「こころの資本」とはどういうことだろうか。

「これまでの資本主義社会では、ヒトはモノやカネと同列の、労働時間を切り売りする労働者としてしか扱われてきませんでした。しかし様々な面で資本主義は行き詰まりを見せています。そこで一人ひとりが個人としてもっと輝けるよう、人に資本を投入すれば、資本主義はもっと、ポジティブに回っていくはずだという提案が『こころの資本』イノベーションです。人間中心の資本主義と言ってもいいかもしれません。西本さんは『新リベラルアーツ』という言葉を使っていますが、目指すところは同じです」

「こころの資本」は、元アメリカ経営学会会長でネブラスカ大学教授のフレッド・ルーサンスが提唱した概念として知られている。ルーサンスによれば、成長する組織で働く人は、以下の四点について、ポテンシャルが高いという。第一は自ら解決の道を見つける「希望」(Hope)、第二は自分の能力に自信を持つ「自己効力感」(Efficacy)、第三は困難に対してうまく適応できる能力「レジリエンス」(Resilience)、第四は前向きな「楽観性」(Optimism)である。この四つの単語の頭文字をとった「HERO」こそ、「生き生きしていて新しいことに挑戦するエネルギーに満ちている状態」である。

「この考え方を私も導入します。多くの人は基本的に、自分のこころの資本に気づいていないのです。ただ、どこかで腑に落ちたとか、目から鱗が落ちるとか、何かに気づいたときに大きな変化が起こります」

山脇は、うつ病の治療でも同じことがあてはまるという。

「薬はあくまで悪循環を断ち切るための手段です。悪循環のときは自分に余裕がないのですが、悪循環を断ち切れたとき、患者自身が『自分はもっと自信を持っていいんだ』と気がついて、それから一気に回復します。私だけでなく、誰もが『あのとき、自分は変わった』という体験を持っていると思うのです。その気づきを可視化していく。それを音楽をはじめとする力で促進させるのが、プロジェクトの最終的な目的です」

なぜ音楽に、そうした力があるのだろうか。

「長い歴史や文化を超えて、いろんな地域でそれぞれ独自の音楽があります。人びとが仲間やチームを作り、連帯感を育むために音楽は必要なのです。祭りや戦いのとき、何らかの音楽が必ずセットであります。逆にいえば、音楽を持たない民族は淘汰され、音楽を伴う社会性を持っている集団しか、生き延びられなかったのです」

音についていえば、私たちは自然音、環境音、川のせせらぎに癒やされるということがある。これについて今までは、ほとんどが五感（外受容感覚）、つまり聴覚や視覚、嗅覚、味覚、それに触覚に関する研究にとどまっている。身体の内部にそれが入ってきたあとの、身体のなかの変化については、自律神経のバランスが大切だという程度で、あまり具体的な研究は進んでいない。

「そこで私たちは音や音楽に注目したのです。音楽には、いろんな人を変えていく未知の効果がありま す。自分の心への気づきを促し、自己肯定感を増したり、他者に配慮したり、共感したりする。ネガティブな感情のときは、悪循環になりそうな気持ちを和らげてくれる。ポジティブな感情を増強し、希望や感動に結びつけるという効果もあります。その効果、気づきを促す音や音楽の要素をサイエンティフィックに可視化していきたいと思っています」

同時に配慮すべき点もある。

「課題としては、個人差がすごく大きいことです。多様性はいいことなのですが、これにどのように対応していくか。さらにゲームもそうですが、楽しいこと、夢中になることは、知らず知らずのうちに依存症になる恐れがあります。刺激によって得られた幸福感は、自分の力によるものではないから、その刺激がずっと要るようになる可能性があります。そこが大きな問題です。音や音楽に依存せず、自身の力で、自分の望む方向に持っていけるようにする必要があります」

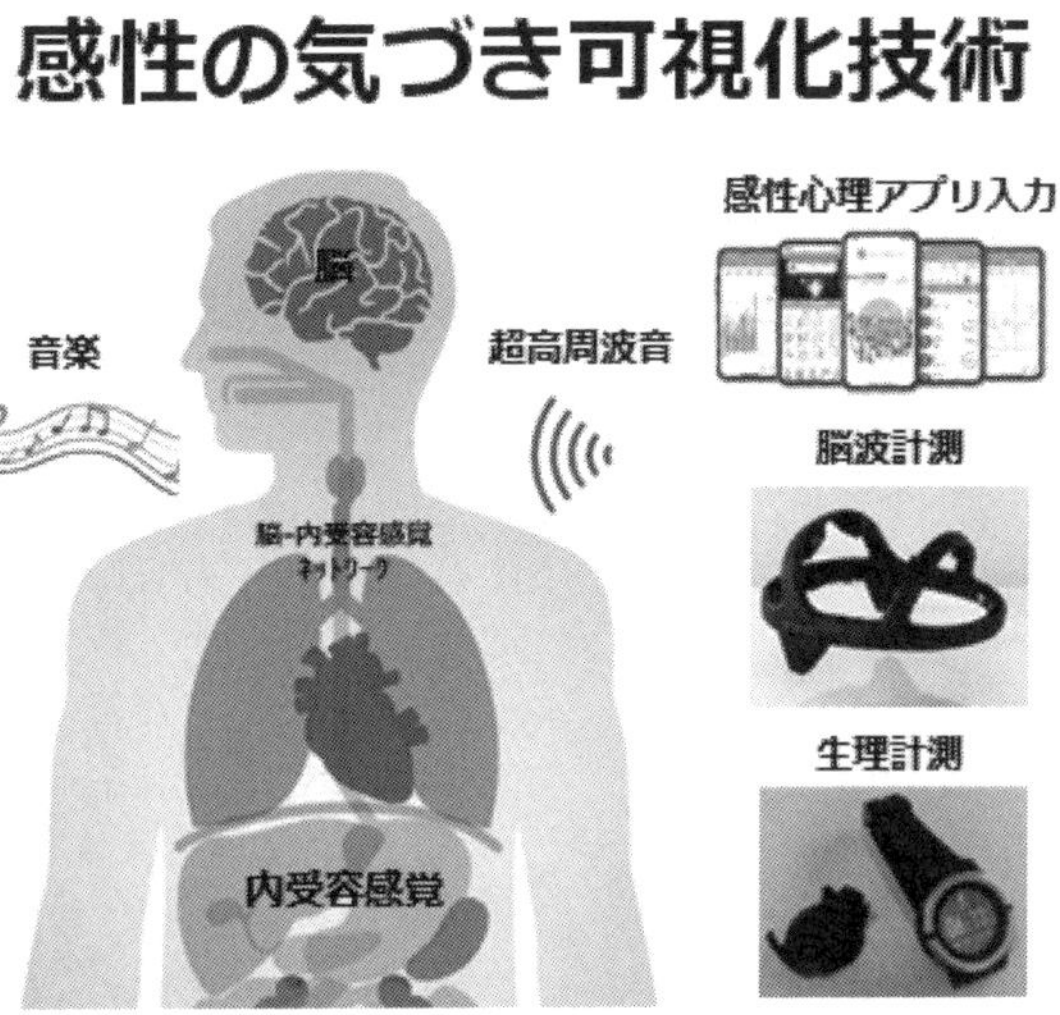

感性可視化技術（提供：山脇特任教授）

プロジェクトではじめの五年間、被験者には音楽を楽しみながら、計測に協力してもらうことにしている。これに関する西本の取り組みは、次節で紹介する。

山脇ら広大チームは、身体内部における気づきを可視化するための技術を開発することにしている。それが内臓などによる感覚である「内受容感覚」による気づきである。神経細胞の研究でノーベル賞を受賞したイギリスの生理学者、シェリントンは人間の感覚について、外受容感覚、固有感覚、内受容感覚という機能的な区分を行った。このうち内受容感覚とは、一般的な用語では自律神経系や迷走神経と呼ばれる部分である。山脇は人の「感性」に、こうした内受容感覚が重要な役割を果たしていると考えている。

「わかりやすく言うと、心臓がバクバクと動き始めたり、お腹のあたりがきゅっと痛くなったりするという、身体の反応があります。不吉な予感がするとか、胸騒ぎがするとか、具体的なことは認識できないけれど、身体のほうが先に反応するという経験があると思います。ポジティブなことを予感するとワクワクするし、よくないことを予感すると不安になる。私たちはこのように未来を予測しながら行動するのですが、実際の体験のときには『ずれ』が生じます。予測誤差です。そのときハッと気づいて『これはすごいな』と、ポジティブに価値づけしたとき、感動が起こります。ネガティブだったら失望が起こります。それが感性です。つまり予測誤差で気づいて、それを価値づけするときに感性が生じるというのが、私たちの説なのです。それを我々、凡人はなかなか気がつかないのですが、音楽家などの芸術家が感性豊かといわれるのは、トレーニングを重ねて感覚を研ぎ澄まし、小さな変化にも気づくようになるからだと思うのです」

そこで音や音楽と脳科学の共創が、大きな柱のひとつとなる。

情報環境医学を専門とするメンバーは、人に聴こえないとされる超高周波について「実は脳の機能の報酬系や内受容感覚を活性化させて、音楽がより豊かな形で影響を及ぼす」という仮説で、可聴域を超えた音に対する気づきについて検証していくことにしている。

知覚脳情報工学を専門とするメンバーは、ネズミに不協和音を聞かせたり、ビートルズを聞かせたりして、その行動変化を調べている。つまり種を超えて音楽の効果があり、基盤には共通のメカニズムがあるという仮説を立てて、実証研究する。

発達科学を専門としているメンバーは、あかちゃんと母親の感覚を一緒に計測できるシステムを開発している。あかちゃんが授乳されて空腹が満たされ、抱っこされ、声をかけられながら微笑まれるという繰り返しのなかで、内受容感覚が健全に発達する。それが感性を育む基盤であり、そのとき音や音楽が、どのような影響を及ぼすかがテーマとなる。

「気づきを促すという部分で音楽を使うのですが、それは音楽に限る必要はなく、スポーツや各種の娯楽も効果があると思います。さらにはものづくりの現場やビジネスの営業、お客さんとのコミュニケーションなど様々な領域で、人間の本質的なところに関わる可視化ツールとして、利用の広がる可能性があります」

最初の段階の具体的な使い方としては、腕時計型などのデバイスで脈拍や血圧、血管の硬さや行動リズムなどを測定し、クラウドにアップしたのち、リアルタイムに感性脳情報をスマートフォンにフィードバックして可視化し、自分自身の変化に関する気づきに役立ててもらうという実装スタイルが考えられる。

「その人の情報が常時データベースにアップデートされながら『あるシチュエーションで、ふだんはこれくらいの反応を示すのに、今回はこんな反応が出ているけれど大丈夫なのか』と計算して、アラートで気づきを促すという形になると思います」

スマートフォンのカメラとマイクを利用して表情や声の変化についても分析できないか、研究を進めている。

日々の暮らしのなかでデータがたまっていくスマートハウスも利用できそうだ。自動車もコネクティッドになって、様々なデータがつながるようになりつつある。

「便利という切り口だけではなく、自身の無意識な内受容感覚に気づくためにも使えるようになると思います」

実体験とバーチャルの世界を行き来する子どもたち

特に気がかりなのが、子どもたちだ。

「子どもたちはスマートフォンを用いたゲームで遊んだり、コミュニケーションをとったりするのが当たり前になっていて、それを止めることはもはやできません。IoT技術の進化はあまりに急で、デジタル空間のなかにデジタルツインとしてのもうひとりの自分がいます。寝ている間でも、勝手にAIがコミュニケーションをとるかもしれないという、冗談が冗談ではなくなる世界に突入しようとしています。それは大きなビジネスチャンスなのだろうとは思いますが、そこで新たな問題が起こるかもしれないという、精神科医としての危惧があります」

メタバースという言葉をよく聞くようになった。コンピューターやインターネットを利用した仮想空間のことだ。アメリカのフェイスブックが、会社名を「メタ」に変更したように、これからメタバースは大きく成長し、巨大なビジネス市場になると予測されている。実体験を重ねることなく、メタバースの世界に入っていく子どもたちも多くなるだろう。特にコロナ禍を経験し、オンラインの利用が増えるようになれば、なおさらだ。

フロイト学派の精神分析学者、エリクソンの唱えた学説によると、思春期の頃、自分とは何者か、自問自答する時期が基本的に来る。そこで自分自身に対する葛藤を経て「アイデンティティ」を確立していく。アイデンティティとは、状況や環境にかかわらず、「私は私である」と認識できる感覚だ。「絶対的に安定感のある幼少期の環境で、友だちを作ったり、冒険したりしながら、経験を積んでいくなかで、アイデンティティは育まれていきます。その実体験がなく、ベースになる座標軸のゼロ点が定まらないまま、ふわふわ浮いた形でコミュニケーションをとっていくということがずっと続くと、アイデンティティクライシスが起きる恐れがあります。自分が何者なのか、途中からわからなくなるのです。思春期の危機ともいうのですが、精神疾患は思春期に起こる場合が多いのです。その種は、幼少期にあるケースが目立ちます。虐待を受けた子が大人になって虐待をするという虐待の連鎖はそのためです。そういう意味で、大人よりも子どものほうが、デジタル化に対する配慮がより必要となります」

リアルであるはずの家庭にも、メタバースがどんどん入ってくる可能性がある。一番可能性が高そうなのは、学校だ。自宅でメタバースによる授業はすぐにでも始められる。親が単身赴任の場合は、仮想現実の世界での会話が日常的になるかもしれない。買物はメタバースで注文するのが簡単だし、たまの旅行もメタバースなら好きなところに行くことができる。

「実体験とバーチャルの世界を行き来しながら日々暮らしていると、自分が今、どこにいるのかわからなくなり、アイデンティティの形成に悪影響を及ぼすことが懸念されます。二重人格や少年の事件は幼少期や思春期の悲惨な体験が影響している場合が多いのですが、メタバース時代になると、そうした特殊な環境だけでなく、誰にでも起こりかねないと想定されるのです」

空想と現実の区別がつけられないようになる人たちが増えるかもしれない。そうはいっても、いまさらアナログの時代に引き返すことは不可能だ。そこで山脇はまず子どもたちに、自分のこころの資本について気づいてもらえるよう、これから開発するシステムを育児の現場や学校で使ってもらいたいと考えている。

「その次には引きこもりの人たちに対し、音楽や音環境で気づきを促しながら、自分に自信を持ってもらって社会参加を促進するために活用できないか、彼らをサポートするNPOの協力を得ながら進めていきたいと考えています」

さらには認知症などで、コミュニケーションの取りづらくなっている人たちに対しても、自分らしさを回復してもらうために利用できないかと検討を進めている。

今から三〇年後の二〇五〇年ごろに生きる子どもたちの暮らしは、好むと好まざるとにかかわらずデジタル・サイバーネイティブ、つまり仮想空間を中心に過ごす時代となっているかもしれない。そうなることを前提に、今から準備をしておかないと手遅れになりかねない。山脇と話していて、私もそんな思いを強くした。

＊1　朝日新聞（二〇一五年一〇月二九日付け）
＊2　朝日新聞（二〇二一年五月一二日付け）

「幸福」について、お考えを教えてください。

広島大学　脳・こころ・感性科学研究センター特任教授　山脇成人氏

幸福とは

幸福の概念はこれまで、哲学・文学・宗教など人文社会系による主観的評価に基づいて多く報告されてきましたが、個人差や文化的背景によって多様であり、幸福の定義も、その実現方法も、回答は得られていません。同じ個体でも、ライフステージやイベントによって大きく異なるため、幸福を定義することは困難だと思います。「神のみぞ知る」、人類の永遠のテーマかもしれません。

一方で、個人、文化、宗教を超えて普遍的に共通する幸福感は存在するように思います。

私が考える幸福論は、個々人が必ず持っている潜在的能力（ポジティブ感性）に気づき、困難な出来事に直面した時でも希望を失わず、その潜在的能力を発揮して乗り切るレジリエンス（回復力）、それを達成した時の自己効力感（自分の能力を自ら認識すること）、それを共有できる家族、仲間がいることではないかと思います。

阻害・邪魔するもの

新自由主義経済に基づくグローバル化、インターネットによる情報化は競争を煽り、終身雇用制は崩壊して格差が増大し、ストレス社会に変貌して、うつ病や自殺が急増しました。

うつ病の患者は、ポジティブ感性に気づかず、ネガティブ思考に傾き、憂うつ・不安・自己否定の悪循環に陥っています。精神療法により自身のポジティブ感性に気づき、新たな目標設定ができることで立ち直っていく患者を多く診てきました。

子供たちの生活面においては、遊びが従来の対面から、TVやスマホ画面上のゲームに変化し、ゲーム依存やラインいじめなど新たなテクノロジーにより生み出されたメンタルヘルスの歪みが社会問題化しています。コロナ禍による孤立や予測不能な慢性的ストレスは、問題にさらに拍車をかけ、人類のこころのあり様に危機をもたらしています。

社会の豊かさとは

映画『ALWAYS三丁目の夕日』で描かれているように、戦後は貧しく、物質的には恵まれていませんでしたが、国民には復興という共通目標があり、地域コミュニティーが支えあって前向きに生き、達成感を実感して幸福感を感じていたように思います。その象徴が東京オリンピック、大阪万博だったように思います。

高度経済成長時代は、「物質的豊かさ=幸福」という錯覚に陥って「二四時間働けますか」の団塊の世代は馬車馬のごとく働いてきましたが、モノは豊かになっても幸福感は達成できませんでした。

貢献

二〇五〇年のメタバース時代に活躍すべき世代は今の子供、今から生まれる子供たちになります。彼らは生まれた時からスマホなどに接するデジタルネイティブで、リアルな実体験（内受容感覚体験）を伴わない仮想空間でコミュニケーションする時代に生きることになります。その結果、実体験の内受容感覚に基づく感性を育む機会が乏しくなることが予想され、感性の発達やメンタルヘルスに大きな問題を抱えることが精神医学的に懸念されます。こうしたテクノロジーの負の側面を見過ごすことなく、テクノロジーの問題はテクノロジーで解決する研究戦略を早急に構築する必要があると考えています。

ところで、これまでの音楽研究は聴覚・視覚などの五感を中心に行われてきました。音楽には言葉の壁を超えて感動させ、癒し、連帯感を生み出す効果があることは誰もが実感していますが、その理由は未だ不明で、こころに及ぼす効果のメカニズムは解明に至っていません。

そこで本プロジェクトでは、音楽による感動や癒しは、身体内部から湧き上がる反応であると考え、内受容感覚に注目して、その気づきとポジティブ感性最大化を感性脳科学的に解明し、その可視化技術を社会実装することで、個人ごとの幸福感の指標を示すことができるのではないかと考えています。最終的には個人の持続可能な幸福感の実現を目指しています。

7-5

音楽に科学で挑む　人生を彩るメカニズムの研究

音楽と科学を再び結びつける

「指揮者には、作曲家たちが表現しようとしたものを、きいている人たちに伝える役割があります。そのためには、曲を分析する力と感性が求められます。作曲家たちの作品は、どれも精巧に組み立てられていて、指揮者はそれを楽譜から読み取らなければなりません」[*1]

二〇一二年から四年間にわたって使われた日本文教出版の教科書には指揮者、西本智実による子どもたちへのメッセージが冒頭のカラーページに掲載されている。紹介したのはその一部である。こういうと、西本は著名な指揮者だから、音楽の教科書と思った読者が多いだろう。実は、中学三年生用の数学の教科書なのである。生徒たちは「なぜ音楽家?」と思ったかもしれない。多分それが出版社の狙いなのだろう。西本の言葉をよく読んでみると、音楽家に必要なのは芸術家としての感性はもちろんのこと、それだけではなく読解力や分析力、つまり論理的にものごとを理解し、検討する科学的な思考力が重要だと言っていることがわかる。この教科書はなかなかセンスがいい。音楽の道を目指す人はもちろん、すべての人にとって数学は学ぶべき教養のひとつなのだということを印象づけたかったのだ。

そういえばドレミファソラシドの音階を考え出したのは、「三平方の定理」で有名な古代ギリシャ

指揮者　西本智実氏（撮影：堀隆弘氏）

の数学者、ピタゴラスだという説を聞いたことがある。その時代の音楽は、広い意味での数学、つまり科学の一分野でもあったのだ。しかし今、音楽と数学はまったく違う科目となっている。西本は以前から、音楽と科学を再び結びつけることはできないかと考え続けてきた。

西本は前節で紹介した山脇がＰＭを務めるプロジェクトのサブＰＭとして、「Awareness Music」「新リベラルアーツの創出」に関する研究に取り組んでいる。上を向いても横を見ても科学者ばかりというムーンショットのプロジェクトのなかで、世界的な芸術家である西本の存在は、きわめて異色である。しかもメンバーは男性中心で、なかなかやりにくいだろうと思うのだが、当人は「音楽には様々な科学の蝶番の役割もあります」と気負いはない。本書で取り上げる最後の取り組みとして、アーティストによる挑戦をご紹介しよう。

三〇カ国から招聘《しょうへい》される世界的指揮者

まずは西本のこれまでの歩みを見てみよう。

日本の大学で作曲を専攻した西本は、在学中からオペラの副指揮者として頭角を現し、指揮者の道に進むことになった。大学卒業後の一九九六年には、ロシア国立サンクトペテルブルク音楽院指揮科に留学した。さらに二〇〇四年から二〇〇六年にかけてサンクトペテルブルク国立アカデミックオペラ・バレエ劇場の首席客演指揮者を、二〇一〇年から二〇一一年にかけてはロシア国立交響楽団首席客演指揮者を、いずれも外国人としては、初めて務めた。前節の冒頭でも触れたが、二〇一三年からはコロナ禍で開催が中止されるまで毎年、ヴァチカン国際音楽祭に招聘され、二〇一四年にはヴァチカンの音楽財団（Fondazione Pro Musica e Arte Sacra）から西本に史上最年少で「名誉賞」が、二〇一七年には西本と西本率いるイルミナートフィルハーモニーオーケストラ、それにイルミナート合唱団に「ヴァチカン国際音楽祭名誉パートナーオーケストラ＆合唱団」の称号が授与された。西本はこれまで世界約三〇カ国の名門オーケストラや国立歌劇場、国際音楽祭より招聘を受けている。

バレエやオペラのほか、「東洋と西洋伝統文化の融合」の理念を持ち、「平城遷都１３００年祭」「高野山開創１２００年記念慶讃法会」などで指揮。

芸術監督として演出を手掛けた『泉涌寺音舞台』では、海外の映像作品・ドキュメンタリー番組のフェスティバルで国際的な賞も受賞している。

大学関係では大阪音楽大学で客員教授（指揮）を、広島大学では上席特任学術研究員と特命教授を務めている。

メディアで海外関係では、仏独共同運営の文化・教養専門放送局「アルテ」で「日本を代表する芸術家」として紹介されたのをはじめ、ローマ教皇庁が運営し世界各国で放送されているヴァチカン放送から演奏の模様が紹介された。もちろん国内でもひっぱりだこで、ＮＨＫの『ＳＷＩＴＣＨインタビュー 達人達』に出演したのをはじめ、民放各局の番組にも多数出演している。クラシック音楽に詳しくない人でも、テレビやラジオを通じて西本を知っているという人は多いだろう。

ＴＢＳは二〇〇三年から同社主催で西本指揮の全国ツアーを毎年のように開催した。担当したのは同社文化事業部の鈴木真子だ。

「西本のステージインプレッションが抜群に良い。ロシア仕込みの重厚なサウンドと、繊細な陰影が見え隠れするロシアの音。チャイコフスキーの言霊《ことだま》が聞こえてくる。（中略）彼女こそ、これからの働く女性の象徴となりうる人だ！と直感した」[*2]

鈴木が二〇〇二年に西本の指揮する演奏を聴いたときの第一印象だ。鈴木の人を見る目は確かで、「10年に及ぶ指揮者・西本との仕事は、海外オーケストラをコンセプトに、女性特有の感性としなやかさと緻密さで、成功裡に推移した」という。

今やダイバーシティやジェンダーに対する理解はどの社会でも必要不可欠だが、西本が指揮者の世界に飛び込んだ頃は「名の通った指揮者は男性ばかり」「古い体質に固執したクラシック業界に挑む西本と私のタッグ」だったと鈴木は回想する。

政府のムーンショット事業も、第1章で指摘したように、男性中心となっていることは否めない。しかし西本は、プロジェクトの中心的メンバーとして果敢にチャレンジし、ミレニア・プログラムでは一二九件の応募、広島大学の山脇と組んだ目標9では「コア研究」の部門で三三件の応募があったなかから、見事に選考を通過したのである。

研究の具体的な内容を見る前に、西本が科学について意識するようになったいきさつを紹介しておこう。

耳が聞こえなくても、音を感じている

西本が音楽と科学とのつながりを意識するようになったきっかけは一〇歳の頃、祖父の蔵書のなかか

らレオナルド・ダ・ヴィンチの直筆手稿「アトランティコ手稿」の図録を見たことだった。そのデッサンは、芸術家と科学者がまだ未分化だった時代の象徴だ。同じ頃、ピアノでは、数少ないモチーフを様々に変化させたり繰り返したりするインヴェンションやフーガも弾き始めていて、その連想として鏡文字にも親近感を覚えたりもした。

「小学校の低学年だった頃から、『ドラえもん』をワクワクしながら読んでいました。のび太の悩みを科学の力で解決するドラえもんがあったから、アトランティコ手稿を見たとき、腑に落ちました。バッハのフーガの技法は転回した応答があり、楽譜は鏡文字のようで幾何学模様も成します。子どもがピアノで弾くバッハのインヴェンションは、『鏡像（逆像）』も表出しているのです」

そして、今から二〇年ほど前のこと。ロシアのモスクワ音楽院で演奏会を終えたあとのことだった。楽屋に若い女性が西本を訪ねてきた。彼女は耳が不自由で、手話で話すため、手話の通訳も伴っていた。

「『すごく楽しくて、これからもファンでいます』とおっしゃってくださいました」

まったく耳が聞こえないわけではないということだが、それにしてもどのようにしてコンサートを楽しんだのだろうか。

「指揮の動きを見ながら、次はどんな音だろうかと予測し、振動でも音を感じているというのです。木製の床や座席に座ると、音の振動は感じやすい。ですから振動って言われたときに『そうか！　なるほど！』と、気づかされました」

会場のチャイコフスキーホールは、チャイコフスキー国際コンクールでも使われる伝統ある舞台だが、建物も椅子も木造でかなり古めかしい。

ヴァチカンの音楽財団より名誉賞授与。（2014 年、ヴァチカンにて。提供：西本氏）

「一八六二年に創立されたサンクトペテルブルク音楽院のホールの改装工事があったとき、壁面には無数のガラス片が埋め込まれていて、それを取り除くとまったく響きが変わってしまったそうです。そこでもう一度、元のガラス片を入れ直したと伺いました。またヴァチカンのサンピエトロ大聖堂のクーポラに登りましたが、壁に囁くと反対側にいる人にまで音は伝わると伺い、実際に囁いてみました」

人間という存在は自分の持てる力をフルに発揮して、世界を感じ取ろうとする。その女性は振動をどのようにして感じ取ったのだろうか。西本に聞いてみた。

「その方は視覚の予測、それに振動や骨伝導、呼吸で音楽を捉えていました。坐骨から背骨にかけて良い姿勢をとると、音の響きが頭に直接通じている感覚が私にもあります」

そういえば骨伝導イヤホンも、最近の製品は性能が向上して、頭部全体が包み込まれるように音が響くという。私たちは目で見えた映像や、耳で聞こえた音にばかり注意が向くが、しかしそれ以外にも身体全体で受け止める感覚もあるはずだ。

「私は見えないものを聞こうとし、聞こえないものを見ようとしています」

そのひとつが、前節で紹介した内受容感覚だ。山脇によれば、内臓で無意識に受け止める感覚のことだ。骨を伝って脳に伝わる骨伝導も、同じような効果があるのかもしれない。

音楽は言葉の壁だけでなく、肉体的な障害も超えることができる。

「子どもたちや市民とともに、各自が生の実体験により感じていることを中心にした研究をしています」

四三四ヘルツのときは「においを感じる」

医学の発祥は宗教という話はよく聞く。聖書にはキリストがケガや病気を治した奇跡が数多く記されている。現代医学でも治らない病気に対し、新興宗教にすがる人は今もいる。しかし音楽と科学との関係について西本に指摘されるまで、私はこれまで特に意識したことはなかった。

「音楽学は科学のひとつで、音楽は時間の芸術でもあります。また、プロの演奏家は周波数に関する知識は必須でもあり、日々の鍛錬も物理学の理論を踏まえ行っています」

クラシックのコンサートでは指揮者が登場する直前、オーボエ奏者が吹く「ラ」の音、欧米流の音名表記ではAの音に合わせてチューニングする。これで開演の準備が整ったわけである。

ではなぜAの音なのか。バイオリンは第二弦、チェロは第一弦の開放弦がAの音である。指で弦を押さえない音のほうが、チューニングしやすいということもある。

音楽の世界では「ピッチ」と呼ばれる音の高さについて、指標となる「基準周波数」がある。一九三九年五月一二日にロンドンで開催された五カ国（イギリス、ドイツ、フランス、オランダ、イタリア）の国際会議でA音＝四二〇ヘルツ（湿度二〇度のとき）の基準が提唱された。

日本音響学会のウェブサイトなどによればその後、一九五三年にISO（国際標準化機構）によってAのピッチは四四〇ヘルツと定められた。それまでは同じAの音でも地域と時代によって三九〇ヘルツから四六〇ヘルツという違った高さの音が混在していた。例えばバッハに代表されるバロック音楽では今より半音低い、四一五ヘルツを使うことが多かった。現代の日本では四四二ヘルツを採用しているオーケストラが多く、ピアノもそれに合わせた調律が一般的だ。ちなみに、華やかな音色で世界的なブームをまきおこしたクラシック界の帝王カラヤンは、四四六ヘルツのチューニングを好んだとされる。一方、電子楽器の多くは国際基準に従って四四〇ヘルツが主流であり、電子楽器を多用するポピュラー音楽は四四〇ヘルツということになる。もちろん電子楽器だから、簡単に周波数は変えられる。ということで周波数の基準はあくまで目安であって、守るべき規範というものではないようだ。

西本は自身のコンサートで、公開実験のような演奏をした経験がある。ベートーヴェンの交響曲第六番「田園」を、作曲当時のピッチに近づけた四三四ヘルツと、現在の四四二ヘルツに演奏し分けて聴いてもらったところ、観客から興味深い意見が出された。

「四三四ヘルツのときは『ゆったりとした感じになる』とともに、『においを感じる』と、複数のお客様が挙手されました。オーケストラのメンバーも、同じ感覚を持った人がいたのです。それは、本当に何かのにおいがしたということではなく、ゆったりと呼吸をすることによって、緊張していた身体がほぐれたからでしょうか」

共感覚という言葉がある。ある刺激に対し、それに伴う感覚以外にも、別の知覚が働くことをいう。例えば音を聞くと色が見える共感覚は、色聴と呼ばれる。

「私は音からにおいは感じませんが、音から色を感じています。例えばドの音はオレンジがかった色、ファの音は水色に近づき、ラは紫、シは黒に近い紫。和声はグラデーション。この感覚を使って音色を創っています」

共感覚のメカニズムはまだ解明されていないが、脳でそれぞれの感覚を司る部位が近かったり、統合する仕組みがあったりして、本来の感覚ではない部位に信号が伝わるためではないかという仮説がある。

「オーケストラのアンサンブルはまさに暗黙知の世界です」

そのうえで西本は、音楽を科学的に研究する意義を強調する。

「音や音楽は、有史から人間のコミュニティを維持してきました。身体に変化をもたらし、予測へのあらがい、複雑な感情などの動作を与えます。また、痛みの鎮静効果があるように、すでにわかっている知見もあります。個人によって感性が異なるからこそ、演奏をしていて様々な閃きが生まれます。音楽による高次元の世界で共鳴し共感し共有できます。フロンティアな可能性があるはずです」

だからこそ、今回のプロジェクトで西本は「まず生の音楽を研究に使う」ことにこだわっている。CDでは伝わらない、可聴域を超えた音や振動が重要になるからだ。

「自然の摂理は音からも知ることができます。音楽によって時空を超える体験ができ、高次元とつながる可能性があると希望を持っています。広大な宇宙のなかの地球で命を与えられ、今を生きていることは奇跡のようですし、誰もが、音や音楽の性質を自身のなかに無意識に使っています」

地球は無限でなく有限であり、人間も同じように、有限の人生を生きている。だからこそ一人ひとりが、かけがえのない、大切な存在なのだということを西本は言いたいのだろう。

ではムーンショットで西本が取り組むプロジェクトについて紹介しよう。

新リベラルアーツと音楽

西本が自身のプロジェクトのテーマとして掲げるのは「Awareness Music」と「新リベラルアーツ」の創出だ。今の日本でリベラルアーツといえば、大学の専門教育ではない一般教養の授業と思っている人が多いかもしれない。かつては大学の教養部を指すこともあった。しかしリベラルアーツとは本来、人間を様々な束縛から解放する力、生きるための力を意味している。

最近ではSTEAM（以下、スチーム）という教育概念も生まれている。Science（科学）、Technology（技術）、Engineering（工学）、Art（芸術）、そしてMathematics（数学）の頭文字をとった造語で、IT時代に対応した教育として注目されている。そもそもアメリカで生まれ、オバマが大統領のときに一般教書演説で重要性を説いたことから、アメリカでは盛んになりつつある。これに対して日本でも政府が推進を図ろうとしているが、スチームの内容が現状の受験制度に対応しておらず、教えることができる教員が不足していることもあって、先行きは不透明だ。

「思いがけない組み合わせによる新たな領域があるのかもしれないと考え、スチームという言葉はあえて使いませんでした。そこで仮に、新リベラルアーツとしています」

プロジェクトによる具体的な目標として西本が考えているのはまず、伝統知による音楽療法だ。

「太古から音楽療法的なものを人間は使ってきました。現在の科学をもってすれば、振動を伴う音や音楽を使い、自ら心の状態を知り、良い状態にしていけるのではないだろうかと考えています」

目標9では医療的な面で役立つだけでなく、病気ではない一般の人たちに広く役立ててもらうことを目指している。そこで西本はミレニア・プログラムを手掛けたときから今に至るまで、市民参加型の「音楽共創プラットフォーム」作りに取り組んでいる。

「精神面での安らぎ、痛みの軽減、希望につながることを目指しています」

二〇五〇年の目標達成を目指しているだけに、特に子どもたちに意欲を持って参加してもらえるような企画を考えている。

その最初の事業として二〇二二年七月、「ミュージック・エデュテイメント・オープン・アカデミー」と題したワークショップが山梨県甲府市のＹＣＣ県民文化ホールで開かれた。参加したのは「やまなしジュニアオーケストラ」の団員をはじめ、音楽を学ぶ高校生や大学生、それにハンディを乗り越えて音楽に取り組む「甲州ろうあ太鼓」のメンバーたちだ。ワークショップは三日間にわたり、プロの演奏家が指導をした。

このプロジェクトでは、人間の耳には聴こえない超高周波の効果を検討している研究者も参加し、ジャングルで採取した音などを会場に流して、その反応をデータとして記録した。

「計測はプロの演奏家のみ。計測されていることに私を含め演奏家も、その場にいる子どもたちも何か異質な緊張感がありました。参加者に透明性を持って説明を丁寧にしながら信頼関係を作りたいと、山脇ＰＭに強くリクエストしているところです」

このほかにも西本は、様々な研究にチャレンジしている。例えば二〇二一年一〇月には、ヤマハの残響を制御するシステムと音要素を制御するシステムを組み合わせた、これまでにないスタイルのクラシックコンサートを、静岡市の清水文化会館大ホールで成功させた。コロナ禍でも可能な演奏形態を構想の段階から準備していたのだ。緊急事態宣言の解除は公演の約一週間前。観客に入ってもらうことはできたが、発声が不可避の合唱団はソーシャルディスタンスのガイドラインに従い大ホールで共演できず、無観客の小ホールで西本の指揮を映像で見ながら歌った。ヤマハによれば、大規模な編成のクラシック演奏会で音場支援システム・同時遠隔演奏したのはこれが世界初とのことである。

「コロナ禍の経験を経てこれを立案しました」

時差と残響の制御。合唱団は本来、舞台の奥で歌うから、オーケストラの音に比べて、ごくわずかの微妙な遅れが生じている。それを発語のスピードなどのテクニックでコントロールを常にしている。それをマイクで集音し、さらに残響制御するとかえって違和感が生じてしまう。その微妙なずれを、五六台のスピーカーと七三本のマイクで構成したヤマハの制御システムで補ったのだ。鳥の鳴き声を表現するピッコロは、あえてリハーサル室で演奏し、ヤマハのシステムで客席の上を飛び回るような音響に演出。またピアノは、まるで大ホールで演奏しているかのような音空間の共有が可能となった。さらに曲目の情景に応じて、客席内の音像と残響を変化させることも可能とした。これは単にコロナ対策というだけではなく、クラシック音楽をより豊かに感じてもらう新しい表現方法として注目される。

西本は遠隔演奏のさらなる可能性も信じている。

「病床にあった母や叔母や友人にも届けたいと考えていました。『そこに行きたいが行けない』というお手紙もいただいています。物理的な空間をヤマハの技術で超越し、その場と同じ音楽体験を届けたいのです。ムーンショットの目標とこの研究は一致しています」

まだ西本の頭のなかにある段階で、実現するかどうかは未定だが、やってみたいアイデアがある。

「子どもや市民のみなさんとソニフィケーションで作品を作り、日本中を結びたいと考えています」

センサーなどで収集した大量の数字データを「可視化」する取り組みは、様々な分野ですでに一般的となっている。ソニフィケーションとは、データを「可聴化」する取り組みだ。例えばNASA（アメリカ航空宇宙局）は、宇宙望遠鏡が観測した天の川のデータをもとに、メロディを作るソニフィケーションを二〇二〇年に実施した。画像データの横方向を時間、縦方向を音の高さ、星の明るさを音の大きさとしたのである。このようにデータを音とすることにより、新しい視点で対象を捉え直すことが可能となる。ユーチューブでは、円周率をソニフィケーションした音楽がアップされていて、環境音楽のようなメロディになっているのが不思議だ。

「静岡で取り組んだ同時遠隔演奏は、各地をリアルにつなぐための技術に発展するかもしれません。ミクロの世界とマクロな世界。過去と未来、そして今。生命の美しさを知ることは平和につながると信じています。ムーンショット目標は市民が中心となるプロジェクトだと私は思っています。みなさんと一緒に日本から世界に発信するプロジェクトを目指しています」

最後に、なぜムーンショットだったのか、聞いてみた。

「子どもも市民も参加できる領域を超越する研究だと思ったのです。ムーンショットというタイトルを見たとき、私は既成概念にとらわれず、見えていない半分に挑戦したいと思ったのです」

西本にインタビューしているうちに、私たちや子どもたちのこころを豊かにしてくれるような楽しい取り組みが実現したらいいなと、応援したくなった。そういう気持ちにさせてくれるのが、芸術家の持つ豊かな創造力なのだろう。

＊1　西本智実『中学数学3』(二〇一二年、日本文教出版)
＊2　『調査情報№556』(TBS調査情報編集部、二〇二〇年九月一〇日号)

#「幸福」について、お考えを教えてください。

指揮者・舞台演出家・広島大学上席特任学術研究員・大阪音楽大学客員教授　西本智実氏

幸福とは

幸福は束の間にあるもの。心は揺らぎのなかにあると思います。たとえ病床にある時でも、誰かの役にたてた時、必要とされる時、褒められた時、愛されていると感じる時は、幸せを感じます。

阻害・邪魔するもの

古代ギリシャ劇やオペラ作品の大半は悲劇。悲劇に転じる瞬間の感情は、昇華されなかった嫉妬であると作品が教えてくれる。

そしてそこからの偏見、暴力、無知、貧困、病魔。

社会の豊かさとは

公平に享受できる権利を知る事で、未来への希望を抱き、利他の精神が生まれる。利他の社会に豊かさがあると思います。

貢献

振動を含む音や音楽の性質を使って、第六感と呼ばれてきたものを、科学的に解明する事で、各自に適した自己治癒力にも使える音楽技術、物理的制約のある空間や時間を超越し繋げる音楽技術を開発し、地球の平和に貢献したい。

おわりに

「諸事万端成就し、真の友に囲まれて、しあわせが保証つきであるという、ありえない一時期」

この意味するものが何か、おわかりになるだろうか？　答えは、筒井康隆訳のアンブローズ・ビアス『悪魔の辞典』[*1]で引いた、「未来」についての警句である。風刺の効いたビアスの言葉は、私たちが抱いている未来のイメージが単なる幻想であることを突きつける。

ビアス作品のパスティーシュとして、専門分野の異なる五人の著者がそれぞれエスプリの効いた解説を競作した『噴版　悪魔の辭典』[*2]で同じく「未来」を見てみよう。五人のうち、精神科医で作家のなだいなだは「なにをいっても、うそにならない地帯。おかげで、未来学者たちは、うそつきと呼ばれることもなくてすんだ」、動物行動学者の日高敏隆は端的に「現在の状態の言い逃れ」と皮肉っている。私たちは未来について、楽観的といえば聞こえはいいが、要は先を考えず、もっと言えば、見ないふりをしているのだ。

例えば日本の少子化がこのまま進めば、まもなく人口のピークを迎えたあと減少に転じ、人口ピラミッドも逆三角形のいびつな形になることは、政府も自治体も、政治家も官僚も、大学も企業も、そして私たちも二十から三十年前には自明の事実としてすでにわかっていたはずだ。しかし現実は、二〇〇八年をピークに人口が減少に転じてようやく「どうしようか」と騒ぎ出す。世界各国の国家元首経験者や著名な学識経験者などが「人類の根源的大問題」に対処するため設立したローマクラブは一九七二年、「成長の限界」を発表した。このなかで食料や資源、そして環境破壊が取り返しのつかない大問題になると警告した。しかし二度にわたるオイルショックを乗り越えた日本をはじめ世界の各国は、石油がやがて枯渇するといわれながらも、安定的に供給が続き、足りなくなったら天然ガスがあるという言い訳をして、問題を先送りしてきた。

やがて阪神・淡路大震災で、絶対に安全と信じられてきた日本のインフラは、そのもろさを露呈した。東日本大震災では、原発の安全神話が崩壊した。新型コロナウイルス感染症によるパンデミックで、人的物的交流の拡大による豊かさを引き換えにした、生物としての人間の脆弱さを露呈した。こうして今、そこにある危機がようやく実感されるようになってきた。

本書で紹介した二〇のプロジェクトは、私たちの社会が直面している課題に対し、どうすれば乗り越えられるかを科学技術の面からアプローチしたものだ。まだ研究は始まったばかりであり、そのすべてが成功するとは限らない。しかしたとえ失敗したとしても、何が障壁となっているのかを知る手がかりとすることはできる。

私は取材の途中、東京の森美術館で開かれていた現代アート展に立ち寄ってみた。テーマは「パンデミック以降のウェルビーイング」だ。そこで観たのは「おうち時間」が増えたことでドメスティックバイオレンスに苦しむ被害者たちの映像。「良い人間になりなさい」と語りかける催眠術師の声。10Bの鉛筆でまっくろに塗りつぶされた新聞紙をカーテンのようにつなげた壁。そしてブータンの僧侶による手吹きガラスと一面の鏡で作られた曼荼羅には、のぞきこむ私の顔がどこにでも映り込む。それは、私たちが望みさえすれば、私たちは宇宙を知ることができる、私たちのなかにこそ宇宙があるのだと教えてくれているようだ。

美術展のタイトルとなった「地球がまわる音を聴く」は、オノ・ヨーコのインストラクションアートからの引用だ。インストラクションとは「指示」のことで、作家からの指示そのものを作品とする。つまり鑑賞者は単なる受け手ではなく、積極的な行為者となることを求められる。オノが出した、地球のまわる音を聴けという指示は、物理的には不可能だ。しかし私たちが想像力の翼を広げて一歩でも地球の外に出てみれば、社会の豊かさを享受している私たちがたとえ無意識ではあっても、弱者や自然環境に対する加害者の側に立っていること、自分の見たいものしか見ようとせず、聞きたいものしか聞こうとしなかったことに気づかされるのだ。

今回の取材を通して私が感じたのは、生物としてのヒトや、人間をとりまく環境を対象とした科学技術の発展があまりにも著しいなかで、人間であるとは何なのかということだ。これまで人間の担ってきた役割を、科学技術が次々と代替してくれる。そう思いながらそれぞれの研究を考えてみると、様々な角度から、人間という存在を改めて見つめ直そうとしていることがわかる。紹介した研究者たちは、自分の持っているそれぞれのスキルを使って、地球の音を聴こうとしているのだ。

ムーンショットのプロジェクトは、国民に開かれた研究開発を謳っている。それぞれの目標ごとに、一般の人も参加可能な報告会やシンポジウムを定期的に開いていて、オフィシャルサイトのイベント情報で知ることができる。本書で興味を持たれたプロジェクトの行く末に関心を持っていただければ幸いである。

記事初出は月刊自動車雑誌『ニューモデルマガジンX』（ムックハウス）で、二〇二一年一二月号から二二年九月号にかけて断続的に八回にわたり掲載した。雑誌不況のなかで記事掲載を快諾いただいた同誌編集長の神領貢氏にお礼を申し上げたい。

その後、インタビューを大幅に追加してまとめたのが本書である。プレジデント社書籍編集部長兼書籍販売部長の桂木栄一氏、編集を担当していただいた同部の榛村光哲氏に感謝したい。

本書冒頭で触れたように、ムーンショットはアメリカ大統領のケネディ演説が由来となっている。本書の終わりも、一九六三年六月一〇日に行われた「平和のための戦略」と呼ばれるケネディの歴史的名演説で締めくくりたい。

「われわれの問題は、人間が作り出したものです。ならば、人間の手で解決できるはずです。(中略)目標を今よりも明確に定め、もっとわかりやすく身近なものにすることで、われわれは、すべての人々が目標を見つけ、そこに希望を見出し、自然とそこに向かって進みだすようにすることができます。(中略)われわれを結びつけるもっとも根本的な絆は、小さな地球の上でともに生きている、という事実です。われわれはみな同じ空気を吸い、子どもたちの将来を同じように大切に思います。われわれはみな命に限りのある人間です[*3]」

二〇二三年二月二〇日 「世界社会正義の日」に

著者

＊1　ビアス著・筒井康隆訳『筒井版　悪魔の辞典』（二〇〇二年、講談社）
＊2　安野光雅・なだいなだ・日高敏隆・別役実・横田順彌『噴版　悪魔の辞典』（一九八六年、平凡社）
＊3　ウェブサイト『JOHN F.KENNEDY PRESIDENTIAL LIBRARY AND MUSEUM』より。日本語訳も同サイトによる。

【著者略歴】

中村尚樹（なかむら・ひさき）

1960年、鳥取市生まれ。九州大学法学部卒。ジャーナリスト。専修大学社会科学研究所客員研究員。法政大学社会学部非常勤講師。元NHK記者。著書に『最前線で働く人に聞く日本一わかりやすい5G』、『ストーリーで理解する日本一わかりやすいMaaS&CASE』（いずれもプレジデント社）、『マツダの魂——不屈の男　松田恒次』（草思社文庫）、『最重度の障害児たちが語りはじめるとき』、『認知症を生きるということ——治療とケアの最前線』、『脳障害を生きる人びと——脳治療の最前線』（いずれも草思社）、『占領は終わっていない——核・基地・冤罪そして人間』（緑風出版）、『被爆者が語り始めるまで——ヒロシマ・ナガサキの絆』、『奇跡の人びと——脳障害を乗り越えて』（共に新潮文庫）、『「被爆二世」を生きる』（中公新書ラクレ）など。共著に『スペイン市民戦争とアジア——遥かなる自由と理想のために』（九州大学出版会）、『スペイン内戦とガルシア・ロルカ』（南雲堂フェニックス）、『スペイン内戦（1936~39）と現在』（ぱる出版）など。

最先端の研究者に聞く
日本一わかりやすい
2050の未来技術

2023年3月19日　第1刷発行

著　者　中村尚樹
発行者　鈴木勝彦
発行所　株式会社プレジデント社
〒102-8641 東京都千代田区平河町2-16-1
平河町森タワー13F
https://www.president.co.jp　https://presidentstore.jp/
電話　編集(03)3237-3732
販売(03)3237-3731

編　集　桂木栄一　榛村光哲
販　売　桂木栄一　高橋 徹　川井田美景　森田 巌　末吉秀樹　榛村光哲
校　正　聚珍社
装　丁　秦 浩司
制　作　関 結香
印刷・製本　中央精版印刷株式会社

ISBN978-4-8334-2488-2
Printed in Japan